LEI DE INTRODUÇÃO ÀS NORMAS DO DIREITO BRASILEIRO
COMENTADA

DECRETO-LEI Nº 4.657, DE 4 DE SETEMBRO DE 1942,
COM A ALTERAÇÃO DADA PELA
LEI Nº 12.376, DE 30 DE DEZEMBRO DE 2010

O livro é a porta que se abre para a realização do homem.
Jair Lot Vieira

LEI DE INTRODUÇÃO ÀS NORMAS DO DIREITO BRASILEIRO
COMENTADA

DECRETO-LEI Nº 4.657, DE 4 DE SETEMBRO DE 1942,
COM A ALTERAÇÃO DADA PELA
LEI Nº 12.376, DE 30 DE DEZEMBRO DE 2010

Fábio Alexandre Coelho

Especialista, Mestre e Doutor em Direito
Procurador do Estado (SP)
Professor nos cursos de graduação e pós-graduação
do Centro Universitário de Bauru (ITE)

Lei de Introdução às Normas do Direito Brasileiro
Comentada

Decreto-Lei nº 4.657, de 4 de setembro de 1942,
com a alteração dada pela Lei nº 12.376, de 30 de dezembro de 2010

Fábio Alexandre Coelho

1ª Edição 2015

© desta edição: *Edipro Edições Profissionais Ltda.* – CNPJ nº 47.640.982/0001-40

Todos os direitos reservados. Nenhuma parte deste livro poderá ser reproduzida ou transmitida de qualquer forma ou por quaisquer meios, eletrônicos ou mecânicos, incluindo fotocópia, gravação ou qualquer sistema de armazenamento e recuperação de informações, sem permissão por escrito do Editor.

Editores: Jair Lot Vieira e Maíra Lot Vieira Micales
Coordenação editorial: Fernanda Godoy Tarcinalli
Editoração: Alexandre Rudyard Benevides
Revisão: Georgia Franco
Arte: Karine Moreto Massoca

Dados Internacionais de Catalogação na Publicação (CIP)
(Câmara Brasileira do Livro, SP, Brasil)

Coelho, Fábio Alexandre
  Lei de introdução às normas do direito brasileiro: comentada: Decreto-Lei nº 4.657, de 4 de setembro de 1942, com a alteração dada pela Lei nº 12.376, de 30 de dezembro de 2010 / Fábio Alexandre Coelho. – São Paulo: EDIPRO, 2015.

  ISBN 978-85-7283-942-6

  1. Direito – Normas – Leis e legislação – Brasil I. Título

15-05872   CDU-340 (094) (81)

Índice para catálogo sistemático:
1. Normas do Direito Brasileiro : Leis : 340 (094) (81)

edições profissionais ltda.
São Paulo: Fone (11) 3107-4788 – Fax (11) 3107-0061
Bauru: Fone (14) 3234-4121 – Fax (14) 3234-4122
www.edipro.com.br

SUMÁRIO

1. **ESTRUTURA DA LEI DE INTRODUÇÃO ÀS NORMAS DO DIREITO BRASILEIRO** 11
   - 1.1. Identificação da Lei de Introdução às Normas do Direito Brasileiro 11
   - 1.2. Estrutura da Lei de Introdução às Normas do Direito Brasileiro 12
   - 1.3. Razão da utilização da denominação da Lei de Introdução às Normas do Direito Brasileiro 14
   - 1.4. Surgimento da denominação da Lei de Introdução às Normas do Direito Brasileiro 15
   - 1.5. Aplicação da Lei de Introdução às Normas do Direito Brasileiro em relação às leis estaduais, distritais e municipais 17

2. **APLICAÇÃO DA LEI NO TEMPO E NO ESPAÇO** 19
   - 2.1. A vigência da lei de acordo com a Lei Complementar nº 95/1998 20
   - 2.2. Contagem da *vacatio legis* 22
   - 2.3. Aplicação da lei no espaço 24
   - 2.4. A importância do conhecimento da lei pelos seus destinatários ... 27
   - 2.5. *Vacatio legis* e eficácia da lei 28
   - 2.6. A *vacatio legis* prevista na Lei de Introdução às Normas do Direito Brasileiro e os decretos e regulamentos 29
   - 2.7. Leis interpretativas e vetadas 31
   - 2.8. Correção do erro material na publicação de uma lei 35
   - 2.9. Republicação de partes independentes de uma lei 37
   - 2.10. Diferentes momentos em que a lei entra em vigor 38
   - 2.11. Modificação formal ou substancial da lei 41
   - 2.12. Procedimento para a modificação da lei 43

3. REVOGAÇÃO DA LEI 45
   3.1. Leis temporárias ou permanentes 46
   3.2. Definição e fundamento para a revogação 49
   3.3. Alcance e forma de revogação da lei 49
   3.4. Uma lei somente se revoga por outra lei 50
   3.5. Revogação das disposições contrárias à lei 51
   3.6. Revogação de uma lei antes de entrar em vigor 52
   3.7. Meio para a revogação da lei 53
   3.8. Medida provisória, lei delegada, normas gerais e leis inconstitucionais 54
   3.9. Tratados e revogação da lei 55
   3.10. Requisitos para que a lei posterior revogue a anterior 56
   3.11. Outras questões acerca do alcance da revogação 57
   3.12. Revogação implícita, expressa e uso de um modelo híbrido ... 58
   3.13. Planos normativos atingidos pela revogação 58
   3.14. Momento em que a norma posterior revoga a anterior 59
   3.15. Revogação autônoma e heterônoma 59
   3.16. Antinomias e critérios para a sua solução 59
   3.17. Metacritérios para a solução de antinomias 60
   3.18. A revogação somente se dá por uma lei emanada do mesmo ente federativo e da mesma espécie 63
   3.19. Revogação das leis inconstitucionais 64
   3.20. Revogação por força do advento de uma medida provisória 65
   3.21. Fundamento para a repristinação 68
   3.22. Questões envolvendo a repristinação 68
   3.23. Recepção e desconstitucionalização 71

4. INESCUSABILIDADE DO DESCONHECIMENTO DA LEI 73
   4.1. Efeitos do desconhecimento da lei em matéria penal e civil 73
   4.2. Princípio da obrigatoriedade da lei 74
   4.3. Considerações importantes a respeito da obrigatoriedade da lei 75
   4.4. Justificativas para a obrigatoriedade da lei 76
   4.5. Prova do teor e da vigência da lei 78

5. MECANISMOS DE INTEGRAÇÃO DA ORDEM JURÍDICA 81
   5.1. Fontes do Direito 82
   5.2. Mecanismos de integração 84

5.3.	Integração e plenitude da ordem jurídica	86
5.4.	Inclusão dos princípios gerais no rol de fontes secundárias	86
5.5.	Lei em sentidos estrito e amplo	86
5.6.	Costume	87
5.7.	Analogia	90
5.8.	Princípios gerais do direito	93
5.9.	Equidade	95
5.10.	Jurisprudência e doutrina como fontes do direito	98
	5.10.1. Jurisprudência	98
	5.10.2. Doutrina	100

6. **INTERPRETAÇÃO E APLICAÇÃO DA LEI** 103
   6.1. Fins sociais e exigências do bem comum 106

7. **OBSERVÂNCIA, PELA LEI, DO DIREITO ADQUIRIDO, DO ATO JURÍDICO PERFEITO E DA COISA JULGADA** 111
   7.1. Efeito imediato da lei 112
   7.2. Retroatividade da lei 114
   7.3. Leis interpretativas e irretroatividade das leis 115
   7.4. Outras questões importantes relacionadas à aplicação da lei ... 116
   7.5. Aplicação da lei no tempo 117
   7.6. Direitos congênitos e direitos adquiridos 119
   7.7. Requisitos para a identificação do direito adquirido 121
   7.8. Direitos atuais e futuros 121
   7.9. Direitos sujeitos a termo ou condição 122
   7.10. Direito eventual e expectativa de direito 122
   7.11. Direito adquirido em matéria de ordem pública 123
   7.12. Previsão constitucional a respeito do direito adquirido 123

8. **DIREITO INTERNACIONAL PRIVADO** 129
   8.1. Fato misto, multinacional, alienígena ou estrangeiro 129
   8.2. Aplicação da lei no espaço 130
   8.3. Motivos para a aplicação de outro ordenamento jurídico 131
   8.4. O Direito Internacional Privado e a mitigação da soberania 132
   8.5. Utilização das normas de Direito Internacional Privado 132
   8.6. Natureza do Direito Internacional Privado 133
   8.7. Obrigatoriedade das normas de Direito Internacional Privado 134
   8.8. Razão da inclusão de comandos de Direito Internacional Privado na Lei de Introdução às Normas do Direito Brasileiro 134

8.9. A Lei de Introdução às Normas do Direito Brasileiro
     e a solução de conflitos normativos 135
9. **PERSONALIDADE, NOME, CAPACIDADE E DIREITOS DE FAMÍLIA** 137
   9.1. A importância da definição do ordenamento jurídico
        que será utilizado 138
   9.2. Critérios mais comuns na definição da lei aplicável para definir a
        personalidade, o nome, a capacidade e os direitos de família 138
   9.3. Personalidade 140
   9.4. Nome 141
   9.5. Capacidade 142
   9.6. Direitos de família 143
   9.7. Estado da pessoa 144
10. **BENS E RELAÇÕES JURÍDICAS QUE OS ENVOLVAM** 157
    10.1. Definição de bens e distinção entre os imóveis e os móveis 157
    10.2. Disciplina das relações que envolvam os bens 158
    10.3. Navios, aeronaves e bens incorpóreos 160
11. **DISCIPLINAS DAS OBRIGAÇÕES** 165
    11.1. Obrigações decorrentes de atos ilícitos 166
    11.2. Autonomia da vontade e definição da lei aplicável 167
    11.3. Local de cumprimento de uma obrigação e lei aplicável 169
    11.4. Requisitos de uma obrigação 170
12. **LEI APLICÁVEL À SUCESSÃO** 175
    12.1. Natureza e situação dos bens 176
    12.2. Outros aspectos relacionados à sucessão 176
    12.3. Requisitos para que os bens situados no Brasil fiquem sujeitos
          ao Direito brasileiro 178
    12.4. Outras considerações a respeito da proteção ofertada
          ao cônjuge e aos filhos brasileiros 179
    12.5. Enquadramento jurídico como herdeiro ou legatário 180
13. **ENTES DE DIREITO PRIVADO E AQUISIÇÃO DE BENS
    POR ESTADOS ESTRANGEIROS** 181
14. **COMPETÊNCIA DA JUSTIÇA BRASILEIRA** 187
    14.1. Prática dos atos de cooperação jurídica internacional 191
15. **PROVA DOS FATOS OCORRIDOS NO EXTERIOR** 193
    15.1. Outras restrições relacionadas à prova 194

SUMÁRIO | 9

16. **PROVA DO TEOR E DA VIGÊNCIA DA LEI ESTRANGEIRA** 195
    16.1. Teor e vigência do direito estrangeiro 196
    16.2. Conhecimento do direito estrangeiro pelo juiz 197
17. **EXECUÇÃO DE SENTENÇA ESTRANGEIRA** 199
    17.1. Critérios para aferir a possibilidade de homologação da sentença estrangeira 200
    17.2. Requisitos para a aceitação da decisão estrangeira 201
    17.3. Homologação de sentenças meramente declaratórias 205
    17.4. Homologação de sentença estrangeira de natureza penal 206
    17.5. Homologação de sentenças arbitrais estrangeiras 208
    17.6. Execução de decisão estrangeira homologada 210
    17.7. Títulos executivos extrajudiciais 210
18. **AFASTAMENTO DA REMISSÃO PELA LEI ESTRANGEIRA** 211
    18.1. Reenvio ou devolução 211
    18.2. Teoria da referência material ou integral 212
    18.3. Fundamentos para a vedação de reenvio 213
    18.4. Previsão de reenvio no ordenamento jurídico português 213
19. **DEFESA DA SOBERANIA NACIONAL, DA ORDEM PÚBLICA E DOS BONS COSTUMES** 215
    19.1. Soberania nacional, ordem pública e bons costumes 216
        19.1.1. Soberania nacional 217
        19.1.2. Ordem pública 219
    19.2. Ordem pública interna, internacional e universal 220
    19.3. Bons costumes 221
20. **PRÁTICA DE ATOS DE REGISTRO CIVIL E DE TABELIONATO PELAS AUTORIDADES CONSULARES** 223
    20.1. Atos de registro civil 224
    20.2. Funções do tabelionato 225
    20.3. Desempenho dos atos de registro civil e de tabelionato 225
    20.4. Funções eleitorais dos consulados e embaixadas 227
21. **VALIDADE DOS ATOS DE REGISTRO CIVIL E DE TABELIONATO PELAS AUTORIDADES CONSULARES** 229

ÍNDICE DOS DISPOSITIVOS DA LINDB 231
REFERÊNCIAS 233

1 ESTRUTURA DA LEI DE INTRODUÇÃO ÀS NORMAS DO DIREITO BRASILEIRO

1.1. IDENTIFICAÇÃO DA LEI DE INTRODUÇÃO ÀS NORMAS DO DIREITO BRASILEIRO

O Decreto-Lei nº 4.657, de 4 de setembro de 1942, é conhecido, no ordenamento jurídico pátrio, como *Lei de Introdução às Normas do Direito Brasileiro*. Essa denominação não é meramente doutrinária, uma vez que consta no próprio texto da norma.

Na realidade, a denominação mencionada – Lei de Introdução às Normas do Direito Brasileiro – lhe foi atribuída pela Lei nº 12.376, de 30 de dezembro de 2010. Antes, o referido texto era conhecido como *Lei de Introdução ao Código Civil*.

A lei em referência foi elaborada quando estava em vigor a Constituição de 1937, que previa que o Presidente da República poderia expedir decretos-leis, desde que autorizado pelo Parlamento, estivesse o mesmo em recesso ou ocorresse a dissolução da Câmara dos Deputados.

Na atual Constituição Federal, o Decreto-Lei deixou de existir como uma das espécies legislativas. A figura que mais se aproxima atualmente dele é a medida provisória. Sendo assim, é importante observar que o Decreto-Lei nº 4.657, de 4 de setembro de 1942, foi recepcionado ao nosso ordenamento jurídico com o *status* de lei ordinária, o que possibilita a sua alteração por uma lei ordinária posterior. Aliás, embora a lei em comento tenha sido elaborada quando estava em vigor a Constituição de 1937, ainda continua a vigorar por ter sido recepcionada por todos os textos constitucionais elaborados posteriormente ao seu advento.

É importante frisar ainda que, embora o Decreto-Lei nº 4.657, de 1942, tenha sido elaborado quando estava em vigor outro texto constitucional, deve ser interpretado e aplicado em consonância com a Constituição em vigor. Sendo assim, as regras, princípios, valores e objetivos que estão listados no texto constitucional de 1988 são de observância obrigatória por quem faz a interpretação e a aplicação da Lei de Introdução às Normas do Direito Brasileiro.

A Lei de Introdução às Normas do Direito Brasileiro é, de acordo com sua própria definição e essência, uma lei de caráter geral, uma vez que versa sobre a aplicação de todas as normas em nosso ordenamento jurídico. Na realidade, apenas quando existir uma norma especial em sentido contrário aos seus dispositivos é que deixará de ser utilizada, por força do entendimento de que a norma especial prevalece sobre a norma de caráter geral (critério da especialidade).

Diferente assuntos relacionados às leis são disciplinados pela Lei de Introdução às Normas do Direito Brasileiro, como a aplicação das leis no tempo (eficácia temporal) e no espaço (eficácia espacial).

Encerrando essas considerações gerais, que possuem caráter propedêutico, lembramos que, embora a Lei de Introdução às Normas do Direito Brasileiro tenha sido historicamente publicada em anexo ao Código Civil, sendo inclusive estudada com maior profundidade junto com essa disciplina, corresponde a um texto autônomo, o que fica claro quando notamos que trata de temas específicos, possui uma numeração própria e aborda assuntos que ultrapassam a esfera do Direito Civil.

1.2. ESTRUTURA DA LEI DE INTRODUÇÃO ÀS NORMAS DO DIREITO BRASILEIRO

Algumas questões a respeito da estrutura da Lei de Introdução às Normas do Direito Brasileiro foram mencionadas quando fizemos inicialmente a sua identificação. No entanto, voltaremos ao tema para abordar novas questões e para aprofundar o estudo dos assuntos anteriormente apresentados.

Como ponto de partida, lembramos que a lei em exame é, na essência, uma lei ordinária, já que a figura do Decreto-Lei deixou de existir com o advento da Constituição de 1988. Por sinal, é importante lembrar que existem três espécies legislativas básicas: as leis constitucionais, as leis complementares e as leis ordinárias. É óbvio que a Lei de Introdução às Normas do Direito Brasileiro não é uma lei constitucional. Da mesma forma, não se enquadra como uma lei complementar, tendo em vista que somente há lei complementar nas hipóteses expressamente referidas pela Lei Maior. De fato, só há lei complementar quando a Constituição prevê que um assunto será disciplinado por essa espécie legislativa. Sendo assim, por exclusão, resta apenas a identificação da lei em comento como sendo uma lei ordinária.

O Decreto-Lei nº 4.657, de 4 de setembro de 1942, foi editado pelo Presidente da República, cargo à época ocupado por Getúlio Vargas. Em especial, a edição do texto encontrou suporte no art. 180 da Constituição de 1937, que previa que, enquanto não se reunisse o Parlamento Nacional, cuja dissolução havia sido prevista também pela referida Constituição em seu art. 178, o Presidente da República teria o poder de expedir decretos-leis sobre todas as matérias de competência legislativa da União, situação que perdurou durante todo o período ditatorial do Estado Novo – 10 de novembro de 1937 a 28 de outubro de 1945 –, já que o Parlamento brasileiro jamais se reuniu nesse período.

A Lei de Introdução às Normas do Direito Brasileiro (LINDB) é composta por dezenove artigos, que tratam dos seguintes temas:
a) obrigatoriedade da lei;
b) interpretação e aplicação das leis;
c) integração do ordenamento jurídico;
d) aplicação da lei no tempo;

e) direito internacional privado;
f) validade de atos de registro civil e de tabelionato praticados pelas autoridades consulares brasileiras no exterior.

Os diferentes assuntos abordados pela Lei de Introdução às Normas do Direito Brasileiro, que foram há pouco listados, apresentam, em linhas gerais, os seguintes contornos:
a) *obrigatoriedade da lei*: momento em que a lei começa a vigorar no país e no exterior, efeitos jurídicos da republicação do texto da lei, correção do texto de uma lei que está em vigor, vigência temporária da lei, revogação da lei e impossibilidade de alegar, como excusa para o seu descumprimento, o fato de desconhecê-la;
b) *interpretação e aplicação das normas jurídicas*: previsão de que na interpretação e aplicação da lei devem ser atendidos os fins sociais a que ela se dirige e as exigências do bem comum e menção à necessidade de observância do direito adquirido, do ato jurídico perfeito e da coisa julgada por parte da lei;
c) *integração do ordenamento jurídico*: indicação de que, na omissão da lei, devem ser utilizados, conforme o caso, a analogia, os costumes e os princípios gerais de direito para suprir a lacuna existente;
d) *aplicação da lei no tempo e no espaço*: alusão ao momento em que a lei entrará em vigor e do espaço físico em que será aplicada.;
e) *direito internacional privado*: indicação do ordenamento jurídico (conjunto de normas jurídicas em vigor em um Estado) que deve ser utilizado para disciplinar algumas situações ou relações jurídicas em que estiver presente o elemento estrangeiro, que surge quando as hipóteses descritas apresentam pontos de contato com mais de um ordenamento jurídico, gerando, assim, a discussão a respeito da lei aplicável, que pode fazer parte do direito interno ou do direito estrangeiro;
f) *validade de atos praticados pelas autoridades consulares brasileiras no exterior*: previsão de que as autoridades consulares são consideradas competentes para celebrar atos de registro civil e de tabelionato no exterior.

Para facilitar a visualização da estrutura da Lei de Introdução às Normas do Direito Brasileiro, é importante observar que suas funções podem ser divididas de outras maneiras, como exposto nas classificações a seguir:

(...) entre nós, a vigente Lei de Introdução, ferindo essas matérias, pode ser focalizada neste esquema, que nos guiará na disposição do respectivo comentário: I. Da lei e da sua obrigatoriedade: 1. Do início da obrigatoriedade da lei (art. 1º). 2. Do tempo de obrigatoriedade da lei (art. 2º). 3. Da não ignorância da lei vigente (art. 3º). II. Da aplicação, interpretação e integração das normas jurídicas: 1. Da aplicação da norma jurídica e da integração da ordem jurídica positiva (art. 4º). 2. Da interpretação da norma jurídica (art. 5º). III – Do império da lei em relação ao tempo – direito intertemporal (art. 6º). IV. Do direito internacional privado brasileiro (arts. 7º ao 17). V – Dos atos civis praticados, no estrangeiro, pelas autoridades consulares brasileiras (art. 18) (ESPINOLA; ESPINOLA FILHO, 1999, p. 7).

A Lei de Introdução (...) é, como dito, aplicável a toda ordenação jurídica, pois tem as funções de: a) regular a vigência e a eficácia das normas jurídicas (arts. 1º e 2º), apresentando soluções ao conflito de normas no tempo (art. 6º) e no espaço (arts. 7º ao 19); fornecer critérios de hermenêutica (art. 5º); c) estabelecer mecanismos de integração de normas, quando houver lacunas (art. 4º); d) garantir não só a eficácia global da ordem jurídica, não admitindo o erro de direito (art. 3º) que a comprometeria, mas também a certeza, a segurança e estabilidade do ordenamento, preservando as situações consolidadas em que o interesse individual prevalece (art. 6º) (GONÇALVES, 2008, p. 28).

A LICC trata do começo da obrigatoriedade da lei (art. 1º), da sua permanência ou não (revogação – art. 2º), do seu cumprimento obrigatório (art. 3º), de suas omissões e mecanismos de interpretação (art. 4º), da integração e aplicação mediante o atendimento aos fins sociais e ao bem comum (art. 5º), das garantias do ato jurídico perfeito, do direito adquirido e da coisa julgada (art. 6º), e também das normas de Direito Internacional Privado (MAFRA, 2008, p. 3).

Como se pode observar, em todas as classificações apresentadas são apontadas as matérias que figuram no bojo da Lei de Introdução às Normas do Direito Brasileiro. Entretanto, para uma compreensão mais precisa a respeito da função desempenhada pela lei em exame é preciso analisar também a sua denominação, o que será feito no próximo tópico.

1.3. RAZÃO DA UTILIZAÇÃO DA DENOMINAÇÃO DA LEI DE INTRODUÇÃO ÀS NORMAS DO DIREITO BRASILEIRO

Até o advento da Lei nº 12.376, de 30 de dezembro de 2010, a hoje denominada Lei de Introdução às Normas do Direito Brasileiro (LINDB) era conhecida como Lei de Introdução ao Código Civil (LICC). No entanto, a denominação anteriormente utilizada estava em contrariedade com o objeto da referida norma, que não se restringe à disciplina de questões ligadas exclusivamente ao Direito Civil. De fato, em seu bojo, figuram assuntos que se ligam, ao mesmo tempo, a todos os ramos do direito (civil, penal, administrativo etc.), em qualquer uma de suas áreas (público ou privado), salvo se houver um comando específico em sentido contrário. Ademais, a Lei de Introdução às Normas do Direito Brasileiro alcança também outras espécies legislativas além da lei em sentido estrito, situação que abrange, por exemplo, os decretos e os regulamentos, salvo pequenas exceções, que serão apresentadas no momento oportuno. Sendo assim, é necessário conferir, à Lei de Introdução às Normas do Direito Brasileiro, o caráter de norma geral, já que o seu campo normativo lhe permite disciplinar todas as normas que integram o ordenamento jurídico pátrio. Para tanto, basta que o tema tenha sido previsto em seu texto.

Exemplificam o que foi exposto anteriormente, os seguintes comandos: a) salvo disposição em contrário, a lei começa a vigorar em todo o país quarenta e cinco dias depois de oficialmente publicada; e b) ninguém se escusa de cumprir a lei alegando que não a conhece. Deveras, não há como imaginar, por exemplo, que o desconhecimento da lei possa ser um argumento que afaste a sua obrigatoriedade, qualquer que seja a área do direito que esteja sendo analisada.

É em virtude do exposto que a Lei de Introdução às Normas do Direito Brasileiro é considerada uma lei voltada à aplicação de outras leis, uma lei das leis (*lex legum*), uma norma de supradireito, expressões que são utilizadas para deixar claro que o seu âmbito de incidência é o ordenamento jurídico e não um determinado ramo do direito.

1.4. SURGIMENTO DA DENOMINAÇÃO DA LEI DE INTRODUÇÃO ÀS NORMAS DO DIREITO BRASILEIRO

Inicialmente, a hoje denominada Lei de Introdução às Normas do Direito Brasileiro (LINDB) era conhecida como Lei de Introdução ao Código Civil (LICC), como anteriormente apontado. A expressão Lei de Introdução ao Código Civil foi durante muito tempo utilizada em virtude do fato de se tratar de uma lei considerada essencial para a utilização do Código Civil, antigamente considerado o principal ramo do direito, o centro da ordem jurídica.

Todavia, antes mesmo da alteração da denominação da Lei de Introdução ao Código Civil para Lei de Introdução às Normas do Direito Brasileiro, eram comuns as críticas à maneira de identificá-la, como pode ser observado, em caráter exemplificativo, nas seguintes passagens:

> A Lei de Introdução, embora venha anexa, apesar de ser assim chamada, não é mera lei "introdutória" ao Código Civil, nem tem com ele ligação necessária ou exclusiva. Rigorosamente falando, não é uma "lei de introdução". É lei autônoma, independente, editando princípios e regras sobre todas as normas, a respeito das leis em geral. Na verdade, como queria Freitas, como propôs Valladão, é lei geral de aplicação, no tempo e no espaço, das normas jurídicas, sejam de direito público ou de direito privado. Portanto, é uma *lex legum*, conjunto de normas sobre normas, um direito sobre direito (sobre direito = ...), enfim, um código de normas. (...) Normas de sobredireito, em suma, são regras a respeito da incidência das leis; são leis sobre leis (VELOSO, 2005, p. 13-4).

> Estende-se muito além do Código Civil por abranger princípios determinativos da aplicabilidade, no tempo e no espaço, das normas de direito privado ou de direito público (arts. 1º a 6º) e por conter normas de direito internacional privado (arts. 7º a 19). Não é uma lei introdutória ao Código Civil. Se o fosse, conteria apenas normas de direito privado comum e, além disso, qualquer alteração do Código Civil refletiria diretamente sobre ela. Na verdade, é uma *lei de introdução às leis*, por conter princípios gerais sobre as normas sem qualquer discriminação. Trata-se de uma norma preliminar à totalidade do ordenamento jurídico. É uma *lex legum*, ou seja, um conjunto de normas sobre normas, constituindo um direito sobre direito (...), um superdireito, ou melhor, um direito coordenador de direito. Não rege, portanto, as relações da vida, mas sim as normas, indicando como aplicá-las, determinando-lhes a vigência e eficácia, suas dimensões espácio-temporais, assinalando suas projeções nas situações conflitivas de ordenamentos jurídicos nacionais e alienígenas, evidenciando os respectivos elementos de conexão determinantes das normas substantivas, deste ou daquele ordenamento jurídico, aplicáveis no caso de haver conflito de leis no espaço. Descreve, tão somente, as linhas básicas da ordem jurídica, exercendo a função de *lei geral*, por orientar a obrigatoriedade, a vigência espácio-temporal, a interpretação e a integração da lei e por traçar as diretrizes das relações de direito internacional privado, por elas tidas como adequadas, por estarem conformes com as convenções e com os tratados a que aderiu o Brasil (DINIZ, 2004, p. 57-8).

A manifesta falta de adequação entre a denominação da norma – Lei de Introdução ao Código Civil (LICC) – e o seu objeto – estabelecimento de normas sobre normas – fez com que se buscasse, em diferentes oportunidades, a alteração da sua denominação. No entanto, a modificação somente foi conseguida em 30 de dezembro de 2010, quando do advento da Lei nº 12.376, que se liga historicamente ao Projeto de Lei nº 6.303/2005.

Todavia, o projeto de lei que modificou a denominação da Lei de Introdução ao Código Civil, de autoria do Deputado Celso Russomano, previa que a denominação deveria ser alterada para "Lei de Introdução às Leis", sendo que, para tanto, foram apresentadas as seguintes justificativas:

> É reconhecido, pela doutrina e pela jurisprudência, que a Lei de Introdução ao Código Civil possui âmbito de aplicação mais amplo do que o mencionado em sua ementa. Para aperfeiçoar a legislação pátria, fazendo-se coincidir a letra da lei com sua interpretação, é que apresentamos o presente projeto de lei, contando com o apoio dos ilustres Pares.

A alteração da denominação da Lei de Introdução ao Código Civil para Lei de Introdução às Normas do Direito Brasileiro decorreu de sugestão do Deputado Regis de Oliveira, relator do Projeto de Lei na Câmara dos Deputados, que fundamentou a necessidade de mudança da denominação que constava no projeto de lei nas seguintes considerações:

> Efetivamente, *o termo "Lei de Introdução às Leis", um tanto ambíguo, pode gerar erro e divergência de interpretação*. Desta forma, por intermédio de emenda modificativa, *sugiro a adoção da expressão "Lei de Introdução às normas do Direito Brasileiro", que reproduz com exatidão o sentido e o alcance desse diploma legal*. Após a análise do preenchimento dos pressupostos de constitucionalidade, juridicidade e técnica legislativa, *passa-se a apreciar o mérito da propost*a.
>
> É indiscutível a *necessidade de realizar a atualização e adequação da ementa do Decreto-Lei nº 4.657/1942*, que se encontra defasada, deixando de exprimir a essência dessa legislação. Como é cediço, a Lei de Introdução ao Código Civil *regula a vigência, validade, eficácia, aplicação, interpretação e revogação das normas do direito brasileiro*. Além disso, *delimita alguns conceitos como o ato jurídico perfeito, a coisa julgada e o direito adquirido*. Pelo seu conteúdo e sua natureza, *é considerada uma "lei sobre a lei"*. Para aquilatar a sua importância, basta dizer que foi editada em 1942 e está em vigor até hoje. Com ela, *se encerrou a vigência das antigas ordenações portuguesas*. Seu objetivo foi orientar a aplicação do Código Civil, preencher lacunas e dirimir questões decorrentes deste diploma legal. Entretanto, *com o passar do tempo, suas normas e princípios foram se estendendo às demais legislações*.

Segundo Maria Helena Diniz:

> A Lei de Introdução ao Código Civil **contém normas sobre normas**, assinalando-lhes a maneira de aplicação e entendimento, predeterminando as fontes do direito positivo, indicando-lhes as dimensões espácio-temporais. (grifo nosso)
>
> Diante do exposto, o voto é pela constitucionalidade, juridicidade, inadequada técnica legislativa e, *no mérito, pela aprovação do projeto de lei nº 6.303/2005, nos termos de emenda que apresento em anexo.*

Sem entrar no mérito das justificativas apresentadas pelo Deputado Regis de Oliveira, é indiscutível que a modificação efetuada possibilitou que a lei em exame, quanto à sua denominação, passasse a refletir melhor o seu objeto, aspecto fundamental para a correta interpretação e aplicação do texto e respeito à técnica legislativa.

1.5. APLICAÇÃO DA LEI DE INTRODUÇÃO ÀS NORMAS DO DIREITO BRASILEIRO EM RELAÇÃO ÀS LEIS ESTADUAIS, DISTRITAIS E MUNICIPAIS

Após termos analisado a denominação e a essência da Lei de Introdução às Normas do Direito Brasileiro, passaremos a estudar, na sequência, de maneira particularizada, cada um dos dispositivos que a integram, observando a ordem prevista no seu texto. Antes, porém, faremos algumas considerações a respeito da aplicação da Lei de Introdução às Normas do Direito Brasileiro em relação às leis municipais, distritais e estaduais, a fim de que possamos estabelecer, com a maior precisão possível, qual o seu alcance, o que será feito abaixo, com menção aos entendimentos que podem ser adotados em relação ao assunto colocado em pauta.

Quando se trata da incidência da Lei de Introdução às Normas do Direito Brasileiro em relação às leis municipais, distritais e estaduais, é possível adotar três posturas. A primeira defende que é possível a aplicação. A segunda rejeita a aplicação. A terceira sustenta que apenas quando houver omissão na esfera legislativa municipal, estadual ou distrital é que será possível a aplicação, que neste caso seria dotada de caráter supletivo. Vejamos, portanto, essas três posturas, aprofundando a análise inicialmente apresentada.

Antes, porém, é importante observar que a discussão noticiada surge em virtude do fato de que a Lei de Introdução às Normas do Direito Brasileiro é uma lei federal e, por isso, poderia ser excluída a sua aplicação em relação aos demais entes federativos.

Quando se defende que é possível a aplicação da Lei de Introdução às Normas do Direito Brasileiro em relação às leis produzidas nas esferas municipal, distrital e estadual utiliza-se, como fundamento, o texto constitucional, particularmente o art. 24 da Constituição Federal, que versa sobre a competência concorrente entre as unidades federativas. De fato, como a Constituição não prevê que a competência para legislar sobre a elaboração das leis é privativa da União, temos que entender que os Municípios, os Estados e o Distrito Federal também possuem competência sobre o assunto. Entretanto, não pode ser esquecido que, quando a competência legislativa é concorrente, incumbe à União o estabelecimento das normas de caráter geral. Por outro lado, é indiscutível que os comandos que existem na Lei de Introdução às Normas do Direito Brasileiro ostentam a qualidade de normas de caráter geral. Sendo assim, os seus dispositivos são aplicáveis também aos Municípios, aos Estados e ao Distrito Federal, sendo que o mesmo entendimento conduz, necessariamente, à aplicação da Lei Complementar nº 95, de 26 de fevereiro de 1998, que trata da elaboração, da redação, da alteração e da consolidação das leis na esfera dos Municípios, dos Estados e do Distrito Federal, que foi citada por guardar forte relação com diferentes dispositivos da Lei de Introdução às Normas do Direito Brasileiro, como veremos no momento oportuno.

Quem contesta a aplicação da Lei de Introdução às Normas do Direito Brasileiro em relação aos Municípios, ao Distrito Federal e aos Estados afirma, em especial, que, como o Estado brasileiro é uma federação, é preciso que seja resguardada a autonomia das unidades federativas em matéria legislativa, o que impõe o afastamento da Lei de Introdução às Normas do Direito Brasileiro, já que o assunto deve ser disciplinado de maneira independente por cada uma das unidades federativas. Essa postura, porém, padece de vários erros. Um deles é considerar o texto constitucional de maneira isolada. Com efeito, o princípio federativo foi considerado de maneira abstrata, quando seria necessário analisar como um todo o texto constitucional, uma vez que não existe um único modelo federativo e o brasileiro foi traçado pela Constituição Federal, estando presente também nas normas que versam sobre a competência concorrente. Ademais, se cada unidade federativa pudesse disciplinar a elaboração, a alteração e a aplicação da lei da maneira como bem entendesse, o princípio federativo seria afetado, pois também se reflete na uniformidade legislativa. Portanto, é indiscutível que essa segunda corrente deve ser rejeitada.

Por derradeiro, existe uma terceira corrente que defende que a Lei de Introdução às Normas do Direito Brasileiro, e o mesmo vale para a Lei Complementar nº 95/1998, somente é aplicável aos Municípios, aos Estados e ao Distrito Federal quando forem omissos no tratamento jurídico dos temas por ela disciplinados. Essa visão também é equivocada, tendo em vista que possibilita que os Municípios, os Estados e o Distrito Federal possam disciplinar livremente os assuntos que foram objeto de tratamento legislativo pela Lei de Introdução às Normas do Direito Brasileiro, embora figurem como normas de caráter geral, como mencionado acima.

Diante do que foi exposto, é inexorável concluir que a Lei de Introdução às Normas do Direito Brasileiro também é aplicável em se tratando dos Municípios, dos Estados e do Distrito Federal, já que, em seu bojo, existem normas de caráter geral.

2 APLICAÇÃO DA LEI NO TEMPO E NO ESPAÇO

> **Art. 1º.** Salvo disposição contrária, a lei começa a vigorar em todo o país 45 (quarenta e cinco) dias depois de oficialmente publicada.

O art. 1º da Lei de Introdução às Normas do Direito Brasileiro trata do início da obrigatoriedade da lei. Para tanto, utiliza como referência a publicação do seu texto, que permite que possa ser conhecida pelos destinatários imediatos e futuros dos seus comandos jurídicos e, assim, possa ser obrigatória.

A função da publicação, porém, não é apenas a de levar a público o seu texto, já que se imagina também que, ao conhecê-la, o homem se comportará em consonância com as suas diretrizes.

Portanto, a publicação visa a possibilitar que a lei seja conhecida, o que impõe que o seu texto seja publicado integralmente, e observada pelos seus destinatários, neste último caso, a fim de que seja dotada também de eficácia social.

Por se tratar de uma atividade complementar ao processo legislativo, relacionando-se também à atuação estatal, a publicação deve ser realizada num órgão oficial, mesmo que se exteriorize eletronicamente.

Ainda de acordo com o texto transcrito, a lei começará a vigorar em todo o país quarenta e cinco dias depois de oficialmente publicada se não houver a indicação em seu texto da data em que entrará em vigor. O comando, portanto, corresponde a uma cláusula supletiva, uma vez que apenas incide se não houver determinação em sentido contrário.

Sendo assim, será preciso verificar, primeiro, se a lei estabeleceu quando entrará em vigor, sendo que o prazo previsto pode ser inferior ou superior a quarenta e cinco dias. Pode ser apontado, inclusive, que o prazo de *vacatio legis* será de quarenta e cinco dias, embora a falta de menção levasse, automaticamente, a esse prazo. Não havendo indicação, a lei começará a vigorar quarenta e cinco dias depois de oficialmente publicada.

2.1. A VIGÊNCIA DA LEI DE ACORDO COM A LEI COMPLEMENTAR N° 95/1998

A previsão da Lei de Introdução às Normas do Direito Brasileiro acerca do início da vigência da lei – passa a vigorar no prazo que foi estabelecido em seu texto e, se não houver previsão, em quarenta e cinco dias depois de oficialmente publicada – colide com o que foi estabelecido na Lei Complementar n° 95, de 26 de fevereiro de 1998, que versa sobre a elaboração, a redação, a alteração e a consolidação das leis, além de estabelecer normas a respeito da consolidação de outros atos normativos, em observância ao que está previsto no parágrafo único, do art. 59 da Constituição Federal, que prevê que "lei complementar disporá sobre a elaboração, redação, alteração e consolidação das leis".

Com efeito, o *caput* do art. 8º da Lei Complementar n° 95/1998 prevê, inicialmente, que a "vigência da lei será indicada de forma expressa e de modo a contemplar prazo razoável para que dela se tenha amplo conhecimento, reservada a cláusula 'entra em vigor na data de sua publicação' para as leis de pequena repercussão". Além disso, o § 2º do referido dispositivo estabelece que as "leis que estabeleçam período de vacância deverão utilizar a cláusula 'esta lei entra em vigor após decorridos (o número de) dias de sua publicação oficial.'".

À propósito, o entendimento presente na Lei Complementar n° 95/1998 foi agasalhado pelo Decreto n° 4.176, de 28 de março de 2002, que prevê "normas e diretrizes para a elaboração, a redação, a alteração, a consolidação e o encaminhamento, ao Presidente da República, de projetos de atos normativos de competência dos órgãos do Poder Executivo Federal", que ressalta inclusive quando a lei deve entrar em vigor na data da sua publicação ou deve ser observado um período de *vacatio legis*, como pode ser observado no art. 19 do referido decreto:

> **Art. 19.** O texto de projeto indicará de forma expressa a vigência do ato normativo.
>
> § 1º. A cláusula "entra em vigor na data da sua publicação" somente será utilizada nos projetos de atos normativos de menor repercussão.
>
> § 2º. Nos projetos de ato normativo de maior repercussão, será:
>
> I – estabelecido período de vacância razoável para que deles se tenha amplo conhecimento; e
>
> II – utilizada a cláusula "esta lei entra em vigor após decorridos (o número de) dias de sua publicação oficial".

Como existem dispositivos contraditórios na Lei de Introdução às Normas do Direito Brasileiro e na Lei Complementar n° 95/1998, surge, naturalmente, a indagação a respeito de qual dos dois textos deve prevalecer em caso de conflito e se é possível conciliar os dois dispositivos.

Para responder às indagações feitas é preciso, primeiro, verificar qual a posição (*status*) do Decreto-Lei n° 4.657, de 4 de setembro de 1942, no ordenamento jurídico pátrio. Aliás, essa pergunta já foi em parte respondida, uma vez que, ao tratarmos da identificação da Lei de Introdução às Normas do Direito Brasileiro, ressaltamos que possui *status* de lei ordinária. Na realidade, o texto possui, em regra, esse enquadramento normativo, uma vez que, quando dispõe sobre temas ligados à redação e à alteração das leis devemos considerar que, embora não tenha sido recepcionada pelo texto constitucional com o *status* de lei complementar, somente uma lei dessa natureza pode modificá-la em relação aos temas mencionados, já que uma lei ordinária não poderá dispor acerca dessas matérias atualmente, uma vez que o legislador constituinte as submeteu à reserva de lei complementar (parágrafo único do art. 59 da CF).

Assim postas as coisas, podemos avançar e responder à primeira indagação formulada, que, lembramos, é dotada da seguinte redação: qual dos dois textos – Lei de Introdução às Normas do Direito Brasileiro ou Lei Complementar nº 95/1998 – deve prevalecer em caso de conflito normativo? A resposta é que deve prevalecer a Lei Complementar nº 95/1998, tendo em vista que a norma posterior prevalece sobre a anterior (critério cronológico) e se trata de um texto específico (critério da especialidade).

Resta agora somente aferirmos se é possível conciliar os comandos das duas leis que estão sendo examinadas – Lei de Introdução às Normas do Direito Brasileiro e Lei Complementar nº 95/1998. A resposta é positiva. De fato, a conciliação entre os dois textos pode ocorrer da seguinte forma: a princípio, a lei indicará quando entrará em vigor, conforme previsto pela Lei Complementar nº 95/1998. Havendo omissão, utilizaremos a Lei de Introdução às Normas do Direito Brasileiro e os dispositivos de caráter supletivo que possui a respeito da entrada em vigor da lei. Desse modo, podemos concluir que é possível que existam as seguintes espécies de *vacatio legis*: a expressa e a tácita, hipóteses que estarão presentes quando a lei não prever que entrará em vigor na data da sua publicação (*leis sem vacatio legis* ou *de incidência imediata*). A *vacatio legis* será expressa (ou determinada) quando for previsto expressamente no texto da lei que não entrará em vigor na data da sua publicação, mas sim após o transcurso de um determinado número de dias. A *vacatio legis* será tácita (ou implícita) quando a lei não prever que entrará em vigor na data da sua publicação e não apontar qual o seu período de vacância.

Da mesma forma, é possível conciliar a Lei de Introdução às Normas do Direito Brasileiro com outros comandos jurídicos que versem a respeito da obrigatoriedade da lei, como é o caso do § 1º do art. 5º da Constituição Federal, que prevê que as normas definidoras dos direitos e garantias fundamentais têm aplicação imediata, da previsão de que a lei que alterar o processo eleitoral entra em vigor na data de sua publicação e não se aplicará às eleições que ocorrerem até um ano da data da sua vigência (art. 16 da CF) e dos comandos a respeito da anterioridade em matéria tributária (art. 150 da CF), já que o primeiro texto traz em seu âmago, apenas e tão somente, uma cláusula supletiva. O mesmo ocorre também em se tratando de emendas à Constituição (em virtude do fato de o texto constitucional servir como fundamento de validade da ordem jurídica, não se justifica, a princípio, que uma emenda constitucional deixe de produzir efeitos de imediato) e de medidas provisórias (como são adotadas em caso de relevância e urgência – art. 62 da CF – presume-se que entram em vigor na data em que são publicadas, embora o Presidente da República, o responsável pela sua edição, possa estabelecer um período de *vacatio legis*). Em suma, o prazo de *vacatio legis* que consta na Lei de Introdução às Normas do Direito Brasileiro refere-se, a princípio, apenas à lei em sentido estrito, abrangendo, portanto, as leis complementares, ordinárias e delegadas (art. 59, II, III e IV, da CF). Todavia, esse tema será novamente abordado mais à frente, quando analisaremos os decretos e os regulamentos.

2.2. CONTAGEM DA *VACATIO LEGIS*

Um aspecto importante da Lei Complementar nº 95/1998 é o fato de que dispõe a respeito da contagem do prazo para a entrada em vigor das leis que estabeleçam período de vacância. Neste caso, é previsto que a contagem do prazo "far-se-á com inclusão da data da publicação e do último dia do prazo, entrando em vigor no dia subsequente à sua consumação integral" (art. 8º, § 1º). Por sinal, o mesmo entendimento consta no Decreto nº 4.176, de 28 de março de 2002, anteriormente citado, que acerca do assunto fez a seguinte observação (art. 20): "A contagem do prazo para entrada em vigor dos atos normativos que estabeleçam período de vacância far-se-á incluindo a data da publicação e o último dia do prazo, entrando em vigor no dia subsequente à sua consumação integral".

Para a efetiva observância dos dois textos citados – LC nº 95/1998 e Decreto nº 4.176/2002 – é preciso que sejam observados alguns aspectos. Primeiro, nem sempre a data da publicação coincide com a data que consta expressamente na lei. Como exemplo do exposto, a própria Lei de Introdução às Normas do Direito Brasileiro, que corresponde ao Decreto-Lei nº 4.657, identifica o texto como sendo de 4 de setembro de 1942. Todavia, a publicação da referida norma ocorreu apenas no Diário Oficial de 9 de setembro de 1942. Segundo, o dia da publicação, independentemente da hora em que tenha ocorrido, é computado no prazo de *vacatio legis*. Terceiro, o último dia do prazo de *vacatio legis* também é computado, o que, de um lado, impede que a lei vigore antes do seu decurso e, do outro, impõe que o último dia seja computado, não importando que se trate de sábado, domingo ou feriado, já que nesses dias a lei também é obrigatória (GOMES, 1965, p. 45). Sendo assim, a lei começa a vigorar no primeiro minuto do dia seguinte ao fixado como data final de *vacatio legis*. Portanto, se o período de *vacatio legis* terminasse no dia 4 de outubro de 2014, a lei passará a vigorar às 00h01min do dia 5 de outubro de 2014, uma vez que a menor unidade de tempo a ser utilizada é o minuto, por uma questão de segurança jurídica e de razoabilidade, assim como ocorre com a interpretação realizada em relação à aquisição da maioridade na esfera penal.

Há, porém, um aspecto importante acerca da contagem do prazo para que a lei entre em vigor. Trata-se da possibilidade de que o prazo tenha sido fixado em minutos, meses ou em anos. Essas três situações estão a princípio excluídas, uma vez que a Lei Complementar nº 95/1998 estatui que "as leis que estabelecem período de vacância deverão utilizar a cláusula 'esta lei entra em vigor após decorridos (o número de) dias de sua publicação oficial'" (art. 8º, § 2º). Ocorre que o legislador muitas vezes despreza o que está previsto no LC nº 95/1998, como vimos anteriormente. Quando houver desrespeito às determinações da referida lei complementar, teremos que adotar diferentes posturas, conforme a unidade de tempo utilizada.

Quando o prazo de *vacatio legis* for fixado em minutos, deverá ser desprezado, já que seria preciso saber o exato minuto em que o texto foi publicado e, ademais, verificar o exato minuto de um determinado dia em que a lei entrou em vigor, é situação que fere a razoabilidade e o princípio da segurança jurídica. Com efeito, é inadmissível imaginar que uma lei vigore, por exemplo, a partir das 15h42min de um determinado dia. Portanto, deixaremos de lado o prazo de *vacatio legis* fixado na lei e utilizaremos como referência o prazo de quarenta e cinco dias mencionado pelo *caput* do art. 1º da Lei de Introdução às Normas do Direito Brasileiro.

Sendo o prazo fixado com base na unidade de tempo ano, teremos duas alternativas. A primeira, a mais simples, consiste em converter o números de anos estabelecidos em dias. Assim, em vez de falar, por exemplo, em um ano, falaremos em trezentos e sessenta e cinco dias. Essa conversão facilita a contagem do prazo e permite a efetiva observância da LC nº 95/1998, já que estabelece que os prazos devem ser fixados em dias. O problema é que, como o ano leva em consideração o tempo que o Planeta Terra precisa para dar uma volta completa em torno do Sol, e a duração do percurso corresponde a trezentos e sessenta e cinco dias, cinco horas, quarenta e nove minutos e doze segundos, a cada quatro anos teremos o denominado ano bissexto, isto é, um ano com trezentos e sessenta e seis dias, aspecto que pode atrapalhar a contagem do prazo, salvo se for desprezada a sua existência, o que consideramos possível e, sobretudo, plausível, a fim de que se tenha a primazia da realidade.

Quando o prazo é fixado em anos é possível, pelo menos em tese, utilizar também a Lei nº 810, de 6 de setembro de 1949, que prevê que "considera-se ano o período de doze meses contado do dia do início ao dia e mês correspondentes do ano seguinte" (art. 1º) e que "quando no ano não houver o dia correspondente ao do início do prazo, este findará no primeiro dia subsequente" (art. 3º). Na eventualidade de ser observada a Lei nº 810/1949, trabalharemos da seguinte forma: se a lei foi publicada no dia 4 de outubro de 2014 e o seu período de *vacatio legis* é de um ano, entrará em vigor no dia 5 de outubro de 2015. Embora essa segunda postura ofenda a Lei Complementar nº 95/1998, é defendida por inúmeros autores, observada na prática e bastante interessante por facilitar a identificação do período de *vacatio legis*. Sendo assim, consideramos conveniente que seja utilizada, já que a Lei nº 810/1949 é uma norma especial e, assim, deve prevalecer em face da Lei Complementar nº 95/1998 que, além de não tratar da contagem do prazo em anos, é uma norma geral.

Por fim, é importante salientar que o mesmo entendimento é válido se houver a fixação do prazo em meses, já que a Lei nº 810/1949 confere também disciplina jurídica ao prazo fixado nessa unidade de tempo, situação expressa nos seguintes comandos: "considera-se mês o período de tempo contado do dia do início ao dia correspondente ao mês seguinte" (art. 2º) e "quando no mês do vencimento não houver o dia correspondente ao do início do prazo, este findará no primeiro dia subsequente" (art. 3º).

Ainda em relação à contagem do prazo, há um aspecto importante não mencionado expressamente pelos textos anteriormente citados – Lei Complementar nº 95/1998 e Decreto nº 4.176, de 28 de março de 2002 –, embora entendamos que esteja implicitamente neles contido. Trata-se da possibilidade de se prorrogar o início da vigência da lei quando o período de *vacatio legis* terminar em domingos ou feriados. A discussão pode, em tese, ser colocada pelo fato de que o § 1º do art. 132 do Código Civil, que está relacionado ao negócios jurídicos, prever que se o vencimento de um prazo cair em feriado, considerar-se-á prorrogado até o dia útil seguinte. Entretanto, quando se trata de lei não há motivo para a prorrogação do prazo, já que "não se trata de cumprimento de obrigação, para o qual se reclama dia útil; as leis se executam e são obedecidas, mesmo nos domingos e feriados" (ESPINOLA; ESPINOLA FILHO, 1999, p. 45).

Em razão do exposto, quando é mencionado que a lei entra em vigor no dia subsequente à consumação integral do seu período de vacância é indiferente que se trate de dia útil. Da mesma forma, a contagem do prazo de *vacatio legis* não se suspende nem se interrompe, uma vez que essas hipóteses somente poderiam se manifestar se fossem expressamente previstas pelo legislador ou eventualmente constassem do texto publicado ou de outro que a ele fizesse referência, já que o prazo, como período de tempo, é, por natureza, contínuo.

A referência dos dois textos analisados – LC nº 95/1998 e Lei nº 810/1949 – ao período de *vacatio legis* é importante por se tratar de um assunto que não é objeto de consideração integral pela Lei de Introdução às Normas do Direito Brasileiro. Desse modo, devemos observar o que está previsto nos dois textos mencionados em relação à contagem do período de *vacatio legis*, por força do seguintes argumentos: a) é função específica da Lei Complementar nº 95/1998 disciplinar o assunto, tendo em vista que o texto constitucional afirma que a elaboração, a redação, a alteração e a consolidação das leis deve ser objeto de disciplina por lei complementar (parágrafo único do art. 59 da CF); e b) como existe competência concorrente em matéria administrativa, esfera que abrange os atos normativos de responsabilidade do Poder Executivo; a União deve estabelecer as normas gerais a respeito do assunto (§ 2º do art. 24 da CF).

2.3. APLICAÇÃO DA LEI NO ESPAÇO

Voltando à análise da obrigatoriedade da lei, é importante trabalhar também com outros aspectos relevantes, ligados ao início da sua obrigatoriedade no espaço. Em especial, procuraremos responder às seguintes indagações: a lei produz efeitos apenas no território nacional ou também no exterior? Quando for admitida sua aplicação fora do território nacional, produzirá efeitos ao mesmo tempo que no âmbito interno?

As respostas às indagações formuladas passam, necessariamente, pela análise de dois sistemas: o da obrigatoriedade simultânea e o da obrigatoriedade sucessiva. De acordo com o primeiro sistema, o da obrigatoriedade simultânea, a lei começa a vigorar em todo o país e no exterior, quando for admitida, num mesmo momento. Não há, portanto, a adoção de momentos distintos quanto à observância da lei. Por sinal, o fato de um país contar com vários fusos horários, como ocorre com o Brasil, que conta com três fusos horários distintos (art. 2º do Decreto nº 2.784, de 18 de junho de 1913) e com o horário de verão, não afasta o entendimento de que a vigência é simultânea. De maneira diversa, no sistema da obrigatoriedade sucessiva, a lei não vigora ao mesmo tempo em todo o território nacional e/ou no exterior, o que faz com que o simples deslocamento no âmbito espacial faça com que se altere a obrigatoriedade da norma, uma vez que é possível antecipar ou adiar a sua vigência.

O que justifica a opção por um dos sistemas previstos – obrigatoriedade simultânea (ou sincrônica) ou sucessiva (ou progressiva) – é a constatação de ser possível ou não que todos os destinatários da lei a conheçam ao mesmo tempo. Quando se chega à conclusão de que é possível que todas as pessoas tenham acesso à lei ao mesmo tempo, por força da facilidade das comunicações, adota-se o sistema da obrigatoriedade simultânea. Ao contrário, quando se considera que nem todas as pessoas terão oportunidade de conhecer a lei ao mesmo tempo é adotado o sistema da obrigatoriedade sucessiva.

É possível, ainda, que se adote um sistema híbrido, em que se prevê, por exemplo, que em relação ao espaço físico do Estado (território) será utilizado o sistema da obrigatoriedade simultânea e no exterior a obrigatoriedade sucessiva. Esse modelo eclético figura na Lei de Introdução às Normas do Direito Brasileiro, que a respeito do assunto fez as seguintes considerações:

a) A lei começa a vigorar em todo o país quarenta e cinco dias depois de oficialmente publicada

O texto transcrito consagra a obrigatoriedade simultânea da lei em todo o território nacional, partindo do pressuposto de que a facilidade de comunicações permite que se considere que todos os habitantes do território nacional podem conhecer ao mesmo tempo as leis. Essa situação, que hoje é facilmente constatável, para o legislador também estava presente quando da elaboração da Lei de Introdução às Normas do Direito Brasileiro. De fato, é a constatação de que é possível que todas as pessoas conheçam a lei ao mesmo tempo que possibilita a sua vigência simultânea, como é ressaltado no seguinte texto, produzido há mais de vinte anos, que já identificava a possibilidade de vigência simultânea das leis no território nacional:

> Quando foi publicado o Código Civil [de 1916] as vias de comunicação eram precárias, difíceis, incertas. Atualmente, a situação é completamente outra. Através do telégrafo, do telex, do telefone, da radiofonia, da televisão, do correio aéreo, das comunicações via satélite, é quase que imediato o conhecimento que se pode ter, nos diferentes pontos do País, de uma nova lei de relevante importância.
>
> Entendeu, então, o legislador, que seria mais razoável fixar um critério único, salvo disposição em contrário contida na própria lei. (CHAVES, 1982, p. 67).

Portanto, a adoção da obrigatoriedade simultânea ou sucessiva da lei não é uma mera opção do legislador. Ao contrário, decorre da constatação de que é possível que todos os destinatários dos seus comandos a conheçam ao mesmo tempo.

Ainda em relação à aplicação simultânea da lei em todo o território nacional, é importante ressaltar que esse tema está vinculado, num sentido amplo, ao âmbito espacial de aplicação da lei. Sendo assim, é importante definir o que se entende como território, uma vez que sobre o espaço físico por ele abrangido é que é exercida a soberania ou supremacia do Estado, que, por sua vez, está relacionada às atividades legislativa, administrativa e jurisdicional.

Quanto ao que se considera território,

> Compreende todo solo ocupado pela Nação, inclusive de ilhas que lhe pertencem; os rios, lagos e mares interiores, os golfos, baías e portos, a faixa do mar exterior, que banha as suas costas, ou litoral, a qual constitui as suas águas territoriais, como o espaço áereo correspondente, bem assim a parte dos rios e lagos implantados em seu limites divisórios com outras nações, que o Direito Internacional lhes atribui. (DE PLÁCIDO E SILVA, 1993, p. 358).

Por fim, é importante ressaltar que o período de *vacatio legis* previsto na Lei de Introdução às Normas do Direito Brasileiro é considerado bastante dilatado quando confrontado com a previsão de outros ordenamentos jurídicos. No caso, quando foi previsto o prazo de quarenta e cinco dias levou-se em consideração a extensão do território nacional e as dificuldades de comunicação (CHAVES, 1982, p. 68). Hoje em dia, porém, é fácil verificar que não se justifica o lapso temporal previsto quando se trabalha unicamente com os fatores descritos – amplitude do território e dificuldade de comunicação – uma vez que foram, em grande parte, superados com o advento de meios mais rápidos de comunicação. Desse modo, esse prazo, à luz do princípio da razoabilidade, somente se justifica quando a compreensão da lei requer um tempo razoável de análise.

b) *Nos Estados estrangeiros, a obrigatoriedade da lei brasileira, quando admitida, se inicia três meses depois de oficialmente publicada*

Quando a lei brasileira também for aplicada no exterior (extraterritorialidade), passa a produzir efeitos somente três meses depois de oficialmente publicada. Sendo assim, é fácil visualizar, de plano, que o prazo estabelecido é praticamente o dobro do fixado em relação à sua eficácia no âmbito interno. O que justificou o tratamento diferenciado conferido pelo legislador foi o entendimento de que haveria uma maior dificuldade para o conhecimento das leis brasileiras no exterior pelos seus destinatários. Essa situação, porém, não se justifica mais atualmente, uma vez que a evolução dos meios de comunicações, sobretudo o advento e popularização da Internet, faz com que seja possível conhecer uma lei brasileira em qualquer lugar em que a pessoa se encontre. Basta, por exemplo, que acesse o site do Poder Executivo Federal (<www.planalto.gov.br>). Desse modo, é possível prever que a lei tenha eficácia simultânea no Brasil e no exterior, sem ferir o princípio da razoabilidade.

Como salientado de passagem no parágrafo anterior, o próprio texto da lei, ao tratar do período em que entrará em vigor, pode criar um modelo diferente dos anteriormente descritos – obrigatoriedade simultânea ou sucessiva –, como no caso de estabelecer a obrigatoriedade simultânea da lei no Brasil e sucessiva no exterior. Deveras, somente se não houver menção em sentido contrário é que serão aplicados os prazos de caráter supletivo anteriormente descritos – a lei começa a vigorar em todo o país quarenta e cinco dias depois de oficialmente publicada e nos Estados estrangeiros, a obrigatoriedade da lei brasileira, quando admitida, se inicia três meses depois de oficialmente publicada –, tendo em vista que nada impede, como há pouco salientado, que a lei tenha, por exemplo, eficácia simultânea no Brasil e no exterior.

Por derradeiro, não podemos deixar de lembrar que existem leis cuja entrada em vigor independem de menção do legislador, já que, por sua própria natureza, vigoram apenas num determinado período de tempo. Há, assim, a prefixação do seu termo inicial e final, como ocorre com as leis orçamentárias, já que vigoram apenas num determinado exercício financeiro, que, por sua vez, coincide com o ano civil. Desse modo, vigoram do dia 1º de janeiro até o dia 31 de dezembro de um determinado ano.

2.4. A IMPORTÂNCIA DO CONHECIMENTO DA LEI PELOS SEUS DESTINATÁRIOS

O fato de a fixação de um período de *vacatio legis* para a lei estar relacionada à capacidade de conhecimento do seu texto pelos responsáveis pela sua observância e/ou interpretação e aplicação é uma circunstância expressa no art. 8º, *caput*, da Lei Complementar nº 95/1998, anteriormente citada, que estabelece que: "A vigência da lei será indicada de forma expressa e de modo a contemplar prazo razoável para que dela se tenha amplo conhecimento, reservada a cláusula 'entra em vigor na data de sua publicação' para as leis de pequena repercussão".

Da mesma forma, a relação entre início da obrigatoriedade da lei e possibilidade de que os destinatários do seu texto a conheçam estava nítida na introdução ao Código Civil de 1916 (Lei nº 3.071, de 1º de janeiro de 1916), que antecedeu à Lei de Introdução ao Código Civil – atualmente denominada *Lei de Introdução às Normas do Direito Brasileiro* –, que trabalhava com a seguinte vigência simultânea da lei no território nacional (art. 2º): a lei começará a vigorar: a) no Distrito Federal, três dias depois de oficialmente publicada; b) no Estado do Rio de Janeiro, quinze dias depois de oficialmente publicada; c) nos Estados Marítimos e no de Minas Gerais, trinta dias depois de oficialmente publicada; d) nos demais Estados, compreendidas as circunscrições não constituídas em Estado, cem dias depois de oficialmente publicada; e e) nos Estados estrangeiros, quatro meses depois de oficialmente publicada na Capital Federal.

Sendo assim, quando se constatar que não é possível ter um conhecimento efetivo da lei na data da sua publicação é preciso que seja fixado um período de *vacatio legis*. Ademais, o prazo a ser fixado deve levar em consideração o tempo necessário para que se possa ter um real conhecimento da lei e, consequentemente, seja possível cumpri-la. É por força do exposto que, em se tratando de códigos, por exemplo, o período de *vacatio legis* deve ser longo, sobretudo quando trazem inúmeras inovações para a ordem jurídica, demandando, desta forma, certo tempo para que possam ser absorvidas. Da mesma forma, a natureza da norma deve interferir na fixação do seu período de vacância. Realmente, o desconhecimento de uma norma de natureza penal produz consequências mais graves do que o eventual desconhecimento de uma norma dotada de outra natureza, o que lhe impõe um tratamento distinto.

A vacância da lei também é importante para possibilitar, ao Estado e aos particulares, a quem se dirigem os seus comandos, organizarem-se para dar efetiva observância ao seu texto, o que serve para ressaltar que ostenta também natureza instrumental e deve estar em consonância com a realidade. Com efeito, a publicação das leis decorre do fato de que procuram direcionar a conduta humana, atuando sobre os homens através de sua razão, o que impõe o seu prévio conhecimento.

Por fim, o estabelecimento de um período de *vacatio legis* é importante para que possam ser elaborados os textos exigidos pela própria lei para que possa entrar em vigor. É o que ocorre quando a lei estabelece que será aplicada nos termos definidos por um regulamento. Neste caso, o prazo de vacância da lei serve para evitar que uma lei revogue a anterior mas não produza efeitos pelo simples fato de que não foi regulamentada. O que se quer, em última análise, é que quando a lei entrar em vigor possa efetivamente substituir as leis anteriores que com ela sejam incompatíveis.

2.5. *VACATIO LEGIS* E EFICÁCIA DA LEI

Em todas as hipóteses em que a lei prevê que não será obrigatória quando da sua publicação, mas num momento posterior, estamos perante a *vacatio legis* (ou vazio normativo, por se tratar de um período de tempo não alcançado pela lei nova), que representa o período compreendido entre a data de publicação da lei e o momento em que passa a efetivamente produzir efeitos.

Quando é previsto um período de *vacatio legis,* a lei existe mas não produz efeitos. Há, portanto, cisão entre, de um lado, a existência e, do outro, a eficácia da lei, a fim de permitir que os seus destinatários a conheçam antes de se tornar obrigatória e, assim, possam comportar-se de acordo com o que foi estabelecido pelo legislador.

Em virtude do estabelecimento do período de *vacatio legis*, que, como dito, está relacionado ao plano da eficácia, a lei nova não é ainda considerada obrigatória e, desta forma, continua a vigorar a lei anterior para evitar que ocorra um vazio normativo. Aliás, para que não se tenha que dizer que a lei anterior será dotada de ultra-atividade no período de *vacatio legis,* a revogação de uma lei somente ocorrerá quando a lei posterior fizer cessar a obrigatoriedade da lei anterior. Portanto, a revogação requer a presença de dois requisitos, assim representados: uma lei nova (plano da existência) e que esteja produzindo efeitos (plano da eficácia). Deveras, entre a data de publicação e o início da vigência da nova lei, as relações e situações jurídicas que venham a surgir ficam submetidas à lei anterior, que somente deixa de ser aplicada quando a lei nova entrar em vigor após o decurso do período de *vacatio legis*.

Para que fique mais claro o que colocamos no parágrafo anterior, é importante observar que uma lei passa a existir a partir do momento em que se encerraram todas as etapas do processo de elaboração legislativa (iniciativa, discussão, votação e aprovação do texto). Com efeito, a função da promulgação e da publicação da lei é, respectivamente, apenas a de possibilitar a vigência obrigatória da lei e permitir aos seus destinatários que a conheçam. São, portanto, situações relacionadas ao plano da eficácia da lei. Sendo assim, não se pode confundir existência e eficácia da lei. Entretanto, para efeito de revogação, os dois planos devem estar presentes no caso concreto.

A necessidade de diferenciar a existência da eficácia da lei ganha contornos mais claros quando ocorre um conflito de leis no tempo. Em outras palavras, para sabermos se uma lei foi revogada por outra, que lhe é posterior, o que utilizaremos como referência não é apenas o plano da existência, mas também o da eficácia, como anteriormente mencionado. Sendo assim, todas as vezes que surge uma lei posterior a lei anterior que dispuser em sentido contrário ao seu texto somente será considerada revogada depois que a lei nova entrar em vigor, o que pode ocorrer de imediato ou após o período de *vacatio legis*.

Com o decurso do prazo de *vacatio legis*, quando foi previsto, a lei passa a produzir efeitos, a ser obrigatória para as pessoas. A eficácia da lei será a princípio *erga omnes*, já que a lei é, por natureza, um preceito geral e abstrato. Desse modo, todos os que praticarem as condutas previstas em seu campo normativo estarão a ela vinculados. Todavia, nada impede que a lei dirija-se à disciplina de situações específicas ou trate da conduta de pessoas determinadas, o que restringirá o seu campo de normatização.

2.6. A *VACATIO LEGIS* PREVISTA NA LEI DE INTRODUÇÃO ÀS NORMAS DO DIREITO BRASILEIRO E OS DECRETOS E REGULAMENTOS

Há forte discussão sobre a aplicabilidade do prazo de *vacatio legis*, previsto no *caput* do art. 1º da Lei de Introdução às Normas do Direito Brasileiro, aos decretos e regulamentos. De um lado, há os que entendem que o comando previsto refere-se explicitamente às leis, o que afasta a sua incidência sobre outras espécies legislativas. De outro, há os que sustentam que o comando é aplicável a qualquer ato normativo.

Quem defende que o período de *vacatio legis* previsto na Lei de Introdução às Normas do Direito Brasileiro não se aplica aos decretos e regulamentos afirma que entram em vigor no dia em que forem publicados se não estabelecerem expressamente a data em que entram em vigor (VELOSO, 2005, p. 40). Em sentido oposto, os defensores do entendimento de que a Lei de Introdução às Normas do Direito Brasileiro é aplicável a qualquer ato normativo afirmam que consiste numa cláusula supletiva que existe com o intento de garantir a presença de um prazo mínimo para que as pessoas possam conhecer aos atos normativos em geral.

A obtenção de uma resposta adequada para o problema levantado – aplicação ou não da Lei de Introdução às Normas do Direito Brasileiro em relação aos decretos e regulamentos – requer a apreciação a fundo dos argumentos levantados pelas duas correntes existentes. Sendo assim, será preciso aprofundar o estudo das duas vertentes anteriormente mencionadas, o que será feito na sequência.

Em primeiro lugar, faremos a análise da corrente que defende que o período de *vacatio legis* previsto na Lei de Introdução às Normas do Direito Brasileiro é aplicável apenas em se tratando de leis. O principal argumento dessa corrente é que o texto em referência trata somente de leis em sentido estrito, como sendo um ato oriundo do Poder Legislativo, que segue o procedimento legislativo estabelecido na Constituição para a elaboração das leis. Sendo assim, seus comandos não podem ser aplicados em se tratando de atos normativos que estão relacionados ao Poder Executivo ou, mesmo sendo praticados por outros poderes, possuem natureza executiva, o que exclui a sua incidência sobre regulamentos, decretos, ordens de serviço, deliberações, instruções normativas, portarias, regimentos e resoluções.

A corrente que defende que o comando da Lei de Introdução às Normas do Direito Brasileiro deve ser aplicável também em se tratando de decretos e regulamentos afirma que, como o texto dispõe a respeito da necessidade de efetivo conhecimento dos comandos jurídicos, deve ser utilizado quando não houver determinação em sentido contrário, sendo indiferente a espécie legislativa. Por falar nisso, o Decreto nº 4.176, de 28 de março de 2002, que estabelece normas e diretrizes para a elaboração dos atos normativos de competência dos órgãos do Poder Executivo Federal prevê que o projeto de ato normativo deverá indicar em sua parte final a cláusula de vigência do texto (art. 5º, III). Ademais, está previsto que a cláusula "entra em vigor na data de sua publicação" somente será utilizada nos projetos de ato normativo de menor repercussão, sendo preciso que nos projetos de maior repercussão conste um período de vacância razoável para que deles se tenha amplo conhecimento (art. 19, § 1º). Há, portanto, omissão quanto à data em que o texto entrará em vigor se não houver previsão em sentido contrário.

Em nosso entendimento, a postura correta é considerar que o prazo de *vacatio legis* previsto na Lei de Introdução às Normas do Direito Brasileiro também deve ser observado em se tratando de decretos e regulamentos, salvo se houver disposição em sentido contrário. A adoção dessa postura decorre do entendimento de que existem atos normativos de maior ou de menor repercussão, o que, naturalmente, afasta a possibilidade de que sejam sempre aplicados de imediato quando não houver determinação em sentido contrário. Deveras, a aceitação do posicionamento de que se aplicam de imediato se não houver determinação em sentido contrário representa, sem dúvida, flagrante violação ao princípio da razoabilidade, uma vez que é inadmissível que um texto que demanda um período maior de tempo para o seu conhecimento não se sujeite à *vacatio legis*, e ao princípio da igualdade, neste último caso quando considerado em sua vertente substancial ou real, que impõe a concessão de tratamento diferenciado a situações diferenciadas. Portanto, é possível utilizar o comando da Lei de Introdução às Normas do Direito Brasileiro em caráter analógico para a disciplina da *vacatio legis* de decretos e regulamentos quando forem omissos a respeito do assunto.

O que não pode ocorrer é o decreto ou regulamento modificar a data do início de vigência de uma lei, mesmo que essas espécies normativas sejam essenciais para que a lei comece a vigorar, uma vez que são editados para a fiel execução das leis, possuindo, desta forma, caráter secundário. Aliás, mesmo que o período de *vacatio legis* estabelecido no regulamento, que surgiu logo após a lei, seja menor do que o fixado na lei, esse fato não altera o período de vacância da lei, tendo em vista que as duas espécies normativas são independentes. Ademais, quando o decreto ou regulamento prevê que entrará em vigor na data de sua publicação, enquanto que a lei a que se refere o seu texto ainda está no período de *vacatio legis*, ou estabelece período de *vacatio legis* que o faria entrar em vigor antes da lei a que se liga o seu texto, a data em que passará a vigorar é postergada para que coincida com a data de início da vigência da lei, já que é inadmissível que o regulamento vigore antes da lei.

2.7. LEIS INTERPRETATIVAS E VETADAS

Também é objeto de intensa discussão a definição do momento em que entra em vigor a lei que seja considerada meramente interpretativa. Uma parte dos estudiosos do assunto aponta que a lei interpretativa passa a vigorar na mesma data da promulgação da lei que está sendo interpretada, uma vez que não inova o ordenamento jurídico, não possuindo, assim, natureza constitutiva, o que faria com que produzisse efeitos *ex nunc*. Deveras, como se sustenta que a lei interpretativa apenas afirma qual o sentido e o alcance de uma lei, o que faz com que seja, na essência, uma norma declaratória, é, por natureza, dotada de efeitos *ex tunc*.

Em sentido contrário, há os defensores do entendimento de que a lei interpretativa não pode entrar em vigor ao mesmo tempo que a lei interpretada. O que justifica essa postura é o entendimento de que sempre se agrega, à lei interpretada, novos elementos, inovando, assim, o ordenamento jurídico, o que faz com que seja uma norma independente e, consequentemente, tenha que ficar submetida a um período específico de *vacatio legis*.

O cerne da discussão envolvendo a lei interpretativa passa, necessariamente, pela sua definição. Sendo assim, mencionaremos, inicialmente, a conceituação de lei interpretativa apresentada por De Plácido e Silva (1993, p. 67), que lhe atribuiu os seguintes contornos:

> LEIS INTERPRETATIVAS. É designação atribuída, também, às *leis declarativas* ou *explicativas*. Assim, embora sejam tomadas no mesmo sentido das leis supletivas, são mais propriamente entendidas como as leis que vêm ou que têm por objeto *explicar* ou *interpretar* o sentido de uma *lei anterior*. Desse modo, o rigor de seu sentido, o efeito da lei interpretativa é anunciar ou determinar que o enunciado da lei anterior deve ser entendido no conceito, ou no sentido e no modo que vem estabelecer. No entanto, a lei interpretativa não traz efeito retroativo: não modifica nem altera situação jurídica que se tenha definitivamente constituído pela aplicação da lei anterior, posteriormente interpretada. As relações jurídicas já definidas e perfeitas, instituídas sem qualquer vício, ficam, assim,

asseguradas. Por outro lado, sua função é simplesmente de *esclarecer* a lei anterior e não substituí-la ou modificá-la.

Na realidade, para que se possa dizer se a lei interpretativa produz efeitos a partir do momento em que entrou em vigor a lei interpretada (*efeito ex tunc*) ou na data prevista em seu texto (efeito *ex nunc*), que pode ser a data em que foi publicada ou um dia futuro se prever um período de *vacatio legis*, é necessário responder à seguinte indagação: para que serve a interpretação e qual o papel do intérprete na definição do seu sentido e alcance. Com efeito, se for entendido que a interpretação serve unicamente para o estabelecimento do sentido e do alcance da lei, ostentando, assim, natureza meramente declaratória, uma vez que é secundário o papel do intérprete, a lei interpretativa pode entrar em vigor a partir do advento da lei interpretada. No entanto, se for entendido que a atividade interpretativa não é meramente declarativa, que o intérprete sempre agrega algo ao texto, que, portanto, não se confunde com a lei, não há como conferir, à lei interpretativa, caráter retroativo.

Outro ponto interessante a respeito da entrada em vigor da lei diz respeito à lei que foi parcialmente vetada, uma vez que nesta hipótese surgem dúvidas a respeito do momento em que passa a vigorar, já que a parte da lei que não é objeto do veto é sancionada e publicada, enquanto que a parte que foi vetada, caso o veto apresentado seja afastado, é publicada em outra data. Neste caso, a discussão diz respeito à possibilidade ou não de cisão de um texto normativo quanto ao momento em que passa a produzir efeitos e envolve duas correntes de pensamento.

Uma das correntes sustenta que deve ser atribuído caráter retroativo aos dispositivos que foram inicialmente vetados para que entrem em vigor ao mesmo tempo que a parte não vetada, a fim de que se assegure a unidade do texto legislativo (WALD, 2002, p. 86). Em outras palavras, é apontado que é inadmissível que uma lei passe a vigorar em momentos distintos, em virtude da divisão do seu texto.

Em sentido diverso, há o posicionamento de que, como a parte que foi vetada não é juridicamente lei, consistindo apenas em um projeto de lei, já que se tornará uma lei apenas se o veto por derrubado, não há razão para que se trabalhe com o mesmo período de vigência em se tratando das duas partes: a sancionada e a que foi objeto de veto, nesta última hipótese, se o veto por rejeitado. Além disso, caso a parte que foi inicialmente vetada entrasse em vigor ao mesmo tempo que a parte não vetada estaríamos perante um caso de aplicação retroativa de uma lei, sem previsão expressa, afetando, desta forma, o princípio da segurança jurídica (GONÇALVES, 2008, p. 40; WALD, 2002, p. 86). Por fim, não pode ser esquecido que, como o veto somente abrangerá texto integral de artigo, de parágrafo, de inciso ou de alínea, conforme o § 2º do art. 66 da CF, é possível cindir o projeto de lei sem maiores prejuízos, o que demonstra o acerto dessa segunda corrente.

Para encerrar a análise, é interessante trazer, à tona, a incorporação dos tratados ao ordenamento jurídico pátrio, uma vez que passam a vigorar no território nacional após a aprovação do Poder Legislativo, que é exteriorizada por meio de um Decreto Legislativo, oriundo do Congresso Nacional, que é complementado por um Decreto presidencial que o manda executar em todo o país (FRANCISCO, 2005, p. 10). Sendo assim, como os tratados dependem de aprovação ou ratificação passam a vigorar na data estabelecida pelos responsáveis por sua incorporação ao ordenamento jurídico pátrio.

> § 1°. Nos Estados estrangeiros, a obrigatoriedade da lei brasileira, quando admitida, se inicia três meses depois de oficialmente publicada.

Em regra, as leis de um Estado produzem efeitos somente no seu território, uma vez que é sobre este espaço físico ou geográfico que exerce a sua soberania ou supremacia, que se manifesta através das atividades legislativa, executiva e jurisdicional. No entanto, em algumas hipóteses, as normas de um Estado produzem também efeitos no exterior. Sendo assim, as leis de um Estado podem ser aplicadas em seu território e no estrangeiro, neste último caso por serem dotadas de extraterritorialidade, como previa expressamente o art. 1º da antiga lei de introdução brasileira, que estabelecia que "a lei obriga em todo o território brasileiro, nas suas águas territoriais e, ainda, no estrangeiro, até onde lhe reconhecerem extraterritorialidade os princípios e convenções internacionais". Nada impede, ainda, que uma lei tenha aplicação apenas no território brasileiro (situação que consiste na regra) ou apenas no exterior (situação excepcional).

A aplicação da lei brasileira no exterior ocorre, em especial, em se tratando da disciplina das atividades de representação diplomática e consular. Neste caso, os comandos do Estado brasileiro são aplicáveis no exterior por se tratar de um assunto diretamente vinculado ao seu interesse. Os temas disciplinados serão, por exemplo, as atribuições dos embaixadores, cônsules e demais membros do corpo diplomático. Há, ainda, a possibilidade de aplicação da lei brasileira por força da existência de comandos de direito internacional privado, assunto que será analisado futuramente, quando passarmos a trabalhar com os dispositivos da Lei de Introdução às Normas do Direito Brasileiro, que versam sobre o assunto, tendo como ponto de partida o art. 7º do referido texto. De qualquer forma, adiantamos que a aplicação de uma lei brasileira no exterior requer, obrigatoriamente, que o fato, ato ou situação jurídica tenha alguma relação com o ordenamento jurídico brasileiro e tenha sido expressamente prevista, uma vez que a regra é a aplicação da lei do próprio Estado em seu território.

Quando for o caso de aplicação da lei brasileira no exterior, a lei nova passará a vigorar após decorridos três meses de sua publicação, se não estabelecer expressamente a data em que passará a vigorar. Sendo assim, é fácil notar, de plano, que, enquanto para que a lei comece a vigorar no plano interno são necessários quarenta e cinco dias, para que vigore na esfera internacional são necessários três meses. A diferença de prazo decorre do fato de que se considerou que seria mais difícil conhecer a lei brasileira no exterior, aspecto que hoje em dia não pode mais ser considerado aceitável, em razão do aperfeiçoamento dos meios de comunicação. No entanto, esse é o prazo que deve ser observado, por ser o que se encontra previsto. Aliás, se fôssemos modificá-lo, teríamos que fazer o mesmo em relação ao prazo de quarenta e cinco dias para que a lei comece a vigorar no âmbito interno, já que o avanço dos meios de comunicação também interfere no conhecimento das leis no território do Estado.

Em relação a esse prazo de três meses pode surgir a seguinte indagação: é possível fixar um prazo maior, menor ou simplesmente prever que a lei entrará em vigor na data de sua publicação?

Não vemos impedimento a que o prazo de *vacatio legis* seja maior ou menor, ou mesmo que a lei entre em vigor na data de sua publicação, já que o prazo mencionado deve ser considerado de caráter supletivo, sob pena de ofensa ao princípio da razoabilidade. De fato, quando se trata de um código, por exemplo, não é crível imaginar que bastaria um período de *vacatio legis* de três meses para que todos os seus dispositivos chegassem efetivamente ao conhecimento dos destinatários. Ademais, a Lei Complementar nº 95/1998, já anteriormente apreciada, prevê que toda lei deve indicar expressamente quando entrará em vigor e que o período de *vacatio legis* deve estar em consonância com a lei a que se dirige. Sendo assim, é a dificuldade na compreensão da lei que serve como norte para a definição da data em que entrará em vigor, possibilitando, inclusive, que a lei entre em vigor na data de sua publicação.

O que não deve ser admitido é que a lei entre em vigor no exterior antes de passar a vigorar no território brasileiro, salvo se o seu conhecimento pelas pessoas físicas e jurídicas que se encontrem fora do espaço físico brasileiro for mais fácil. Essa situação, porém, é excepcional e de difícil ocorrência, sendo admitida apenas em caráter teórico.

Portanto, se foi previsto que a lei entrará em vigor no Brasil cinco meses após a sua publicação, e não foi estabelecido qualquer período de *vacatio legis* em relação à sua aplicação no exterior, vigorará após o decurso do prazo de cinco meses, contado da publicação, tanto no Brasil como no exterior, já que é inaceitável que a lei entre em vigor no exterior antes de começar a produzir efeitos no território brasileiro.

A exemplo do que ocorre com as leis que vigoram no território nacional, a lei antiga continuará a ser utilizada no exterior enquanto não decorrer o período de *vacatio legis* da lei nova.

Quanto à contagem do prazo de três meses, seguirá às determinações da Lei nº 810, de 6 de setembro de 1949, que fez em relação ao assunto duas considerações. A primeira é que "considera-se mês o período de tempo contado do dia do início ao dia correspondente ao mês seguinte" (art. 2º). A segunda é que "quando no mês do vencimento não houver o dia correspondente ao início do prazo, este findará no primeiro dia subsequente" (art. 3º), independentemente do fato de ser dia útil ou não. Em razão do exposto, se a publicação ocorreu no dia 3 de outubro de 2014 e o prazo de *vacatio legis* é de três meses, terminará em 3 de janeiro de 2015 e, desta forma, a lei passará a vigorar a partir do dia 4 de janeiro de 2015.

> **§ 2º.** (Revogado). *(Revogado pela Lei nº 12.036, de 1º.10.2009)*
>
> **§ 3º.** Se, antes de entrar a lei em vigor, ocorrer nova publicação de seu texto, destinada a correção, o prazo deste artigo e dos parágrafos anteriores começará a correr da nova publicação.

O dispositivo em exame trata da vigência de um texto de lei que apresenta algum tipo de erro quando de sua publicação e ainda não entrou em vigor por ter sido estabelecido um período de *vacatio legis*, no qual, embora a lei exista e possa ser considerada válida, é despida de efeitos, como mencionado na seguinte passagem:

> Por ocasião da publicação da lei pode acontecer, e ocorre com frequência, que o datilógrafo, ou o linotipista, cometa algum engano. Às vezes, de flagrante percepção, simples transposição de letras, números, omissão de palavras. Mas, outras vezes, dando um sentido completamente diferente ao dispositivo legal; o legislador se vê obrigado a uma retificação.
> Pergunta-se: aquela lei com redação imperfeita deverá considerar-se em vigor a partir da data especificada no art. 1º, ou esse prazo começará a contar-se desde a publicação da correção? (CHAVES, 1982, p. 68).

No caso, por ter sido previsto um período mínimo para que se possa tomar conhecimento da lei, sendo realizada qualquer modificação, no seu texto, antes que entre em vigor, é natural que o período de *vacatio legis* passe a ser computado novamente, já que a obrigatoriedade da lei não decorre de sua mera publicação, mas também da observância do prazo mínimo para o seu conhecimento fixado pelo legislador, que, portanto, são requisitos cumulativos. Sendo assim, cada nova republicação de uma lei fará com que o período de *vacatio legis* seja reiniciado.

Hoje em dia, por força do avanço da informática, são outras as formas de registro ou documentação de um texto, além das descritas, mas, mesmo assim, subsiste a possibilidade de que venha a ocorrer algum erro quando de sua publicação, o que fará com que o prazo para que a lei entre em vigor passe a ser computado a partir da nova publicação.

2.8. CORREÇÃO DO ERRO MATERIAL NA PUBLICAÇÃO DE UMA LEI

A correção do erro na publicação de uma lei é tecnicamente chamada de "errata", que se liga ao latim *erratum*, que significa erro, falta. A função da errata é corrigir os erros tipográficos cometidos em uma publicação. Para tanto, é realizada uma nova publicação para que os vícios existentes sejam sanados (DE PLÁCIDO E SILVA, 1993, p. 183).

Para que possa ser apresentada uma errata, é preciso que sejam observados dois requisitos. O primeiro é que exista algum erro tipográfico, que pode estar relacionado à inversão de palavras, omissão de letras, subtração de palavras etc. O que deve ficar expressamente consignado é que a errata não pode modificar o texto que foi enviado para publicação. O segundo requisito para que seja feita a errata é que o erro seja relevante, substancial, uma vez que erros manifestos de grafia, ligados a omissões relacionadas a uma letra, por exemplo, não devem ser considerados para a incidência do dispositivo em exame (necessidade de que o período de *vacatio legis* seja novamente considerado), uma vez que não prejudicam a correta compreensão da lei. É preciso, porém, que o erro tipográfico seja evidente, permitindo a qualquer pessoa identificá-lo, já que um dos requisitos que devem necessariamente acompanhar o texto de uma lei é a clareza.

Em regra, a nova publicação do texto da lei serve apenas para corrigir eventuais erros presentes na divulgação anterior. Aliás, não poderia ser diferente, uma vez que a publicação serve apenas para tornar público o texto elaborado, divulgando, desta forma, o resultado final da atividade legislativa. No entanto, caso a primeira publicação realizada não guarde relação com o texto aprovado ou traga, em seu bojo, acréscimos indevidos, também devemos desprezar a primeira publicação e passar a contar o prazo de *vacatio legis* da segunda publicação. Por sinal, a retificação da publicação que não reflete o texto aprovado é ainda mais importante que as demais hipóteses de correção, como apontam Eduardo Espinola e Eduardo Espinola Filho (1999, p. 127) na seguinte passagem:

> Não se pode aceitar que o texto errado corresponda à norma jurídica geral, com força obrigatória, porque, de outro modo, se reconheceria, num tremendo absurdo, que o copista e o tipógrafo, alterando, inadvertida ou maliciosamente, a redação da lei, teriam o poder, que se nega ao juiz, ao jurisconsulto, à doutrina, de modificar a obra legislativa, o caso seria de inexistência de preceito legislativo, não admitida a possibilidade de aceitar o texto verdadeiro e sancionado, por falta de publicação.

Em virtude da relevância de uma publicação, que não reflete o texto da lei aprovada pelo parlamento, voltaremos ao assunto quando apreciarmos os erros formais e substanciais de publicação.

A correção a um texto de lei pode ser feita em dois momentos: antes e depois da sua publicação. Quando a correção é realizada antes da publicação da lei, não se está perante a errata, já que antes da ocorrência da publicação o problema existente foi afastado.

Portanto, a errata é realizada no período que vai da publicação da lei até a data em que entrará em vigor, denominado período de *vacatio legis*, uma vez que, durante esse período, a lei existe, mas ainda não está produzindo efeitos. Por sinal, a Lei de Introdução às Normas do Direito Brasileiro prevê que as correções a texto de lei já em vigor, por uma questão de segurança jurídica, são consideradas uma lei nova.

De acordo com a Lei de Introdução às Normas do Direito Brasileiro, caso tenha sido detectado um erro substancial em um texto de lei, quando estava em curso o período de *vacatio legis* e, desta forma, feita uma nova publicação com as correções necessárias (errata), começará a correr novamente o período de *vacatio legis*, a contar da nova publicação.

O desprezo do período de *vacatio legis,* anteriormente decorrido, significa que foi anulado. Em outras palavras, que deixará de produzir efeitos perante o Direito, por força de sua desconsideração.

O que justifica que o período de *vacatio legis* seja novamente computado a partir da nova publicação é o fato de que a publicação anterior não permitia a correta compreensão do sentido e do alcance da lei. Sendo assim, é indispensável que a lei seja novamente publicada, com as correções necessárias, e que o prazo de *vacatio legis* inicialmente fixado seja novamente observado em sua integralidade. Aliás, na eventualidade de terem sido realizadas várias publicações, para a correção de erros substanciais apresentados por uma lei, o prazo de *vacatio legis* será computado a partir da última publicação, pois foi a que efetivamente possibilitou o conhecimento do texto correto da lei.

Como o fundamento para uma nova publicação do texto da lei é o fato de que a redação anterior impedia sua correta compreensão e, consequentemente, observância. Como vimos no início da exposição deste tópico, é possível sustentar, como fizemos em várias oportunidades, que "simples erro tipográfico no texto da lei, quando evidente, dispensa lei retificadora" e mesmo que "a retificação se faça por lei posterior, embora ociosa, esta não se considera lei nova" (MONTEIRO, 2005, p. 25).

Em se tratando de erros de menor gravidade, meramente formais, a vantagem de se considerar que se trata de uma lei nova, com a consequente reabertura do período de *vacatio legis*, caso tenha sido previsto, é que se terá maior segurança jurídica. Entretanto, a razoabilidade impõe que se deixe de lado a necessidade de lei retificadora e, mesmo que seja utilizada, não deve justificar um novo período de *vacatio legis* e muito menos a conclusão de que o texto anterior deve ser desconsiderado, como na hipótese de ter sido corrigida a grafia de uma palavra.

2.9. REPUBLICAÇÃO DE PARTES INDEPENDENTES DE UMA LEI

Outra importante questão acerca da vigência diz respeito à existência de partes de uma lei que possam ser consideradas independentes, como na eventualidade de se tratar de um código, em que é possível verificar, claramente, a existência de assuntos distintos, embora, num sentido amplo, vinculados entre si. Neste caso, surge a seguinte indagação: é possível mencionar, por exemplo, que a nova publicação abrange apenas uma parte específica da lei e, portanto, continua a ser computado normalmente o prazo de *vacatio legis* referente às partes não modificadas?

A resposta à indagação deve ser a princípio negativa, uma vez que a compreensão do texto de uma norma requer, necessariamente, a utilização do método sistemático de interpretação. De fato, a lei deve ser compreendida através da análise integral de seu texto e não apenas de uma de suas partes.

Ademais, quando se defende que é possível cindir o momento em que os dispositivos de uma norma entrarão em vigor há um grande risco de confusão, já que os comandos trazidos pela lei entrarão em vigor em situações distintas. Neste caso, é importante lembrar, em especial, que a função da publicação é permitir o efetivo conhecimento da lei.

Sendo assim, não é razoável cindir um texto e, desta forma, considerar que apenas uma das partes será prejudicada pela nova publicação, salvo se houver um fundamento para tanto. A propósito, se for aceito que a correção ou emenda pode recair apenas sobre uma parte da lei é possível, da mesma forma, concluir que a concessão de um novo prazo de *vacatio legis* somente atingirá os dispositivos novamente publicados, tendo a lei, portanto, dois períodos distintos de *vacatio legis*.

2.10. DIFERENTES MOMENTOS EM QUE A LEI ENTRA EM VIGOR

É possível extrair as seguintes conclusões acerca do momento em que a lei entra em vigor, levando-se em consideração as diferentes hipóteses que podem se manifestar, conforme visto anteriormente:

1ª. A lei entra em vigor na data de sua publicação, o que ocorre quando a hipótese é expressamente prevista em seu bojo[1] ou se trata de norma definidora de direitos e garantias fundamentais.[2]

2ª. Como a lei não apontou a data do seu início de vigência, vigorará em todo o país (lei federal), ou no território do ente federativo (estado, distrito federal ou município) quarenta e cinco dias depois de oficialmente publicada.

3ª. Quando for prevista a aplicação da lei no exterior, começará a vigorar três meses depois de oficialmente publicada.

4ª. A lei não apontou a data em que entrará em vigor, uma vez que condicionou a sua vigência à elaboração de outra(s) lei(s) que servirá(ão) para complementá-la ou suplementá-la ou à edição de um regulamento. Sendo assim, ficará com a vigência suspensa até que ocorra a edição da(s) leis(s) prevista(s) ou do regulamento.

5ª. Como a lei versa sobre a cobrança de tributos, jamais poderá entrar em vigor antes de noventa dias, contados da data de sua publicação.[3]

6ª. A lei foi publicada e no seu texto constou que entraria em vigor dez dias após a publicação. Todavia, é realizada uma nova publicação com a função de que

---

1. LC nº 95/1998. Art. 8º, *caput*: "A vigência da lei será indicada de forma expressa e de modo a contemplar prazo razoável para que dela se tenha amplo conhecimento, reservada a cláusula 'entra em vigor na data de sua publicação' para as leis de pequena repercussão.".
2. Cf. Art. 5º, § 1º: "As normas definidoras dos direitos e garantias fundamentais têm aplicação imediata.".
3. Cf. Art. 150: "Sem prejuízo de outras garantias asseguradas ao contribuinte, é vedado à União, aos Estados, ao Distrito Federal e aos Municípios: (...) III – cobrar tributos: (...) c) antes de decorridos 90 (noventa) dias da data em que haja sido publicada a lei que os instituiu ou aumentou.".

sejam corrigidos meros erros ortográficos. Neste caso, a nova publicação do texto da lei não interfere no período de *vacatio legis* inicialmente estabelecido, desde que tenha constado do seu texto que foi republicada em virtude de ter saído com incorreções formais.

7ª. Uma lei foi publicada com incorreções materiais ou formais graves e, posteriormente, é realizada uma nova publicação de seu texto, quando ainda está no período de *vacatio legis*. Neste caso, o prazo para que entre em vigor será contado da nova publicação. Aliás, essa última hipótese suscita algumas questões interessantes, como a possibilidade de que a nova publicação preveja que a lei entrará em vigor de imediato ou venha a prever um período de *vacatio legis* diferente do inicialmente previsto. Em nosso entendimento, se a nova publicação busca apenas a correção de erros anteriormente identificados não é crível que possa alterar a vigência inicialmente fixada, salvo se houver um motivo para tanto.

De forma resumida, utilizando como referência o que comumente ocorre, é possível verificar que a lei pode entrar em vigor em cinco momentos distintos, assim representados: a) data fixada expressamente em seu texto; b) quarenta e cinco dias depois de oficialmente publicada, se não fixou o prazo de *vacatio legis*; c) em três meses após ser oficialmente publicada no Brasil, em caso de produção de efeitos no exterior; d) após ter entrado em vigor a sua regulamentação, que era imprescindível para que seu texto fosse aplicado; e e) após o decurso de uma nova publicação, caso a publicação anterior apresentasse algum erro substancial (TELLES JUNIOR, 2008, p. 192-4).

A respeito das diferentes situações descritas acima, faremos uma última observação sobre o item "d", referente ao fato de que uma lei precisa ser regulamentada, por ser uma situação que se manifesta com bastante intensidade na prática. Com efeito, lembramos que a situação fica bem nítida, em matéria penal, em virtude de o princípio da estrita legalidade prever que não há crime sem lei anterior que o defina, nem pena sem prévia cominação legal; e se notar que em alguns casos é preciso que uma lei seja complementada por outra, sendo que a falta de complemento faz com que a doutrina utilize a expressão norma penal em branco para ressaltar que não se encontram presentes, na estrutura da norma, o preceito primário (conduta que deve ser adotada) e o preceito secundário (sanção que decorre do fato de não ter sido seguido o comando estabelecido).

Ainda em relação à publicação, é importante observar que o comando em análise, referente a uma nova publicação da lei quando está no período de *vacatio legis*, é aplicável a qualquer espécie legislativa, sejam atos primários, ou lei em sentido estrito, ou atos secundários, que são mecanismos que servem para a fiel execução das leis, como os decretos e regulamentos. Ademais, a previsão também abrange os tratados, acordos ou convenções internacionais firmadas pela República Federativa do Brasil, tendo em vista que somente produzem efeitos no âmbito interno após terem sido publicados, sendo indiferente, para tanto, o fato de que foram submetidos ou não à ratificação do Congresso Nacional.[4] Dito de outra forma, todos os textos normativos estão sujeitos a publicação para que possam vigorar e, desta forma, produzir efeitos.

Por fim, é importante observar que a nova publicação da lei não pode interferir no prazo de *vacatio legis* inicialmente fixado. Deveras, se o legislador estabeleceu, por exemplo, que a lei entraria em vigor trinta dias após oficialmente publicada não é possível alterar esse prazo de *vacatio legis* na nova publicação, uma vez que um ato de natureza administrativa, a publicação, não pode alterar a vontade do legislador, que se expressa também na determinação do período de *vacatio legis*, por ser um dos elementos que integram a elaboração legislativa.

> **§ 4º.** As correções a texto de lei já em vigor consideram-se lei nova.

Quando a lei entra em vigor não pode mais ser alterada pelo legislador, uma vez que se encerrou o processo de elaboração legislativa, sendo que sua vigência pode se dar a partir de sua publicação ou após o decurso do período de *vacatio legis* previsto. É por força do exposto que se afirma que as correções a texto de lei já em vigor são consideradas uma nova lei, como bem apontado na seguinte passagem:

> Se, todavia, a lei entrou em vigor na data de sua publicação, ou o prazo da *vacatio* já transcorreu, é lei vigente, é lei obrigatória, sendo inadmissível uma nova publicação de seu texto, para efeito de corrigi-lo. Só uma nova lei poderá corrigir os erros da anterior, que já estava em vigor (VELOSO, 2005, p. 34).

De fato, se a lei já entrou em vigor não é mais possível que sejam realizadas alterações em seu texto decorrentes do descompasso entre o que foi aprovado (leis propriamente ditas) e o que foi publicado, já que uma lei somente pode ser revogada por outra lei.

Na realidade, como colocado anteriormente, se o que justifica a modificação da norma são simples erros formais, é possível que sejam corrigidos sem a necessidade de reabertura do período de *vacatio legis*. É preciso, porém, que os erros sejam manifestos, como pode ocorrer com os simples erros de escrita. Sendo assim, é possível observar que o dispositivo em exame somente é aplicável quando se tratar de modificação substancial (real ou efetiva) de uma norma e não uma simples correção de um problema formal ou estrutural singelo.

A propósito, a distinção descrita foi classificada por Serpa Lopes (1989, p. 68-9) como diferenciação entre o erro de imprensa e o erro de redação, tendo como suporte as seguintes colocações:

---

4. Somente são submetidos a ratificação pelo Congresso Nacional as convenções, acordos e atos internacionais firmados pelo Presidente da República (art. 84, VIII, da CF) que tragam encargos ou compromissos gravosos ao patrimônio nacional (art. 49, I, da CF).

Distingue-se o erro de redação do erro de imprensa. No erro de imprensa, o juiz pode, *ex auctoritate*, saná-lo e aplicar a proposição jurídica exata. Quando se tratar, porém, de erro de redação, Isto é, de uma divergência entre o texto e o que o legislador pretendeu, surgida antes ou ao tempo da sanção, em tal caso a palavra viciosa foi objeto de sanção e, portanto, converteu-se em lei; assim, por conseguinte, a sua retificação representa um movimento de interpretação modificativa, pois se visa a dar um sentido oposto à expressão defeituosa da lei. Em casos tais, nem mesmo admissível é a retificação por meio de uma nova publicação, pois as palavras formadoras da lei só por outra lei podem ser modificadas.

Num sentido amplo, podemos nos deparar com as seguintes situações quanto à modificação do texto de uma lei: a) modificação do texto da lei no período de *vacatio legis*; e b) modificação da lei após ter entrado em vigor.

Sendo a modificação realizada quando o texto está no período de *vacatio legis*, duas situações podem se manifestar, como anteriormente colocado. Em primeiro lugar, pode ser que a alteração seja insignificante, envolvendo um erro manifesto, que, em nenhum momento, prejudicou a compreensão da norma. Neste caso, é feita a retificação do texto, mas não há qualquer alteração no período de *vacatio legis*, embora essa situação, por fugir à regra, deva ficar expressa na nova publicação. Caso a modificação no texto seja substancial, interferindo na aferição do seu sentido e alcance, é feita uma nova publicação e o período de *vacatio legis* passa a ser novamente computado.

2.11. MODIFICAÇÃO FORMAL OU SUBSTANCIAL DA LEI

A modificação do texto de uma lei, após a sua entrada em vigor, também permite que sejam adotados dois procedimentos distintos, conforme a natureza da alteração. Sendo a modificação meramente formal, para a correção de um erro manifesto, como na hipótese de existir um erro de grafia, a alteração efetuada não originará uma nova lei. No entanto, se a alteração for substancial, por afetar a essência, a substância da lei, estaremos perante uma nova lei, que poderá entrar em vigor imediatamente ou após o decurso do período de *vacatio legis* que tenha sido eventualmente instituído.

Em caso de modificação do texto de uma norma, subsistem os efeitos que foram produzidos com base na redação anterior, desde que o texto inicialmente publicado refletisse, efetivamente, a vontade do legislador. Deveras, se o texto inicialmente publicado não refletia o que fora aprovado não podemos admitir que venha a produzir efeitos, salvo em caráter excepcional, a fim de se tutelar, em especial, a boa-fé, já que é inadmissível que um ato de natureza administrativa, como é o caso da publicação de uma norma, possa se sobrepor à vontade dos integrantes das Casas Legislativas. Essa, por sinal, foi a posição adotada pelo Supremo Tribunal Federal em relação à Lei nº 9.639, de 25 de maio de 1998, cujo texto enviado para publicação não correspondeu ao efetivamente aprovado, como ressaltado nas seguintes passagens:

a) (...) a anistia do crime de apropriação indébita previdenciária, com base no art. 11, parágrafo único, da Lei nº 9.639/1998, foi declarada formalmente inconstitucional pelo Supremo Tribunal Federal, tendo em vista a ausência de aprovação daquele dispositivo legal pelo Congresso Nacional, que por erro o enviou à publicação (HC nº 96.337/MG, Rel. Min. Joaquim Barbosa, j. em 23.11.2010, 2ª T).

b) 4. *Habeas corpus* requerido em favor do paciente para que seja beneficiado pelo parágrafo único do art. 11, da Lei nº 9.639, publicada no Diário Oficial da União de 26 de maio de 1998, em virtude do qual foi concedida anistia aos "responsabilizados pela prática dos crimes previstos na alínea 'd' do art. 95 da Lei nº 8.212, de 1991, e no art. 86 da Lei nº 3.807, de 26 de agosto de 1960". 5. O art. 11 e parágrafo único foram inseridos no texto da Lei nº 9.639/1998, que se publicou no Diário Oficial da União de 26.5.1998. Na edição do dia seguinte, entretanto, republicou-se a Lei nº 9.639/1998, não mais constando do texto o parágrafo único do art. 11, explicitando-se que a Lei foi republicada por ter saído com incorreção no Diário Oficial da União de 26.5.1998. 6. Simples erro material na publicação do texto não lhe confere, só por essa razão, força de lei. 7. Caso em que o parágrafo único aludido constava dos autógrafos do projeto de lei, que veio assim a ser sancionado, promulgado e publicado a 26.5.1998. 8. O Congresso Nacional comunicou, imediatamente, à Presidência da República, o fato de o parágrafo único do art. 11 da Lei nº 9.639/1998 não haver sido aprovado, o que ensejou a republicação do texto correto da Lei aludida. 9. O dispositivo padecia, desse modo, de inconstitucionalidade formal, pois não fora aprovado pelo Congresso Nacional. 10. A republicação não se fez, entretanto, na forma prevista no art. 325, alíneas 'a' e 'b', do Regimento Interno do Senado Federal, eis que, importando em alteração do sentido do projeto, já sancionado, a retificação do erro, por providência do Congresso Nacional, haveria de concretizar-se, 'após manifestação do Plenário'. 11. Hipótese em que se declara, *incidenter tantum*, a inconstitucionalidade do parágrafo único do art. 11 da Lei nº 9.639/1998, com a redação publicada no Diário Oficial da União de 26 de maio de 1998, por vício de inconstitucionalidade formal manifesta, decisão que, assim, possui eficácia *ex tunc*. 12. Em consequência disso, indefere-se o *habeas corpus*, por não ser possível reconhecer, na espécie, a pretendida extinção da punibilidade do paciente, com base no dispositivo declarado inconstitucional. (HC nº 77.734/SC, Rel. Min. Néri da Silveira, j. em 4.11.1998, Pleno).

Durante o período de vigência da lei republicada, que não apresenta qualquer divergência substancial entre o texto publicado e a vontade dos legisladores, podem ter surgido inúmeras relações, situações, fatos e atos jurídicos, que, obviamente, são resguardados, a fim de que se proteja o direito adquirido, o ato jurídico perfeito e a coisa julgada, já que durante o período em que o texto vigorou era dotada de autoridade (ou obrigatoriamente). Aliás, mesmo quando se trata de simples modificação do texto de uma lei, adota-se o entendimento de que a lei terá efeito imediato e geral (efeitos *ex nunc*).

2.12. PROCEDIMENTO PARA A MODIFICAÇÃO DA LEI

Formalmente, a modificação da lei poderá ser feita, segundo o art. 12 da LC nº 95/1998:

> I – mediante reprodução integral em novo texto, quando se tratar de alteração considerável;
> II – mediante revogação parcial;
> III – nos demais casos, por meio de substituição, no texto, do dispositivo alterado, ou acréscimo de dispositivo novo (...)

Quando uma lei é modificada, as alterações implementadas, tal como ocorreu com o texto originário, podem ser aplicadas de imediato ou após o decurso do período de *vacatio legis,* que corresponde ao período que vai da publicação da lei até o momento em que entrará efetivamente em vigor. Portanto, são observadas as mesmas determinações que foram seguidas quando do surgimento ou advento da lei.

3 REVOGAÇÃO DA LEI

> **Art. 2°.** Não se destinando à vigência temporária, a lei terá vigor até que outra a modifique ou revogue.

De acordo com a Lei de Introdução às Normas do Direito Brasileiro, quando a lei não é dotada de vigência temporária produzirá efeitos até que seja modificada ou revogada por outra lei. Essa previsão está relacionada ao fato de que se considera que nenhuma lei é eterna, que todas estão sujeitas à revogação, embora tenham uma duração indefinida. As modificações que possam surgir decorrem do fato de que a atividade legislativa deve estar em consonância com as necessidades sociais, que são contingentes e mutáveis. Por sinal, a partir do momento em que se reconheceu que a atividade legislativa é uma atividade humana e, consequentemente, está sujeita a um constante aperfeiçoamento, a imutabilidade das leis, que se amparava em seu suposto caráter divino, foi deixada de lado. Deveras, durante um longo período de tempo, por força da suposta identificação entre a vontade dos deuses e o direito, defendia-se a imutabilidade das leis. A ruptura somente ocorreu com os filósofos gregos, que afastaram o entendimento de que as leis decorrem da vontade dos deuses e da tradição, ao apontarem que, na realidade, decorrem da razão (COELHO, 2006, p. 19).

Para a compreensão do comando que prevê que a lei vigora até ser revogada ou modificada é importante observar, em primeiro lugar, que vigência "revela a qualidade, ou o estado, do que *está em vigor, permanece efetivo, exerce toda sua força, ou se encontra em plena eficácia*, ou *efeito*" (DE PLÁCIDO E SILVA, 1993, p. 492). Dito de outra forma, a vigência está relacionada à obrigatoriedade da lei, que surge após a sua publicação e o decurso do período de *vacatio legis*, caso tenha sido previsto. É por isso que se aponta que o vigor consiste na imperatividade ou caráter vinculante da norma, enquanto que a vigência ao período de tempo em que vigerá.

A vigência de uma lei pode ser atingida por força de sua modificação, revogação ou suspensão. A modificação é a alteração do texto da lei, conferindo-lhe novos contornos, que, consequentemente, interferem em sua interpretação e aplicação. Da mesma forma, quando o texto é excluído da esfera jurídica, em decorrência de revogação, surge uma nova situação jurídica na qual a lei revogada perde a sua obrigatoriedade. Por fim, a lei pode ter a eficácia suspensa, deixando, desta forma, de produzir efeitos.

Ainda acerca da revogação, é importante observar que representa

> o ato pelo qual se dá a extinção da vigência da lei. É o ato pelo qual a lei é retirada do mundo jurídico, opondo-se, assim, à obrigatoriedade que é o início da vigência da lei como regra social imposta a todos. Se a obrigatoriedade é o nascimento da lei no ordenamento jurídico, a revogação é a sua morte, podemos assim nos expressar (DAIBERT, 1971, p. 56).

3.1. LEIS TEMPORÁRIAS OU PERMANENTES

As leis, quanto à sua duração, aspecto fundamental para o estudo da revogação, podem ser temporárias ou permanentes, sendo as primeiras a que possuem vigência limitada, restrita ou predefinida, enquanto que as segundas são as que não estão submetidas a um prazo certo de duração, prefixado ou não, vigorando indefinidamente, por tempo ilimitado (GOMES, 1965, p. 38).

A regra, quanto à duração das leis, é que vigorem por tempo indeterminado. Por sinal, as leis são regidas pelo *princípio da continuidade*, que faz com que uma vez promulgadas, publicadas e em vigor, produzam efeitos enquanto não forem revogadas, expressas ou implicitamente, por outras leis. Continuidade, porém, não significa perpetuidade, uma vez que o normal é que, com o tempo, surjam outras leis que as modifiquem, no todo ou em parte, ou simplesmente as revoguem (CHAVES, 1982, p. 64). Aliás, a maioria dos estudiosos do assunto prefere utilizar a expressão *leis de caráter permanente* em vez de *leis perpétuas* para deixar mais claro que existe um começo, um meio e um fim na existência da lei. Na realidade, somente em caráter excepcional é que a revogação de um texto pode ser vedada. É o que ocorre, no ordenamento jurídico brasileiro, com a previsão constitucional de que "não será objeto de deliberação a proposta de emenda tendente a abolir: I – a forma federativa de Estado; II – o voto direto, secreto, universal e periódico; III – a separação dos Poderes; IV – os direitos e garantias individuais" (art. 60, § 4º, da CF), dando origem às chamadas *cláusulas pétreas*. Neste caso, apenas o poder constituinte originário pode alterar a essência das garantias previstas e mesmo excluí-las.

Não sendo constatada a revogação da lei, deve ser aplicada, independentemente do fato de estar em vigor há décadas ou séculos, como ocorria com o antigo Código Civil brasileiro, representado pela Lei nº 3.071, de 1º de janeiro de 1916, que entrou em vigor no dia 1º de janeiro do ano seguinte e vigorou até 11 de janeiro de 2003, quando entrou em vigor um novo código.

As leis temporárias, por sua vez, são as que apresentam uma duração limitada, uma vez que o seu tempo de duração foi pré-estabelecido ou se extinguem com o advento ou desaparecimento dos fatores que levaram ao seu surgimento, como nos exemplos a seguir apresentados:

1. *Lei com prazo de duração pré-estabelecido*: a Lei nº 10.309, de 22 de novembro de 2001, autorizou a União a assumir as responsabilidades civis perante ter-

ceiros no caso de danos a bens e pessoas no solo, provocados por atentados terroristas ou atos de guerra contra aeronaves de empresas áreas brasileiras no Brasil ou no exterior pelo prazo de trinta dias, contado a partir de 00:00 horas do dia 25 de setembro de 2011 (art. 1º). Ademais, estabeleceu que a autorização para a assunção da responsabilidade poderia ser prorrogada por ato do Poder Executivo pelo prazo de até cento e vinte dias (art. 5º);

2. *Lei que deixa de produzir efeitos em virtude do advento do fator que levou ao seu surgimento*: a Lei nº 10.868, de 12 de maio de 2004, que instituiu uma gratificação temporária para os servidores técnico-administrativos e técnico-marítimos das Instituições Federais de Ensino, estabeleceu expressamente que vigoraria até que fosse promovida a reestruturação do Plano Único de Reclassificação de Cargos e Empregos das Instituições Federais de Ensino (art. 4º);

3. *Lei que deixa de produzir efeitos por força do desaparecimento do motivo que levou à sua elaboração*: a Lei nº 12.663, de 5 de junho de 2012, dentre outras questões, estabeleceu as medidas a serem adotadas em relação à realização da Copa das Confederações FIFA 2013, à Jornada Mundial da Juventude – 2013 e à Copa do Mundo FIFA 2014. Com o encerramento dos eventos mencionados, a lei deixou, automaticamente, de produzir efeitos, subsistindo somente em relação à disciplina de outras matérias que integram o seu corpo.

Entretanto, o principal exemplo de produção de efeitos temporários de um texto normativo, ou de parte dele, encontra-se no Ato das Disposições Constitucionais Transitórias da Constituição Federal de 1988, como pode ser visualizado através dos seguintes exemplos: a) "no dia 7 de setembro de 1993, o eleitorado definirá, através de plebiscito, a forma (república ou monarquia constitucional) e o sistema de governo (parlamentarismo ou presidencialismo) que devem vigorar no País" (art. 2º); b) "o mandato do atual Presidente da República terminará em 15 de março de 1990" (art. 4º); c) "os Territórios Federais de Roraima e do Amapá são transformados em Estados Federados, mantidos seus atuais limites geográficos" (art. 14); d) "fica extinto o Território Federal de Fernando de Noronha, sendo sua área reincorporada ao Estado de Pernambuco" (art. 15); etc.

Diante dos exemplos citados, é possível verificar que as leis temporárias, "por estarem subordinadas a um termo ou condição, trazem em si mesmas o princípio do seu desaparecimento: deixam de viger uma vez vencido o prazo respectivo" (CHAVES, 1982, p. 72). Portanto, mesmo não tendo sido mencionado expressamente o prazo de duração da lei é possível extraí-lo do cotejo entre o texto da lei e os motivos que levaram à sua elaboração.

O fato de uma lei ser temporária não impede que seja aplicada após a sua revogação, desde que incida sobre fatos que se manifestaram durante a sua vigência, como coloca o art. 3º do Código Penal brasileiro, ao prever que "a lei excepcional ou temporária, embora decorrido o período de sua duração ou cessadas as circunstâncias que a determinaram, aplica-se ao fato praticado durante sua vigência". Neste caso, não há aplicação retroativa da lei, mas, apenas e tão somente, a sua incidência sobre fatos que ocorreram quando estava em vigor, o que não afasta o entendimento de que houve a revogação tácita da lei.

A propósito, é possível classificar as diferentes formas de revogação tácita da lei, como foi feito por Goffredo Telles Junior (2008, p. 202-3), que as denominou de revogação por autodeterminação, utilizando-se, para tanto, das seguintes palavras:

> O fim da vigência por autodeterminação se verifica em quatro casos, a saber: Primeiro caso: A própria lei fixa a data em que expira sua vigência. Exemplo: a lei que institui o horário de verão. De acordo com esta lei, os ponteiros dos relógios, no primeiro dia do verão, são adiantados em uma hora; e a jornada passa a começar e terminar uma hora mais cedo. A vigência dessa lei cessa, por autodeterminação, geralmente no mês de fevereiro. Segundo caso: O fim da vigência decorre da própria natureza da lei. Exemplos: as leis orçamentárias do Estado. Tais leis, que fixam, anualmente, a receita e a despesa do Poder Público, vigoram durante o exercício financeiro para o qual foram elaboradas. Sua vigência se extingue ao fim desse exercício. Terceiro caso: O fim da vigência ocorre quando o objetivo da lei não mais existe. Exemplo: a lei instituidora de um prêmio. Uma vez conferido o prêmio, a lei não tem mais razão de ser. Seu objetivo já foi atingido, já não existe. A vigência da lei se extingue. Quarto caso: O fim da vigência resulta da volta à normalidade de uma situação de crise, conjuntura anormal que a lei acudiu com medidas de exceção. Exemplo: a lei sobre providências especiais, para um estado de emergência ou de calamidade pública. Superada a crise, as medidas de exceção deixam de ser necessárias; a própria lei as suprime, e sua vigência se exaure. Estes são os casos das leis com vigência temporária, em que a cessação da vigência da lei se verifica por autodeterminação.

O aspecto mais importante da classificação das leis em temporárias e permanentes está relacionado à identificação do momento em que deixam de vigorar. Realmente, quando a lei é temporária, deixa de vigorar automaticamente com o decurso do seu prazo de duração, que foi pré-estabelecido, com a realização do evento que disciplinaria temporariamente ou com o encerramento do motivo que levou à sua elaboração. Ao contrário, quando as leis são permanentes, somente deixam de vigorar quando são revogadas, expressa ou implicitamente, por outra leis ou são reconhecidas como inconstitucionais.

O que impõe que a lei seja revogada somente por outra lei, dando origem a um paralelismo, é a necessidade de se preservar a atividade legislativa ou, num sentido mais amplo, a autonomia do Poder Legislativo e a separação de poderes. Por isso é que se diz que o parlamento é o responsável pelo surgimento da lei (elaboração) e pelo seu desaparecimento do mundo jurídico (revogação). Aliás, quando cessa a obrigatoriedade da lei, por força de sua inconstitucionalidade, a situação não é diferente, uma vez que deixou de ser aplicada por violar a outra norma elaborada pelo Poder Legislativo, presente no texto constitucional. Da mesma forma, quando o Presidente da República expede medidas provisórias, deve submetê-las de imediato ao Congresso Nacional, que as converterá ou não em lei, sendo que a falta de aquiescência do Poder Legislativo fará com que a mesma perca a sua eficácia desde a edição (art. 62 da CF). Por fim, quanto se tratar de lei delegadas, que são elaboradas pelo Presidente da República, a autorização é conferida expressamente pelo Poder Legislativo. Em suma, em todas as situações que envolvem o surgimento e o desaparecimento de uma lei do mundo jurídico, está presente o respeito à separação de poderes, especialmente ao Poder Legislativo.

3.2. DEFINIÇÃO E FUNDAMENTO PARA A REVOGAÇÃO

A palavra revogação origina-se do latim "*revocatio*, do verbo revocare, [que significa] chamar alguém para que volte atrás, fazer retroceder, fazer voltar, no sentido de revogar, anular, correspondendo, em direito, ao ato do poder competente que extingue, suprime, ou faz cessar a obrigatoriedade de uma lei" (CHAVES, 1982, p. 73). Em outras palavras, a revogação representa o término ou encerramento da obrigatoriedade de uma lei, por ter sido substituída por outra ou simplesmente ter sido eliminada da esfera jurídica.

A revogação baseia-se no entendimento de que a lei posterior representa um avanço em relação à anterior, uma vez que os seres humanos estão constantemente evoluindo e o mesmo, obviamente, ocorre em se tratando de atividade legislativa. Trata-se, na realidade, de uma mera presunção, uma vez que em alguns casos podemos verificar um verdadeiro retrocesso. Todavia, como a regra é o avanço, a evolução, a melhoria, adotou-se a postura de que a lei posterior revoga a anterior.

3.3. ALCANCE E FORMA DE REVOGAÇÃO DA LEI

A revogação de uma lei nem sempre é integral, uma vez que não teria qualquer sentido afastar a revogação parcial. De fato, pode ser que somente se justifique a modificação ou a supressão de uma parte da lei, inclusive de apenas um dos seus artigos. Portanto, é possível falar em revogação integral e parcial de uma lei, sendo a primeira hipótese denominada ab-rogação e a segunda derrogação.

Outra importante maneira de se classificar a revogação de uma lei consiste em apontar que pode se dar de forma expressa ou tácita. Na verdade, se a Lei Complementar nº 95, de 26 de fevereiro de 1998, que dispõe sobre a elaboração, a redação, a alteração e a consolidação das leis, fosse efetivamente observada teríamos apenas a revogação expressa, uma vez que prevê que "a cláusula de revogação deverá enumerar, expressamente, as leis ou disposições legais revogadas" (art. 9º). Neste caso, é preciso apontar se a revogação abrange a totalidade da(s) lei(s) que tratava(m) anteriormente do assunto, de alguns de seus dispositivos ou de um dispositivo específico.

No que se refere à revogação implícita, manifesta-se quando o legislador não aponta expressamente o(s) dispositivo(s) ou texto(s) revogado(s), mas, por força da incompatibilidade entre a lei anterior e a posterior, é possível concluir pela sua revogação, que pode ser total ou parcial.

Para que ocorra a revogação implícita é preciso, porém, que fique claro que existe incompatibilidade entre os dois textos, o anterior e o posterior. Por isso, é recomendável que, na dúvida, seja realizada uma interpretação que possibilite a convivência harmônica entre os textos que, num primeiro momento, eram aparentemente antagônicos.

A preocupação de que esteja manifesta a revogação tácita decorre do fato de que é fruto de uma interpretação e, consequentemente, pode importar em violação a uma norma jurídica. Trata-se de uma situação semelhante à que ocorre quando uma norma aparentemente viola o texto constitucional, em que procuramos, através da interpretação, preservá-la o máximo possível, através de mecanismos como a interpretação conforme a Constituição.

3.4. UMA LEI SOMENTE SE REVOGA POR OUTRA LEI

A revogação de uma lei somente se dá através de outra lei, baseando-se na existência de uma antinomia (conflito de normas). Por sinal, quando se fala em conflito de normas como o fator que afasta a autoridade de uma lei incluímos, em seu contexto, as decisões judiciais que se amparem em ofensa às normas constitucionais, às normas supralegais ou às normas infraconstitucionais, uma vez que, em todas as hipóteses descritas, uma norma perde a sua autoridade ou vigência.

Obrigatoriamente, a revogação requer a presença de dois requisitos básicos, um de natureza subjetiva e o outro de natureza objetiva. Sob o aspecto subjetivo, a lei revogadora deve emanar do mesmo órgão de que se originou a norma revogada. Desse modo, uma lei municipal somente pode ser revogada por outra lei municipal. Ademais, é preciso que se trate de leis de um mesmo município. O mesmo entendimento é válido para as leis estaduais, distritais e federais propriamente ditas ou nacionais. Quanto ao aspecto objetivo, impõe, por exemplo, que uma lei ordinária seja revogada apenas por outra lei ordinária. Em outras palavras, uma lei somente pode ser revogada por outra lei que possua a mesma hierarquia ou por uma lei hierarquicamente superior. Essa classificação será melhor estudada mais à frente.

Por se amparar necessariamente em um conflito de normas, em que se procura fazer com que seja observada a vontade do legislador, não se admite que a lei seja revogada em virtude de não estar sendo utilizada (desuso) ou por ferir os costumes em vigor em determinada localidade, uma vez que a lei é considerada a fonte primeira (ou primária) da esfera jurídica.

Falando especificamente do costume, considera-se que não pode revogar a lei a fim de que seja tenha um mínimo de segurança jurídica e seja respeitado o princípio da igualdade. A segurança jurídica seria afetada pelo fato de que em muitos casos não seria possível saber se uma norma costumeira está presente e, consequentemente, se uma lei foi revogada. A quebra da igualdade decorreria da aplicação de comandos jurídicos diferentes no território nacional, uma vez que os costumes poderiam se limitar, em sua aplicação, a apenas uma parte ou fração do território.

O que foi considerado em relação ao costume aplica-se também ao desuso. Com efeito, o fato de uma lei não ser utilizada, ou pouco utilizada, não significa que foi revogada, uma vez que a vigência da norma independe da vontade de seus destinatários.

Mais à frente voltaremos a discorrer a respeito da necessidade de que uma lei seja revogada apenas por outra lei, aprofundando a abordagem, sobretudo para que o assunto seja analisado à luz do texto constitucional.

3.5. REVOGAÇÃO DAS DISPOSIÇÕES CONTRÁRIAS À LEI

Ainda em relação à revogação, é importante observar que quando o legislador aponta, no texto da norma, que "revogam-se as disposições em contrário" estamos perante uma hipótese de revogação tácita, já que a revogação expressa requer, obrigatoriamente, que sejam apontadas as leis que estão sendo revogadas, conforme art. 9º da Lei Complementar nº 95, de 26 de fevereiro de 1998.

Como bem ressalta Zeno Veloso (2005, p. 42), a previsão de que estão revogadas as normas que contrariem o novo texto elaborado "é inútil, vã, abundante e desnecessária", uma vez que as disposições que a contrariem serão necessariamente revogadas, uma vez que o legislador prevê, genericamente, que a norma posterior revoga a anterior, quando expressamente o declare, seja com ela incompatível ou regule integralmente a matéria de que tratava a lei anterior (art. 2º, § 1º, da LINDB).

Em realidade, como bem alerta Zeno Veloso (2005, p. 42), a discussão deve ser travada em outro plano, aferindo-se se a revogação está presente mesmo que a incompatibilidade vincule-se a norma que não foi expressamente referida pelo legislador. Dito de outra forma, quando o legislador aponta que estão revogadas apenas as leis A e B, é possível concluir também que a revogação abrange a norma C ou concluir que uma das normas mencionadas não foi revogada?

Em relação à primeira hipótese descrita acima, na qual se procura aferir se a revogação abrange outras normas além das mencionadas, a resposta deve ser positiva. De fato, o que conduz à revogação de uma norma é, fundamentalmente, a sua incompatibilidade com outra e não o fato de ter sido apontado expressamente que estava sendo revogada. Realmente, se considerássemos exclusivamente a intenção do legislador, o elemento subjetivo, deixaríamos de lado a norma, ou elemento objetivo, acreditando cegamente no legislador e em sua infalibilidade. Ademais, daríamos prevalência à vontade do legislador (elemento subjetivo) em vez de se trabalhar também com a "vontade" da lei (elemento objetivo). Portanto, podemos concluir que a revogação não se restringe necessariamente aos dispositivos expressamente mencionados, já que afastaria inclusive a possibilidade de revogação por inconstitucionalidade.

A situação é um pouco mais complexa quando procuramos definir se uma das normas expressamente citadas como revogadas foi efetivamente atingida pela lei nova ou se a revogação encontra outro tipo de justificativa. Na prática, porém, essa discussão fica em segundo plano, sendo acatado o que foi previsto em lei sem maiores discussões. Por sinal, contribui para esse estado de coisas o fato de que o princípio da unicidade do objeto legislativo – previsão de que a lei deve trabalhar com uma única matéria ou assunto – não ser observado na prática, fazendo com que as leis versem ao mesmo tempo sobre diferentes assuntos. De qualquer forma, é indiscutível que essa controvérsia poderia vir à tona, uma vez que a revogação pode ser despida de razoabilidade e, consequentemente, ter que ser rejeitada. Sendo assim, a questão permanece em aberto.

3.6. REVOGAÇÃO DE UMA LEI ANTES DE ENTRAR EM VIGOR

Uma lei pode ser revogada antes de entrar em vigor? Essa situação, convém adiantar, não é objeto de disciplina pelo legislador. Com efeito, como visto anteriormente, o legislador prevê que a lei pode ser revogada apenas após ter entrado em vigor, sendo que durante o período de *vacatio legis*, caso tenha sido previsto, é possível apenas a correção de erros envolvendo a publicação do texto aprovado pelo Poder Legislativo. Todavia, a revogação de uma lei antes de entrar em vigor já se manifestou em nosso ordenamento jurídico, como relata Zeno Veloso (2005, p. 39):

> Já vimos que o prazo de *vacatio legis* de uma lei pode ser suspenso, interrompido, prorrogado por uma outra lei. E pode ser uma lei revogada antes mesmo de entrar em vigor? A resposta é afirmativa, e o caso, singular e interessante, já ocorreu no Brasil. Aproveitando anteprojeto elaborado e entregue ao Governo, em 1963, pelo eminente criminalista Nélson Hungria, o Ministro da Justiça, Gama e Silva, em 21 de outubro de 1969, encaminhou, aos ministros militares, que, naquele momento, como Junta Militar, estavam no exercício do Poder Executivo, o Projeto de Código Militar, que foi editado e publicado pelo Decreto-Lei nº 1.004, de 21 de outubro de 1969, prevendo-se que entraria em vigor no dia 1º de janeiro de 1970. Mas o começo da vigência desse Código Penal foi sendo adiado, por diversas leis, prorrogando-se a vacância do mesmo. Finalmente, a Lei nº 6.578, de 11 de outubro de 1978, revogou o Código Penal de 1969. Deu-se um fato curioso: após uma longa *vacatio legis*, de quase dez anos, o Código Penal de 1969 foi revogado, sem que, jamais, tenha entrado em vigor. Foi, sem que nunca tenha sido.

É indiscutível que devemos impedir que uma lei venha a ser utilizada se não atende mais os anseios sociais, se estão ausentes os motivos que levaram à sua feitura, se desapareceram os fatores que levaram à sua elaboração etc. O maior problema, no caso, diz respeito à terminologia que será utilizada para identificar a supressão do texto elaborado quando ainda está no período de *vacatio legis*. Deveras, é estranho falar em revogação, uma vez que pressupõe que a norma revogada estava em vigor, o que não ocorre no período de *vacatio legis*, tendo em vista que impede que a lei passe a produzir efeitos. No entanto, se a revogação pode ser utilizada quando a lei já está em vigor, sendo dotada de autoridade, com muito maior razão temos que admiti-la quando a lei ainda não entrou em vigor. Sendo assim, podemos concluir que a revogação também pode atingir as leis que ainda estão no período de *vacatio legis*, uma vez que seria absurdo esperar que a lei entrasse em vigor para, só então, revogá-la. Ademais, se considerássemos que a palavra revogação é inadequada, teríamos que indicar outra mais conveniente.

> **§ 1º.** A lei posterior revoga a anterior quando expressamente o declare, quando seja com ela incompatível ou quando regule inteiramente a matéria de que trata a lei anterior.

O ponto de partida para o estudo da revogação expressa ou tácita da lei deve ser, obrigatoriamente, a definição do que se entende por revogação, particularmente a que incide sobre a lei, já que se trata de um elemento essencial para a compreensão do assunto. Sendo assim, é importante apontar novamente o que significa revogar, uma vez que a palavra já foi anteriormente analisada, embora em outro contexto.

De acordo com De Plácido e Silva (1993, p. 144):

> Em sentido genérico, e referentemente à lei, revogação entende-se a cessação da *obrigatoriedade* da lei, *supressão* ou *cassação* da lei. E desse modo, é o vocábulo empregado tanto para designar o sentido de ab-rogação (revogação geral ou total), como de derrogação (revogação parcial).

Com a revogação, a norma perde a sua autoridade ou obrigatoriedade, deixando, assim, de ser aplicada às situações futuras que hipoteticamente se enquadrariam em seu campo normativo. Portanto, a revogação faz com que a norma deixe de produzir efeitos, salvo em relação às situações jurídicas constituídas quando ainda estava em vigor, como bem aponta Zeno Veloso (2005, p. 51) na seguinte passagem:

> (...) a lei revogada, obviamente, não é mais obrigatória, não tem mais poder ou força vinculante. Deixou de vigorar, simplesmente, não incide mais sobre as relações humanas, cessou a sua eficácia, que foi substituída pela da lei revogadora. Mas, até o momento em que foi revogada, a lei vigorou, é claro, foi obrigatória, regeu, decidiu situações no meio social. A revogação, como disse, tem efeito *ex nunc*, daí para a frente, não retroagindo, para desfazer o que no passado foi construído.
>
> Assim, a lei revogada continua vinculante, obrigatória, tendo vigor para os casos ocorridos em época anterior à sua retirada do ordenamento jurídico positivo. Dá-se, pois, a sobrevivência da lei velha, o que se chama *ultratividade*, uma eficácia *residual* da lei revogada, exigência da segurança jurídica. A lei revogada, e não a lei nova, se aplica àquelas relações iniciadas e concluídas ao tempo em que vigorava a lei anterior, que por ela foram disciplinadas, e cuja existência jurídica continua na época em que a lei precedente já foi substituída.

Num sentido amplo, a revogação atinge a vigência, a validade e a eficácia da norma.

A perda da vigência, como há pouco mencionado, está relacionada ao fato de que a norma deixa de ser obrigatória, de ser aplicada ou incidir em situações concretas, sendo sua utilização restrita às "situações já garantidas pelo direito adquirido, pelo ato jurídico perfeito e pela coisa julgada" (BETIOLI, 2011, p. 91-2), uma vez que nesses casos é dotada de ultratividade, já que os seus efeitos perduram, embora tenha sido revogada. A supressão da validade da norma revogada, por sua vez, decorre do fato de que, com a revogação, deixa de pertencer ao ordenamento jurídico – conjunto de leis existentes –, tendo em vista a sua supressão ou substituição por outra norma. Por fim, a norma revogada perde a eficácia, uma vez que deixa de produzir efeitos (ou originar consequências jurídicas), dada a perda do seu caráter normativo.

3.7. MEIO PARA A REVOGAÇÃO DA LEI

Como salientado em outra oportunidade, a leitura da Lei de Introdução às Normas do Direito Brasileiro permite concluir que uma lei somente pode ser revogada por outra lei. Essa situação decorre de duas constatações, a seguir desenvolvidas.

Primeira, a lei é considerada a fonte primária (ou principal) do ordenamento jurídico pátrio, tendo as demais fontes caráter subsidiário (ou secundário). Segunda, como a lei reflete a vontade geral, uma vez que é elaborada pelos representantes do povo nas Casas Legislativas, é preciso que sua revogação também tenha origem no Parlamento.

Em relação à primeira situação descrita, a necessidade de que a lei venha a ser revogada por outra lei, afasta a possibilidade de que outras espécies de normas venham a revogá-la, como os costumes, ou venha a ser revogada por não estar sendo utilizada (desuso), situação que ocorre quando os destinatários da norma deixam de observá-la ou nunca a utilizaram.

A previsão de que a lei é revogada unicamente por outra lei encontra também suporte, no ordenamento jurídico pátrio, no parágrafo único do art. 1º do texto constitucional, que prevê que "todo poder emana do povo, que o exerce por meio de representantes eleitos ou diretamente, nos termos desta Constituição".

De fato, embora o desuso represente a manifestação da vontade popular, que se opõe de forma expressa ou implícita à norma, essa conduta não é considerada pelo texto constitucional como um dos mecanismos para a manifestação da vontade popular.

Se não bastasse o exposto, a Constituição consagra a segurança, dentre as quais a jurídica, no rol dos direitos fundamentais. Sendo assim, é fundamental que seja observada a previsão de que a revogação de uma lei requer obrigatoriamente outra lei (paralelismo de forma), a fim de que não seja violado o texto constitucional.

3.8. MEDIDA PROVISÓRIA, LEI DELEGADA, NORMAS GERAIS E LEIS INCONSTITUCIONAIS

O estudo da revogação da lei impõe também o exame da medida provisória e da lei delegada, pois, embora não tenham como origem o Poder Legislativo, a Constituição as equipara, quanto aos efeitos, em regra, às leis.

A única diferença entre as leis emanadas da atividade legislativa e as oriundas da participação do Poder Executivo, na elaboração das leis, é que as medidas provisórias encontram limitações materiais e formais; no primeiro caso, por não poderem dispor sobre determinadas matérias (art. 62, § 1º, da CF) e no segundo, por não poderem tratar de assuntos já disciplinados em projeto de lei aprovado pelo Congresso Nacional e pendente de sanção ou veto do Presidente da República (art. 62, § 2º, da CF). O mesmo ocorre com as leis delegadas, que não podem abranger atos de competência exclusiva do Congresso Nacional, de competência privativa da Câmara dos Deputados ou do Senado Federal, a matéria reservada à lei complementar, nem a legislação sobre: I – organização do Poder Judiciário e do Ministério Público, a carreira e a garantia de seus membros; II – nacionalidade, cidadania, direitos individuais, políticos e eleitorais; III – planos plurianuais, diretrizes orçamentárias e orçamentos (art. 68 da CF).

Em relação à interferência da medida provisória sobre a lei anterior, que seja com ela incompatível, como perde a eficácia desde a edição, se não for convertida em lei, no prazo de sessenta dias (art. 62, § 3º, da CF), não tem o condão de revogar a lei que anteriormente disciplinava o assunto, que fica apenas com a vigência e a eficácia suspensas. Sendo a medida provisória rejeitada, a vigência e a eficácia da lei anterior serão restauradas. Caso a medida provisória seja convertida em lei, ocorre efetivamente a revogação da lei que existia anteriormente, que estava com a vigência e a eficácia apenas suspensas, o que demonstra que há, no caso, uma espécie de *revogação condicional*. No caso, como a medida provisória não revogou a lei anterior, não se trata de repristinação.

O mesmo posicionamento apresentado em relação às medidas provisórias é seguido em se tratando de competência concorrente, uma vez que quando os Estados, o Distrito Federal e os Municípios exercem a competência legislativa plena, por força da inexistência de normas gerais emanadas da União (art. 24, § 3º, da CF), a superveniência de lei federal sobre normas gerais apenas suspende a eficácia da lei estadual nos pontos em que houver colisão.

Interessante também é o fato de que as leis que não são recepcionadas por uma nova Constituição são consideradas por ela revogadas, como ressaltado na Ação Direta de Inconstitucionalidade nº 2, oriunda do Distrito Federal, na qual foi proferida a seguinte decisão pelo Pleno do Supremo Tribunal Federal, tendo como relator o Ministro Paulo Brossard:

> CONSTITUIÇÃO – LEI ANTERIOR QUE A CONTRARIE – REVOGAÇÃO. INCONSTITUCIONALIDADE SUPERVENIENTE – IMPOSSIBILIDADE. A lei ou é constitucional ou não é lei. Lei inconstitucional é uma contradição em si. A lei é constitucional quando fiel à constituição; inconstitucional, na medida em que a desrespeita, dispondo sobre o que lhe era vedado. O vício da inconstitucionalidade é congênito à lei e há de ser apurado em face da Constituição vigente ao tempo de sua elaboração. Lei anterior não pode ser inconstitucional em relação à Constituição superveniente, nem o legislador poderia infringir Constituição futura. A Constituição futura não torna inconstitucionais leis anteriores com ela conflitantes: revoga-as. Pelo fato de ser superior, a Constituição não deixa de produzir efeitos revogatórios. Seria ilógico que a lei fundamental, por ser suprema, não revogasse, ao ser promulgada, leis ordinárias. A lei maior valeria menos do que a lei ordinária.

Esse assunto, a revogação das leis inconstitucionais, porém, não será aqui aprofundado, uma vez que será analisado mais à frente em um tópico específico.

3.9. TRATADOS E REVOGAÇÃO DA LEI

Ainda em relação à revogação da lei, cumpre analisar o que ocorre com os tratados, acordos ou atos internacionais que são ratificados pelo Presidente da República em nome do Estado brasileiro (CF, art. 84, VIII) e posteriormente, se for o caso,[5] referendados pelo Congresso Nacional (CF, art. 49, I), sendo assim incorporados ao ordenamento jurídico brasileiro.

---

5. O Congresso Nacional somente se manifesta em relação a tratados, acordos e atos internacionais que acarretem encargos ou compromissos gravosos ao patrimônio nacional (art. 49, I, da CF).

Em primeiro lugar, é importante observar que quando um tratado é incluído no ordenamento jurídico interno, por força de sua incorporação, deixa de ser considerado direito internacional e passa a ser direito nacional, interno ou local. Na realidade, é considerado direito internacional apenas quanto à sua origem.

Quando ocorre a incorporação, o tratado pode ser equivalente a uma emenda constitucional (art. 5º, § 3º, da CF), ser dotado de supralegalidade (posicionamento do STF) ou ter *status* de lei ordinária, sendo que a última situação corresponde à regra.

Em qualquer uma das situações descritas, o texto incorporado revoga a lei anterior que seja com ele conflitante, caso esteja no mesmo nível ou patamar jurídico, salvo se entrar em conflito com as cláusulas pétreas da Constituição Federal (art. 60, § 4º).

De maneira diversa, a lei posterior, que entre em colisão com o texto de um tratado incorporado ao ordenamento jurídico pátrio, não revoga o tratado propriamente dito, uma vez que vigora também na esfera internacional. De qualquer forma, afetará as normas do tratado que foram "nacionalizadas", uma vez que deixarão de produzir efeitos. Aliás, o mesmo entendimento é adotado quando o Brasil informa que não pretende mais observar o texto de um tratado, apresentando denúncia, que, à luz do Direito Internacional, exterioriza a intenção de não mais cumpri-lo.

3.10. REQUISITOS PARA QUE A LEI POSTERIOR REVOGUE A ANTERIOR

Para que a lei posterior revogue a anterior é preciso respeitar dois requisitos, um de natureza objetiva e outro de natureza subjetiva, que foram anteriormente citados, mas serão reiterados, tendo em vista que foram apreciados em relação a outro comando da Lei de Introdução às Normas do Direito Brasileiro.

Sob o aspecto objetivo, para que uma lei revogue outra é preciso que ocupe o mesmo *status* (nível, posição) na ordem jurídica ou esteja em um nível superior. Quanto ao aspecto subjetivo, é essencial que a lei posterior seja da mesma unidade federativa – União, Estado, Distrito Federal ou Município. Sendo assim, uma lei municipal, por exemplo, somente pode ser revogada por outra lei municipal. Essa situação, porém, será melhor estudada em outra oportunidade.

Na revogação de uma norma por outra é indiferente a importância do assunto tratado, pois o que interessa apenas é que a lei revogada e a revogadora sejam da mesma natureza (lei ordinária, por exemplo) e emanem de um mesmo ente federativo (Município, por exemplo). Sendo assim, qualquer lei ordinária posterior, emanada da esfera federal, pode revogar a Lei de Introdução às Normas do Direito Brasileiro, embora o seu texto traga em seu bojo normas sobre normas, avultando, assim, a sua importância.

Os dispositivos da Lei de Introdução às Normas do Direito Brasileiro que versem sobre elaboração, redação, alteração e consolidação das leis somente poderão ser alterados por uma lei complementar, uma vez que esses assuntos foram submetidos a essa espécie legislativa pelo texto constitucional (art. 59, parágrafo único), como anteriormente ressaltado.

3.11. OUTRAS QUESTÕES ACERCA DO ALCANCE DA REVOGAÇÃO

Quando considerada em relação ao seu alcance, a revogação pode ser total ou parcial, como apontado na definição de revogação inicialmente citada e exposto em outra passagem. Aliás, embora o assunto já tenha sido visto anteriormente, iremos aprofundar o seu estudo.

A revogação total (ou ab-rogação) ocorre quando a norma é revogada em sua totalidade por outra. A revogação parcial (ou derrogação) ocorre quando apenas parte de uma norma é revogada por outra, subsistindo os trechos ou partes não atingidos pela revogação.

No que se refere à forma como a revogação se manifesta, pode ser expressa ou tácita, sendo a revogação expressa, quando a lei expressamente o declare e a revogação tácita, se a lei posterior é incompatível com a anterior ou regula inteiramente a matéria que era por ela disciplinada.

A revogação expressa não suscita maiores discussões, uma vez que ocorre quando o legislador aponta, expressamente, o que está sendo revogado. A propósito, com o intento de garantir a segurança jurídica, o Decreto nº 4.176, de 28 de março de 2002, que dispõe, dentre outros assuntos, sobre a alteração das leis, estabelece, no seu art. 21, que "a cláusula de revogação relacionará, de forma expressa, todas as disposições que serão revogadas com a entrada em vigor do ato normativo proposto".

Entretanto, a utilização, exclusivamente, da revogação expressa somente seria possível se o legislador fosse infalível, um ser perfeito que pudesse prever, com precisão aritmética, todas as eventuais situações de incompatibilidades que a lei nova teria com as já existentes. Sendo assim, não há como se trabalhar somente com a revogação expressa, como aponta a Lei de Introdução às Normas do Direito Brasileiro, ao prever que a lei posterior revoga a anterior quando forem incompatíveis ou regular inteiramente a matéria que era por ela disciplinada (art. 1º, § 1º).

Realmente, quando se trata de incompatibilidade entre duas normas, por exemplo, não há como mantê-las, ao mesmo tempo, no ordenamento jurídico, sendo necessário considerar que uma das normas foi revogada pela outra. Aliás, no caso a antinomia (conflito normativo) é resolvida com a prevalência da norma posterior (critério cronológico), da norma especial (critério da especialidade) ou da norma hierarquicamente superior (critério hierárquico).

Ao se aferir se uma norma foi revogada por outra, quando se trabalha com a revogação implícita, é importante observar que "a incompatibilidade que gera a revogação é a incompatibilidade jurídica" (CHAVES, 1982, p. 74) e não a meramente literal, questão importantíssima quando se observa que as leis podem trazer, em seu bojo, princípios, cláusulas gerais e conceitos jurídicos indeterminados. Deveras, é manifesta a insuficiência do critério meramente literal para que se possa aferir a incompatibilidade de diferentes leis.

Aproveitando o ensejo, lembramos que se houver incompatibilidade entre princípios, que são espécies de normas, a prevalência de um deles não significa que o outro foi revogado, mas simplesmente que deixou de ser aplicado no caso concreto.

3.12. REVOGAÇÃO IMPLÍCITA, EXPRESSA E USO DE UM MODELO HÍBRIDO

Ao se trabalhar com a revogação das leis o mais comum é a utilização da seguinte expressão: "revogam-se as disposições em sentido contrário", redação que reflete a revogação tácita.

Há também hipóteses em que se aponta expressamente a lei ou leis revogadas, como foi previsto no art. 12 da Lei nº 9.469, de 10 de julho de 1997, que trata de vários assuntos, dentre os quais a intervenção da União nas causas em que figuram como autores ou réus entes da administração indireta, que mencionou expressamente que revogava as Leis nº 8.197, de 27 de julho de 1991, e nº 9.081, de 19 de julho de 1995.

Também é possível a existência de um modelo híbrido, por conjugar a revogação implícita e a expressa, como previsto no art. 4º da Lei nº 9.459, de 13 de maio de 1997, que alterou a lei que define os crimes resultantes de preconceito de raça ou de cor (Lei nº 7.716, de 5 de janeiro de 1989), dotado da seguinte redação: "Revogam-se as disposições em contrário, especialmente o art. 1º da Lei nº 8.081, de 21 de setembro de 1990 e a Lei nº 8.882, de 3 de junho de 1994".

Não sendo revogada, a lei vigora indefinidamente, embora, em regra, as leis sofram constantes modificações, uma vez que procuram acompanhar as transformações sociais e as novas situações de necessidades que se manifestam ao longo do tempo.

3.13. PLANOS NORMATIVOS ATINGIDOS PELA REVOGAÇÃO

No estudo da revogação da lei, figura também, como essencial, a definição dos planos normativos que são atingidos com o seu advento. Em outras palavras, o que se coloca é se a revogação afeta a existência, a validade ou a eficácia da norma ou se atinge, ao mesmo tempo, dois dos planos normativos mencionados ou a todos eles.

Acerca do assunto, já tivemos a oportunidade de verificar que a revogação atinge a validade e a eficácia da norma. Sendo assim, resta saber se a revogação afeta também a sua existência jurídica.

A resposta à indagação apresentada é semelhante a que ocorre quando se analisa se a norma revogada perdeu a sua vigência e eficácia. De fato, nas três hipóteses é possível fazer a seguinte cisão ou divisão temporal: acontecimentos que antecedem a revogação e situações que lhe são posteriores.

Os acontecimentos que antecedem à revogação da norma continuam a ser por ela disciplinados quando se ligarem ao direito adquirido, ao ato jurídico perfeito e à coisa julgada, como anteriormente ressaltado. Desse modo, a norma, quanto a essas hipóteses, circunstâncias ou situações, continuará a existir, sendo válida e eficaz. Em suma, será dotada de ultratividade.

O oposto ocorre quando os fatos são posteriores ao surgimento da norma revogada, pois, quanto a essas hipóteses, indiscutivelmente, a norma revogada deixa de existir, deixando de ser válida e eficaz, uma vez que foi retirada da esfera jurídica.

Portanto, o plano da existência (jurídica) da norma também é atingido quando ocorre a revogação de uma lei.

3.14. MOMENTO EM QUE A NORMA POSTERIOR REVOGA A ANTERIOR

Também é importante definir o momento em que a norma posterior revoga a anterior, pois, ao menos em tese, seria possível trabalhar com três situações: 1ª) a revogação ocorre no momento em que é promulgada a lei posterior; 2ª) a revogação opera quando a lei posterior é publicada; ou que 3ª) a revogação se dá a partir do instante em que a lei posterior entra em vigor.

No caso, como a revogação representa a supressão da validade de uma norma por outra e se presume que a norma revogadora esteja em vigor, uma norma somente revoga outra quando passa a vigorar, a fim de que a disciplina trazida pela norma posterior substitua, de imediato, a anteriormente existente, afastando-se, desta forma, eventuais lacunas ou vazios normativos.

3.15. REVOGAÇÃO AUTÔNOMA E HETERÔNOMA

Além da revogação da lei por outra lei (revogação heterônoma), pode ocorrer também a revogação da lei em decorrência de sua própria essência (revogação autônoma ou autorrevogação).

Essa última situação ocorre nas seguintes hipóteses:

1ª. a lei prevê expressamente que vigorará apenas durante determinado período (exemplo: período de secas em certa região);
2ª. a lei trata apenas de um fato específico (exemplo: realização das Olimpíadas);
3ª. a limitação temporal é da natureza da lei (exemplo: leis orçamentárias).

Esse tema, porém, já foi analisado quando estudamos as leis que trazem, implícita, uma cláusula de autorrevogação e, sendo assim, ficaremos, no momento, apenas com as breves considerações apresentadas neste tópico.

3.16. ANTINOMIAS E CRITÉRIOS PARA A SUA SOLUÇÃO

A conclusão de que uma lei foi revogada também pode ocorrer por meio da interpretação. Para tanto, é preciso, em primeiro lugar, que duas ou mais leis versem sobre o mesmo assunto e apresentem uma disciplina jurídica total ou parcialmente divergente.

Quando há contradição entre duas ou mais normas utiliza-se, para representá-la, a palavra antinomia, que significa, literalmente, conflito entre normas (anti = conflito; nomia = norma). Trata-se de uma situação oposta à lacuna ou vazio normativo, pois o problema que se manifesta está relacionado à existência de dois ou mais comandos normativos a respeito de um assunto, que trazem uma disciplina jurídica distinta, no todo ou em parte.

Havendo antinomia entre duas ou mais leis, o conflito é solucionado, a princípio, através dos seguintes critérios: a) cronológico; b) hierárquico; e c) da especialidade. De acordo com o critério cronológico, a lei posterior prevalece sobre a anterior, pois vigora a presunção de que a atividade legislativa estatal visa a um constante aperfeiçoamento, o que impõe que as normas posteriores prevaleçam sobre as anteriores. O critério hierárquico, por sua vez, defende que a norma hierarquicamente superior, de acordo com a teoria escalonada do ordenamento jurídico, prevalece sobre as normas inferiores, independentemente do fato de serem posteriores. Por fim, o critério da especialidade considera que a norma especial prevalece sobre a norma geral, tendo em vista que se há uma disciplina específica a respeito de um assunto não é razoável utilizar comandos gerais.

Todavia, os critérios descritos não são os únicos que podem ser utilizados, uma vez que é possível usar, como referência, por exemplo, a norma mais favorável, aplicando-a todas as vezes que surgir uma antinomia. É o que apregoa, por exemplo, o Direito do Trabalho ao sustentar que o seu princípio mais importante é o protetor, que em uma de suas emanações prevê a aplicação da norma mais favorável ao empregador.

3.17. METACRITÉRIOS PARA A SOLUÇÃO DE ANTINOMIAS

Tendo em vista os critérios inicialmente mencionados – o cronológico, o hierárquico e o da especialidade –, a doutrina discorre a respeito de como solucionar um eventual conflito entre eles, mencionando que, no caso, existiriam os denominados metacritérios, que nada mais são do que mecanismos para solucionar um conflito entre os critérios e que estão assim representados:

a) Antinomia entre o critério cronológico e o da especialidade

Uma norma posterior de caráter geral (critério cronológico) está em colisão com uma norma anterior que cuida de maneira específica de um assunto (critério da especialidade). Prevalece a norma especial.

b) Antinomia entre o critério cronológico e o hierárquico

Uma norma posterior (critério cronológico) está em conflito com uma norma anterior que lhe é hierarquicamente superior (critério hierárquico). Prepondera a norma superior.

c) Antinomia entre o critério hierárquico e o da especialidade

Uma norma hierarquicamente superior (critério hierárquico) está em conflito com uma norma especial (critério da especialidade). Prevalece a norma hierarquicamente superior.

Os critérios apresentados, bem como as maneiras de solucionar os conflitos que possam envolvê-los, são, porém, insuficientes, pois pode ser que duas normas em conflito possuam o mesmo nível hierárquico, surgiram ao mesmo tempo e sejam dotadas de caráter geral. Sendo assim, nenhum dos metacritérios propostos para a solução das antinomias oferece solução para o problema.

Se não bastasse o exposto, há outros problemas envolvendo os critérios apresentados para a solução de antinomias, como o fato de se utilizar em matéria trabalhista a norma mais favorável ao empregado, independentemente do nível hierárquico, como há pouco mencionado, e a proibição de retrocesso em relação aos direitos fundamentais, que afasta a lei posterior que diminua a proteção existente.

Não pode ser esquecido, ainda, que os critérios descritos foram pensados em relação às regras e, assim, é, no mínimo, complicado utilizá-los em relação aos princípios quando estão em oposição (ou conflito).

Portanto, são extremamente complexos os problemas que envolvem os conflitos normativos, assim como ocorre com a hermenêutica em geral, o que faz com que as colocações feitas sirvam apenas como uma referência a respeito das antinomias (ou conflitos normativos).

> **§ 2º.** A lei nova, que estabeleça disposições gerais ou especiais a par das já existentes, não revoga nem modifica a lei anterior.

Quando surge uma lei nova que estabeleça disposições gerais ou especiais ao lado das existentes, não revoga nem modifica a lei anterior que tratava de questões específicas (primeira hipótese) ou versava somente sobre assuntos gerais (segunda hipótese).

De maneira mais específica, essa previsão da Lei de Introdução às Normas do Direito Brasileiro apresenta o seguinte desdobramento: a) se existe uma norma especial (exemplo: norma que disciplina a concessão de uma gratificação para os servidores da educação), o advento de uma normal geral (exemplo: norma que versa sobre a concessão de gratificação da mesma espécie para os servidores públicos em geral) não a revogará ou modificará; e b) se existe uma norma geral acerca de um assunto (exemplo: norma que dispõe sobre o afastamento não remunerado de servidores públicos), o surgimento de uma norma especial (exemplo: norma que trata do afastamento não remunerado dos servidores da área da saúde) também não a revogará ou modificará.

Em outras palavras, não existe conflito normativo – antinomia – entre disposições gerais e especiais, uma vez que o âmbito de aplicação das normas é distinto, sendo as normas gerais aplicáveis à generalidade (ou totalidade) dos casos, enquanto que as normas especiais são aplicáveis unicamente a situações específicas, que, na ótica do legislador, merecem um tratamento jurídico diferenciado, como bem ressalta Zeno Veloso (2005, p. 45):

> Uma lei que contenha disposições gerais não revoga, apenas por isso, outra lei que apresente disposições especiais, nem a lei especial revoga, só por ser especial, a lei geral que regula o assunto. Não havendo revogação expressa e podendo as leis sucessivas coexistir harmonicamente, *ambas* as leis vão ser aplicadas, *conciliando* o intérprete os seus dispositivos. O que se tem de verificar, fundamentalmente, é se há compatibilidade ou incompatibilidade entre as disposições legais que se sucederam. Entretanto, se a lei nova edita um regime jurídico integral, trata globalmente do assunto, regula inteiramente a matéria, a lei anterior – geral ou especial – que disciplinava o mesmo tema, fica revogada.
>
> Se as leis se sucedem no tempo e são pertinentes, compatíveis, o princípio é o da coexistência harmônica das mesmas. A expressão 'a par das existentes', que aparece no aludido art. 2º, § 2º, significa para Serpa Lopes, tratarem-se de normas que ficam *a par das anteriores*, quer dizer, iguais em qualidade e merecimento, e que podem atuar lado a lado, sem incompatibilidade.

Sendo assim, é possível concluir que uma norma geral somente pode ser revogada por outra norma geral e que uma lei especial somente pode ser revogada também por outra lei especial.

De maneira mais explícita, essas duas espécies de normas apresentam os seguintes contornos:

a) normas gerais (ou comuns) – são as normas que incluem, em seu bojo, uma generalidade de pessoas ou situações, não se preocupando com hipóteses ou pessoas específicas. Utilizam, como referência, o princípio da igualdade formal ou legal, por consagrarem, em seu texto, a generalidade e a abstração;

b) normas especiais (ou próprias) – são as normas que tratam de situações específicas, peculiares ou tratam apenas de hipóteses que envolvem pessoas determinadas. Baseiam-se também no princípio da igualdade, mas considerado em sua vertente substancial, material ou real, que impõe um tratamento distinto para situações diferenciadas.

O fundamento para a distinção entre normas gerais e especiais está relacionado à amplitude do campo ou esfera de aplicação. É por isso que se afirma que as normas gerais são as que tratam de todas as situações, enquanto que as normas especiais são as que "limitam o campo de aplicação das normas gerais, disciplinando, com critério próprio, determinado campo de relações jurídicas, em atenção à sua natureza ou a seus sujeitos, e, ainda, a seu objeto" (GOMES, 1965, p. 39).

Para que as normas gerais e especiais possam coexistir é imprescindível que sejam compatíveis, que possam ser utilizadas em conjunto, que a lei nova não entre em colisão com a antiga (DAIBERT, 1971, p. 57). Aliás, é possível que existam apenas alguns pontos de conflito entre as normas gerais e especiais.

3.18. A REVOGAÇÃO SOMENTE SE DÁ POR UMA LEI EMANADA DO MESMO ENTE FEDERATIVO E DA MESMA ESPÉCIE

Somente é possível falar em revogação de uma lei quando a lei posterior for "oriunda da mesma fonte de que emanou a lei revogada, ou de fonte de categoria mais elevada" (TELLES JUNIOR, 2008, p. 204), como mencionado de passagem em outra oportunidade. Sendo assim, verificaremos, na sequência, com uma maior profundidade, como essa temática se apresenta em relação ao sistema jurídico brasileiro.

A previsão de que a lei revogadora deve ter origem na mesma fonte da lei revogada apresenta dois sentidos: o objetivo e o sujeito, cujos respectivos contornos serão apresentados na sequência.

No aspecto objetivo, utiliza-se como referência, por exemplo, o entendimento de que uma lei ordinária somente pode ser revogada por outra lei ordinária, tendo em vista que estão no mesmo nível, no mesmo plano normativo.

Quanto ao aspecto subjetivo, manifesta-se da seguinte forma: a) a lei municipal somente pode ser revogada por outra lei municipal; b) a lei estadual por outra lei estadual; c) a lei distrital por outra lei distrital; e d) a lei federal por outra lei federal.

A necessidade de que seja observado o ente federativo que editou a norma, para que se possa falar em sua revogação, é uma exigência do art. 18, *caput*, da Constituição Federal, que prevê que "[a] organização político-administrativa da República Federativa do Brasil compreende a União, os Estados, o Distrito Federal e os Municípios, todos autônomos, nos termos desta Constituição".

Ainda em relação ao aspecto subjetivo, merece destaque a previsão constitucional a respeito da competência concorrente, no que se refere ao plano normativo ou legislativo, que se apresenta com os seguintes desdobramentos:

1ª. existem matérias que se submetem à competência legislativa concorrente da União, dos Estados e do Distrito Federal;
2ª. quando a competência é concorrente, as normas gerais são estabelecidas pela União;
3ª. a existência de normas gerais não exclui a competência suplementar dos Estados e do Distrito Federal;
4ª. inexistindo normas gerais, os Estados e o Distrito Federal exercerão a competência legislativa plena, para atender suas peculiaridades;
5ª. a superveniência de lei federal sobre normas gerais suspende a eficácia da lei estadual, no que lhe for contrária.

Em especial, ocupa lugar de destaque a previsão constitucional de que a superveniência de lei federal sobre normas gerais não revoga a lei estadual ou distrital que verse sobre o assunto, uma vez que apenas suspende a eficácia do texto, no que lhe for contrário. Sendo assim, a revogação da lei federal que tenha estabelecido normas gerais fará com que a lei estadual ou distrital, que estava com a eficácia suspensa, volte a vigorar.

3.19. REVOGAÇÃO DAS LEIS INCONSTITUCIONAIS

Quando uma lei contraria a Constituição, sendo, portanto, inconstitucional, é por ela revogada. Deveras, "[p]elo fato de ser superior, a Constituição não deixa de produzir efeitos revogatórios. Seria ilógico que a lei fundamental, por ser suprema, não revogasse, ao ser promulgada, leis ordinárias [ou complementares]. A lei maior valeria menos do que a lei ordinária [ou complementar]"[6].

A posição descrita, que é adotada pelo Supremo Tribunal Federal, é criticada por Zeno Veloso (2005, p. 50), que a respeito do assunto formulou as seguintes considerações:

> (...) a lei declarada inconstitucional perde a eficácia desde a sua origem, desde que começou a vigorar (efeito *ex tunc* da decisão). Mas não se deve confundir essas hipóteses, de inconstitucionalidade, com a revogação da lei, que tem efeito *ex nunc*, daí para a frente. A inconstitucionalidade da lei mais se assemelha à *nulidade*, em que todos os efeitos do passado são desfeitos. Já a lei revogada só não pode reger os casos futuros, mas as situações anteriores continuam a ser reguladas por ela, até pelo princípio do direito adquirido. O juiz não revoga negócio jurídico nulo ou anulável; nulifica-o ou anula-o. Tratando-se de lei inconstitucional, o Judiciário não a revoga – o que seria absurdo –, mas declara a sua invalidade pelo mais grave e pernicioso dos vícios, que é a violação da Carta Magna.

No entanto, a possibilidade de modulação dos efeitos da lei declarada inconstitucional permite que o Supremo Tribunal Federal possa concluir que a Constituição, como qualquer outra lei, revoga as leis que com ela conflitem, superando o obstáculo apresentado por Zeno Veloso. A propósito, prevê o art. 27 da Lei nº 9.868, de 10 de novembro de 1999, que:

> Ao declarar a inconstitucionalidade de lei ou ato normativo, e tendo em vista razões de segurança jurídica ou de excepcional interesse social, poderá, o Supremo Tribunal Federal, por maioria de dois terços de seus membros, restringir os efeitos daquela declaração ou decidir que ela só tenha eficácia a partir de seu trânsito em julgado ou de outro momento que venha a ser fixado.

No entanto, se não houver a modulação dos efeitos da declaração de inconstitucionalidade, produzindo a declaração de inconstitucionalidade efeitos *ex tunc*, situação que corresponde à regra, a discussão subsiste e somente pode ser superada se considerarmos a independência dos planos normativos – existência, validade e eficácia –, e, consequentemente, que uma lei inválida, por violar a Constituição, pode produzir efeitos ou se adotarmos o entendimento de que a declaração de inconstitucionalidade faz com que as normas anteriormente revogadas sejam restauradas, como prevê a Constituição portuguesa. Aliás, retornaremos posteriormente a esse assunto, fazendo um paralelo entre o que está previsto no Brasil e em Portugal.

---

6. STF, ADIn nº 521, MT. Rel. Min. Paulo Brossard, Tribunal Pleno, j. em 7.2.1992, *DJ* de 24.4.1992.

Por derradeiro, é importante observar que a consideração de que a revogação está presente em se tratando de leis inconstitucionais faz com que se manifeste também quando ocorre a declaração de inconstitucionalidade sem redução de texto, a declaração de inconstitucionalidade sem pronúncia de nulidade e a interpretação conforme a Constituição, pois em todas as situações descritas a norma perde parte de sua eficácia.

3.20. REVOGAÇÃO POR FORÇA DO ADVENTO DE UMA MEDIDA PROVISÓRIA

Na mesma linha da discussão efetuada a respeito da existência de revogação das leis inconstitucionais colocam-se as seguintes considerações de Zeno Veloso (2005, p. 47-8) acerca da edição de medidas provisórias pelo Presidente da República em caso de relevância e urgência.

> Entrando em vigor, desde que editadas, com força de lei, pode haver conflito entre a medida provisória e a lei anterior que regule o mesmo assunto. Não se pode falar em revogação, pois a medida provisória tem existência precária. Possui força de lei, mas não é lei, enquanto não for convertida em lei pelo Congresso. Mas, é claro, não pode continuar vigorando a legislação anterior conflitante. A lei anterior, então, tem a sua *eficácia suspensa*, considerando-se revogada, definitivamente, quando a medida provisória se transformar em lei. Mas há autores que, ao contrário, acham que a medida provisória *revoga* a legislação anterior com ela conflitante, tratando-se, todavia, de uma revogação sujeita a uma condição resolutiva, isto é, se a medida provisória não for convertida em lei, a revogação fica sem efeito e restaura-se o direito anterior, ocorrendo a repristinação, e este posicionamento, inclusive, é o do STF (ADInMC nº 221-0-DF, relator Ministro Moreira Alves). No fim de todas as contas, as situações seriam semelhantes, o que faz com que a discussão pareça acadêmica, cansativa. Penso que apresenta maior coerência e rigor técnico a tese de que a medida provisória, como ato normativo primário e *provisório*, possuindo, desde logo, força de lei, mas sem ser, ainda, lei, somente *paralisa* ou *suspende* a eficácia da legislação anterior e, não sendo, afinal, convertida em lei, a legislação anterior volta a vigorar, em sua plenitude. Os autores que dizem que a medida provisória *revoga* a lei anterior com ela conflitante opinam, também, que no caso de rejeição ou perda de eficácia da medida provisória, é *restaurada* a lei anterior. Ora, se revogação tivesse havido, não se poderia cogitar de repristinação automática, nos termos do art. 2º, § 3º, da LICC (...). E não adianta, para fugir do impasse, mudar o nome do fenômeno, chamando-o de 'restauração' de eficácia da lei anterior, pois, se esta tivesse sido revogada – no sentido próprio e técnico do vocábulo –, o retorno de sua vigência é, no fundo, substancialmente, repristinação, que não se presume. Insisto: a lei revogada só volta a viger, só pode reviver se uma nova lei expressamente o determinar.

Como bem exposto por Zeno Veloso, como a revogação é realizada unicamente por outra lei, não há como considerar que a edição de uma medida provisória revogue as leis que a contrariem, sendo mais correto dizer simplesmente que houve a suspensão da eficácia das leis que foram por ela prejudicadas, como ocorre quando a competência legislativa dos entes federativos é concorrente, já que uma medida provisória não é, na essência, uma lei, embora seja dotada dos mesmos efeitos.

Ademais, como a medida provisória pode deixar de ser convertida em lei é no mínimo estranho dizer que houve uma revogação condicional e, consequentemente, que a lei revogada poderá ser restaurada, consagrando-se, assim, uma hipótese de repristinação. Lembramos, contudo, que o entendimento que estamos defendendo requer que consideremos que a revogação opera também no plano da existência e, por isso, todas as vezes que determinado comando normativo interferisse apenas no plano da eficácia não seria possível falar tecnicamente em revogação e sim em suspensão integral ou parcial dos efeitos de uma norma, mesmo que abstratamente falando.

De qualquer forma, não há que se falar que a medida provisória revoga a lei, uma vez que a lei somente pode ser revogada por outra lei (paralelismo de forma), o que ocorrerá, efetivamente, apenas quando a medida provisória for convertida em lei.

> **§ 3º.** Salvo disposição em contrário, a lei revogada não se restaura por ter a lei revogadora perdido a vigência.

Quando a Lei de Introdução às Normas do Direito Brasileiro prevê que a lei revogada não se restaura por ter a lei revogadora perdido a vigência está tratando da repristinação, que representa o retorno a uma situação anterior, como bem coloca De Plácido e Silva (1993, p. 106), ao comentar o significado da palavra repristinatório:

> Palavra formada da partícula latina *re* (retrocesso, oposição) e de *pristinus* (antigo, de outro tempo, precedente), é tida, na terminologia jurídica, no sentido de *retorno ao antigo, volta ao passado, adoção de preceito que já não se encontrava em voga*. Assim, *repristinatório* diz propriamente respeito à eficácia de certa regra, já posta à margem, e que se revigorou, direta ou indiretamente.

Da mesma forma, Antonio Chaves (1982, p. 77) ressaltou, em poucas palavras, o que significa repristinação, valendo-se, para tanto, das seguintes considerações: "Etimologicamente, é palavra formada do prefixo latino 're' (fazer de novo, restaurar, refazer) e 'pristinus', anterior, antigo, primitivo, significando pois, retorno ao antigo, restauração do primitivo".

Para que se possa compreender melhor o que está posto na Lei de Introdução às Normas do Direito Brasileiro é interessante trabalhar com o seguinte exemplo: uma determinada lei, que para facilitar a compreensão identificaremos como "Lei A", que estava em vigor, foi revogada posteriormente por outra, a "Lei B". Posteriormente, porém, a "Lei B" é revogada pela "Lei C". Como a "Lei B", que havia revogado a "Lei A", foi também revogada, surge, então, a seguinte indagação: a "Lei A" voltará a vigorar? Em outras palavras, a "Lei C", por haver revogado a "Lei B", lei revogadora da "Lei A", restaura a vigência da "Lei A"?

Para responder à indagação formulada, é preciso, antes de qualquer colocação, ressaltar que somente se discute, no exemplo colocado, a possibilidade de restauração da "Lei A" se não conflitar com a "Lei C". De fato, somente é possível que uma lei preveja a repristinação de uma lei anteriormente revogada se não conflitar, integralmente ou parcialmente, com os seus dispositivos, pois, do contrário, a previsão de repristinação será inócua.

Se for entendido que a lei revogada não se restaura por ter a lei revogadora perdido a vigência, como colocado no dispositivo em exame, está se afastando a repristinação, uma vez que não haverá o retorno ao estado anterior. De fato, o ordenamento jurídico pátrio rejeita, a princípio, a repristinação.

A propósito, quando não existe o afastamento expresso da repristinação, há quem entenda que "a lei revogada torna a vigorar a partir da revogação da lei que a aboliu, se contemporaneamente não se estabeleceram regras relativas à mesma matéria" (SERPA LOPES, 1989, p. 82).

Na realidade, o ordenamento jurídico brasileiro não rejeita a repristinação, uma vez que a própria Lei de Introdução às Normas do Direito Brasileiro estabelece que, *salvo disposição em contrário*, a lei revogada não se restaura por ter a lei revogadora perdido a vigência. O que está previsto, apenas, é que a restauração não é automática, devendo ser expressamente prevista pelo legislador (*repristinação expressa ou por determinação legislativa*).

Um aspecto interessante da repristinação é que a

> previsão da lei nova restaurando a lei antiga, ainda quando aplicada a um determinado caso concreto, não se dará com base na lei antiga apenas, pois estará também conjugada à lei nova quanto ao dispositivo que expressamente a restaurou. Dessa forma, a lei antiga nunca mais incidirá, por força própria, a um determinado caso concreto (BETIOLI, 2011, p. 104).

Lembrar desse aspecto é fundamental, pois nos leva a concluir, logicamente, que, uma vez revogada a lei que determinou a repristinação, a lei restaurada perderá novamente a vigência.

O que foi afastado em nosso ordenamento jurídico, por uma questão de segurança jurídica, é a restauração da lei antiga, a lei revogada, por se restaurarem as condições que constituíam o pressuposto para a sua existência (SERPA LOPES, 1989, p. 82), hipótese que doutrinariamente é denominada *repristinação tácita ou implícita*.

Por sinal, há quem defenda que somente existe repristinação propriamente dita se houver "a restauração automática de uma lei já revogada pelo fato de se revogar aquela lei que a revogara" (DAIBERT, 1971, p. 59). Contudo, essa interpretação restritiva não pode ser aceita, já que repristinar significa retornar, restaurar, revigorar, voltar ao passado, o que, em se tratando de leis, pode ocorrer de maneira tácita ou expressa.

Ao considerar que a restauração da lei revogada deve ocorrer de maneira expressa,

> Entendeu, o legislador, com acerto, que a repristinação é medida inconveniente e inadequada, uma vez que a automática restauração de uma lei já revogada representa, no mais das vezes, um retrocesso na regulação da vida em sociedade, pois a lei revogada é o resultado de um tratamento de um determinado aspecto da convivência humana que já se mostrou ultrapassado e que não mais atendia à sociedade, tanto que foi extirpada do mundo jurídico. (...)
>
> Naturalmente que, se houver o consenso de que a antiga regulação deva ser restaurada, que a mudança operada não foi a mais apropriada e que é oportuno reviver a antiga

norma, que isto seja expresso, que a própria lei revogadora estabeleça que a antiga lei será restaurada.

Assim, não há, em nosso direito, a repristinação, entendida esta como a automática restauração de uma lei revogada pela revogação da lei que lhe revogou, uma vez que não havendo uma nova disciplina da matéria tratada pela lei que ora se revoga, mas nada impede que a lei revogadora expressamente consigne que a lei que havia sido revogada anteriormente volte a ter vigência. (FRANCISCO, 2005, p. 24-5).

A possibilidade de repristinação manifesta-se nas hipóteses de ab-rogação (ou revogação integral de uma lei) ou derrogação (revogação parcial de uma lei), uma vez que, nos dois casos, uma lei deixou de existir por ser incompatível com uma norma posterior.

Portanto, é possível que a lei revogada, total ou parcialmente, venha a recuperar sua autoridade, voltando, desta forma, a produzir efeitos, por ter desaparecido, da esfera jurídica, a lei que a havia revogado e a repristinação tiver sido expressamente prevista.

3.21. FUNDAMENTO PARA A REPRISTINAÇÃO

A previsão de que uma lei revogada voltará a vigorar encontra fundamento, em especial, na necessidade de garantir a imediata disciplina de um assunto, eliminando, assim, uma nova elaboração legislativa acerca da matéria ou simplesmente diminuindo os temas que devem ser disciplinados.

Em especial, a restauração da lei revogada permite que o legislador seja o responsável pela disciplina da matéria, uma vez que, havendo omissão legislativa, o intérprete e o aplicador do direito podem se valer dos diferentes mecanismos de integração da ordem jurídica, que transferem, do Poder Legislativo para o Poder Judiciário e para o Poder Executivo, o preenchimento das lacunas, conferindo-lhes um amplo poder, sobretudo quando são utilizados os princípios. Desse modo, a repristinação pode ter, como meta, também, assegurar a preponderância do Poder Legislativo na atividade de criação jurídica.

3.22. QUESTÕES ENVOLVENDO A REPRISTINAÇÃO

O fato de existir previsão expressa de restauração de uma lei anteriormente revogada, a denominada repristinação, não afasta, porém, algumas discussões, dentre as quais as seguintes: a) quando a lei restaurada voltará a vigorar? b) pode ser previsto um período de *vacatio legis* para que a lei restaurada volte a vigorar? c) a lei restaurada pode disciplinar situações que se colocam entre a sua revogação e a sua restauração?

Entendemos que as questões colocadas podem ser resolvidas da seguinte forma:

a) Quando a lei restaurada voltará a vigorar?

A lei restauradora é que definirá o momento em que a lei restaurada voltará a vigorar. Sendo assim, não há como prever, abstratamente, o momento em que se dará efetivamente a repristinação. Contudo, é óbvio que a lei restaurada não poderá violar o direito adquirido, o ato jurídico perfeito e a coisa julgada.

b) **Pode ser previsto um período de** vacatio legis **para que a lei restaurada volte a vigorar?**

Na realidade, o correto é que seja previsto um período de *vacatio legis* para que a lei restaurada volte a produzir efeitos, uma vez que a Lei Complementar nº 95, de 26 de fevereiro de 1998, que dispõe sobre a elaboração, a redação, a alteração e a consolidação das leis, estabelece, em seu art. 8º, *caput*, que "a vigência da lei será indicada de forma expressa e de modo a contemplar prazo razoável para que dela se tenha amplo conhecimento, reservada a cláusula 'entra em vigor na data de sua publicação' para as leis de pequena repercussão". Aliás, a necessidade de que se estabeleça um prazo para o conhecimento da lei também é aplicável às leis restauradas, sobretudo quando foram revogadas há bastante tempo, são extensas, vigoraram durante pouco tempo, versam sobre assuntos de difícil compreensão etc.

c) **A lei restaurada pode disciplinar situações que se colocam, no tempo, entre a sua revogação e a sua restauração?**

A regra é que a lei tenha efeito imediato e futuro (*ex nunc*). Entretanto, nada impede que a lei tenha caráter retroativo (*ex tunc*), desde que não atinja o direito adquirido, o ato jurídico perfeito e coisa julgada. Todavia, a aplicação retroativa de uma lei deve ser plenamente justificável, uma vez que eventual ofensa ao princípio da razoabilidade levará ao seu afastamento.

Ainda em relação à restauração, é também interessante discorrer a respeito do seguinte problema: qual o número que deverá ser atribuído à lei restaurada? Embora a Lei Complementar nº 95, de 1998, há pouco mencionada, estabeleça que as leis terão numeração sequencial (art. 2º, § 2º), como não se trata de uma lei nova, mas simplesmente de uma lei que foi "ressuscitada", o mais adequado é a manutenção da sua numeração originária, acompanhada da expressão "restaurada pela Lei...".

Na análise da repristinação, merece destaque, também, a sua distinção em relação à suspensão temporária da lei. De fato, a repristinação pressupõe que a norma tenha sido anteriormente revogada e posteriormente foi restaurada, enquanto que na suspensão, a norma fica somente com a eficácia suspensa, não ocorrendo a sua revogação. Sendo assim, a partir do momento em que desaparece a causa de suspensão, a lei volta a produzir efeitos.

A propósito, a suspensão da eficácia de uma lei somente pode ser prevista em outra lei (paralelismo), a fim de que seja preservada a estrutura do ordenamento jurídico, assim como a previsão legislativa existente a respeito do assunto. Desse modo, quaisquer outras espécies de normas, como as costumeiras, não têm o condão de suspender a eficácia da lei. Ademais, a proibição abrange as normas secundárias, como os decretos e os regulamentos, que também não podem suspender uma lei.

Não afeta a conclusão apresentada, a possibilidade de uma norma ter a sua eficácia suspensa em virtude de uma medida cautelar, presentes o *fumus boni iuris* (fumaça do bom direito) e o *periculum in mora* (perigo da demora), por se considerar que há fortes indícios de inconstitucionalidade ou ilegalidade, pois o que conduz à suspensão da lei, na realidade, não é a decisão judicial, mas sim o fato de ferir outro comando jurídico.

Por derradeiro, recordamos que a vedação à repristinação, e o próprio instituto, não se aplicam aos casos em que a lei é declarada inconstitucional, já que neste caso a lei é considerada inválida desde o seu advento (efeito *ex tunc* da declaração de inconstitucionalidade) e, consequentemente, não há que se falar em restauração de uma lei anteriormente revogada. Por sinal, o mesmo entendimento é seguido em relação às normas de caráter secundário, como os regulamentos, quando ferem a lei. Em suma, a declaração de inconstitucionalidade ou de ilegalidade produz efeitos desde a entrada em vigor da norma que tenha sido declarada inconstitucional ou ilegal e, desta forma, não há que se falar que houve a restauração de uma norma anteriormente revogada.

A postura observada, em nosso ordenamento jurídico, a respeito da interferência da declaração de inconstitucionalidade sobre as leis por ela atingidas, é diferente da seguida pela Constituição de Portugal, que em seu texto prevê que "a declaração de inconstitucionalidade ou de ilegalidade com força obrigatória geral produz efeitos desde a entrada em vigor da norma declarada inconstitucional ou ilegal e determina a repristinação das normas que ela, eventualmente, haja revogado" (art. 282º, 1).

Portanto, enquanto no Brasil é adotado o entendimento de que não há a restauração da lei revogada por ter a lei revogadora sido declarada inconstitucional, já que a inconstitucionalidade atinge a norma em seu nascedouro, evitando, assim, que possa produzir quaisquer efeitos, salvo previsão em contrário, em Portugal, essa hipótese também está incluída no contexto da repristinação, o que acaba sendo importante para que possa trabalhar com os efeitos jurídicos que foram produzidos pela lei declarada inconstitucional.

Em outras palavras, quando apontamos, no Brasil, que a norma considerada inconstitucional deixou de produzir efeitos desde o seu nascedouro temos dificuldade para explicar como ficam juridicamente os atos que foram praticados durante o período que antecedeu a declaração de inconstitucionalidade, pois teríamos que discipliná-los pela lei anterior, agora não mais considerada revogada, e a mesma pode ser omissa a respeito de um assunto ou tratá-lo de maneira completamente diferente. De forma diversa, quando Portugal aponta que a lei declarada inconstitucional revogou as normas anteriormente existentes, produzindo, assim, efeitos, fica mais fácil buscar uma solução para os problemas que possam surgir em razão da declaração de inconstitucionalidade da norma que estava sendo anteriormente observada.

Aproveitando o ensejo, é interessante observar que a preocupação com a disciplina das relações jurídicas que surgiram durante o período em que a lei declarada inconstitucional foi aplicada levou o constituinte português a prever, em primeiro lugar, que no caso de declaração "de inconstitucionalidade ou de ilegalidade por infracção de norma constitucional ou legal posterior, a declaração só produz efeitos desde a entrada em vigor desta última" (art. 282º, 2). Ademais, o constituinte português estabeleceu que a segurança jurídica, a equidade ou o interesse público de excepcional relevo, a serem reconhecidos de maneira fundamentada, poderiam levar o Tribunal Constitucional a fixar os efeitos da declaração de inconstitucionalidade a um alcance mais restrito (art. 282º, 4), representado, genericamente, pela concessão do efeito *ex nunc* à declaração de inconstitucionalidade.

Vale reiterar que essa solução intermediária também acabou sendo prevista no ordenamento jurídico pátrio quando houve a disciplina da Ação Direta de Inconstitucionalidade e da Ação Declaratória de Constitucionalidade perante o Supremo Tribunal Federal por parte da Lei nº 9.868, de 10 de novembro de 1999, cujo art. 27 estabeleceu que:

> Ao declarar a inconstitucionalidade de lei ou ato normativo, e tendo em vista razões de segurança jurídica ou de excepcional interesse social, poderá, o Supremo Tribunal Federal, por maioria de dois terços de seus membros, restringir os efeitos daquela declaração ou decidir que ela só tenha eficácia a partir de seu trânsito em julgado ou de outro momento que venha a ser fixado.

Nas duas situações descritas, o que se buscou, fundamentalmente, foi o estabelecimento de mecanismos que possibilitassem disciplinar, da melhor maneira possível, as relações jurídicas que foram construídas durante o período em que a lei declarada inconstitucional foi utilizada.

3.23. RECEPÇÃO E DESCONSTITUCIONALIZAÇÃO

Faremos breves considerações, agora, a respeito da recepção e da desconstitucionalização, dois institutos fundamentais do Direito Constitucional, por guardarem relação com a repristinação, uma vez que importam também no aproveitamento de normas jurídicas, embora com ela não se confundam.

A recepção ocorre quando surge uma nova Constituição e as normas jurídicas que já existiam quando do seu advento são consideradas por ela aceitas, recepcionadas, embora tivessem sido elaboradas quando estava em vigor outro texto constitucional, situação que abrange, por exemplo, a Lei de Introdução às Normas do Direito Brasileiro, que foi elaborada sob a égide da Constituição brasileira de 1937 – na época denominada Constituição dos Estados Unidos do Brasil – e recepcionada pelas constituições posteriores, inclusive pela atual.

Há, ainda, outra questão importante relacionada à recepção da Lei de Introdução às Normas do Direito Brasileiro. Trata-se do fato de que se exterioriza por meio de um decreto-lei, espécie legislativa que desapareceu com o advento da Constituição de 1998, que a substituiu, como algumas alterações, pela medida provisória.

O que justifica a recepção é a necessidade de garantir a continuidade das relações jurídicas, uma vez que se tivéssemos que elaborar novamente toda a legislação infraconstitucional, assim como os textos dotados de supralegalidade, a lacuna ou hiato normativo traria sérios prejuízos, especialmente no que se refere à certeza e à segurança jurídicas.

Quanto à desconstitucionalização, surge também com o advento de uma nova Constituição. Neste caso, porém, as normas que são aproveitadas são as que figuravam no texto constitucional anterior e que não são incompatíveis com o novo. Todavia, para que ocorra o aproveitamento é preciso que a situação esteja expressamente prevista no novo texto constitucional.

Ao serem aproveitadas, as normas anteriormente constitucionais passam para o plano infraconstitucional, adquirindo o *status* de lei ordinária, salvo previsão em sentido contrário, o que justifica a utilização, por parte da doutrina, da palavra desconstitucionalização.

4 INESCUSABILIDADE DO DESCONHECIMENTO DA LEI

> **Art. 3º.** Ninguém se escusa de cumprir a lei, alegando que não a conhece.

De acordo com o art. 3º da Lei de Introdução às Normas do Direito Brasileiro, ninguém pode utilizar como desculpa (escusa) para o descumprimento de uma lei o fato de que não a conhecia ou a conhecia apenas parcialmente, como ressaltado na seguinte passagem:

> Seguindo-se a regular publicação da lei, para manifestar a possibilidade de seu conhecimento aos habitantes, a força obrigatória da lei ou do ato normativo não fica, de modo algum, dependente da realização deste objetivo, isto é, da efetiva ciência da população abrangida e sujeita aos efeitos da norma jurídica. (CARRIDE, 2004, p. 85).

Ao contrário, todos estão obrigados a cumprir, integralmente, todas as leis existentes. Com efeito, "a presunção de que [a lei] é conhecida por todos abrange até os analfabetos, até mesmo as pessoas que residem em local ermo, com acesso remoto e difícil a cidade ou vilarejo" (CARRIDE, 2004, p. 85).

Por sinal, mesmo a eventual inexatidão formal – deixou de lado as regras técnicas de elaboração, redação e alteração das leis, como a necessidade de que a lei não contenha matéria estranha a seu objeto ou a este não vinculada por afinidade, pertinência ou conexão – não constitui escusa válida para o seu descumprimento, desde que tenha sido elaborada mediante processo legislativo regular (art. 18 da Lei Complementar nº 95, de 26 de fevereiro de 1998).

Essa previsão de que todos conhecem a lei é aplicável a todos os ramos do Direito, sendo que, em matéria penal, há um dispositivo semelhante ao comando da Lei de Introdução às Normas do Direito Brasileiro, também prevendo que o desconhecimento da lei é inescusável (art. 21, *caput*, do CP).

4.1. EFEITOS DO DESCONHECIMENTO DA LEI EM MATÉRIA PENAL E CIVIL

Embora o legislador tenha previsto que o desconhecimento da lei não pode ser utilizado como escusa, o fato serve, em alguns casos, expressamente previstos, para atenuar os rigores da lei ou mesmo para afastar os seus efeitos, conforme será visto na sequência.

Começando pela esfera penal, o inciso II do art. 65 do CP (Decreto-Lei nº 2.848, de 7 de dezembro de 1940) prevê que o desconhecimento da lei é uma circunstância que sempre atenua a pena.

O principal fundamento para a atenuação do princípio da obrigatoriedade da lei na esfera penal é a necessidade de se garantir a individualização da pena (art. 5º, XLVI, da CF), sendo que um dos fatores que devem ser considerados para tanto é a culpabilidade do agente (art. 59 do CP).

Em matéria civil, por sua vez, o Código Civil (Lei nº 10.406, de 10 de janeiro de 2002), aponta que uma das causas para a anulação do negócio jurídico é o erro de direito, desde que não implique recusa à aplicação da lei.

Em outras palavras, não se pode invocar o desconhecimento da lei, mas apenas o fato de não se conhecer ao certo o seu sentido e alcance (interpretação e aplicação equivocadas), desde que, à luz do caso concreto, a postura seja justificável, como prevê o Código Penal brasileiro ao aduzir que o erro sobre a ilicitude do fato – que ocorre quando o agente atua ou se omite sem a consciência da ilicitude do fato, quando lhe era possível, nas circunstâncias, ter ou atingir essa consciência – se inevitável, isenta de pena; se evitável, poderá diminuí-la de um sexto a um terço (art. 21, *caput*).

Sob o aspecto jurídico, as escusas aceitas estão enquadradas no contexto do erro de fato e do erro de direito, desde que, no caso concreto, não possam ser evitados, estando, assim, amparados pelo princípio da razoabilidade.

O erro de direito está relacionado à inexata compreensão de um comando jurídico, no que se refere ao seu sentido e alcance. A norma é conhecida, ao menos se presume, mas é interpretada de maneira equivocada.

No erro de fato também não se discute se a norma era ou não conhecida, pois a justificativa para a sua inobservância é a alegação de que não se conhecia corretamente os fatos em que incidia.

Como encerramento, é importante ressaltar que não se enquadra como justificativa para a inobservância de uma lei o fato de se tratar de uma conduta considerada juridicamente insignificante, de menor importância ou de bagatela. De fato, a circunstância de algumas decisões judiciais na esfera penal preverem que não se justifica a aplicação da pena quando a conduta apresenta um potencial lesivo insignificante, em relação ao bem jurídico tutelado, não significa que se afastou a presunção de conhecimento da norma penal (do preceito primário), mas se está reconhecendo que, no caso concreto, não se justifica a aplicação da pena abstratamente prevista pelo legislador (preceito secundário).

4.2. PRINCÍPIO DA OBRIGATORIEDADE DA LEI

Ao prever que todas as pessoas estão obrigadas a cumprir as leis, não servindo como escusa um eventual desconhecimento, o legislador considerou que todas as pessoas são dotadas de capacidade de compreensão e entendimento, sendo indiferente o sexo, a idade, a condição social, econômica, cultural etc. Na verdade, admite eventuais exceções, que afastam a eficácia da lei, desde que expressamente previstas, como há pouco salientado, como ocorre em matéria penal em que se considera o menor de dezoito anos penalmente inimputável.

Portanto, para que o desconhecimento ou a incorreta interpretação de uma lei possam ser utilizados como escusa é preciso que a situação tenha sido expressamente reconhecida pelo legislador, como aduz o art. 8º da Lei das Contravenções Penais (Decreto-Lei nº 3.688, de 3 de outubro de 1941), dotado do seguinte texto: "No caso de ignorância ou errada compreensão da lei, a pena pode deixar de ser aplicada".

Essa previsão genérica e abstrata de que todos conhecem a lei, quando isoladamente considerada, afronta o princípio da igualdade em sua vertente substancial, real ou material, que impõe que situações diferenciadas recebam um tratamento distinto. Todavia, como a presunção é essencial para a própria manutenção da ordem jurídica, inclusive das normas constitucionais, deve se sobrepor à análise de situações individualizadas (ponderação de interesses) e, desta forma, prevalecer.

É muito interessante a respeito da impossibilidade de se alegar o desconhecimento da lei o art. 376 do novo Código de Processo Civil (Lei nº 13.105, de 16 de março de 2015), que prevê que o juiz pode determinar, à parte que alegou em seu benefício direito municipal, estadual, estrangeiro ou consuetudinário, que comprove o seu teor e vigência, pois se não existe a obrigação de o juiz conhecer as fontes mencionadas, o mesmo, obviamente, deverá ser observado em relação às demais pessoas. É como se disséssemos que a presunção de conhecimento da lei somente opera em relação ao Município, Estado e País em que a pessoa está domiciliada e não se aplica em relação aos costumes. Em decorrência do exposto, é imperioso concluir que o art. 376 do novo Código de Processo Civil é inconstitucional por ofender o princípio da segurança jurídica.

Por ressaltar a obrigatoriedade da lei, não admitindo que possam ser apresentadas exceções ao seu cumprimento, particularmente o fato de a pessoa desconhecê-la, salvo nas hipóteses expressamente previstas pelo legislador como aptas a afastar, a restringir ou a atenuar os efeitos de uma lei, o dispositivo em exame reflete o *princípio da obrigatoriedade da lei*.

A obrigatoriedade da lei, porém, somente surge a partir do momento em que é publicada e, caso tenha sido previsto, tenha decorrido o período de *vacatio legis*, uma vez que a lei somente é obrigatória quando está em vigor.

No que se refere à publicação, sem a sua realização não é possível presumir que os destinatários da lei a conheçam e, assim, que estão obrigados a observá-la quando entrar em vigor.

4.3. CONSIDERAÇÕES IMPORTANTES A RESPEITO DA OBRIGATORIEDADE DA LEI

Acerca da obrigatoriedade da lei, merecem ser realizadas, de imediato, três importantes considerações. A primeira diz respeito ao sentido da palavra lei; a segunda, ao seu alcance e a terceira, aos destinatários dos seus comandos. No que se refere ao primeiro aspecto, o sentido da palavra lei, está colocada, no texto, com o significado de Direito ou normas jurídicas. Em outras palavras, como a lei é apenas uma das fontes do direito, convivendo ao lado de outras, como os costumes, é importante que fique claro que o texto requer uma interpretação teleológica ou finalística para que seja adequadamente compreendido. Desse modo, é possível dizer, por exemplo, que ninguém pode apresentar como desculpa para o descumprimento das normas jurídicas o fato de que não as conhecia. Tendo sido apontado que o dispositivo veda que se alegue o desconhecimento do Direito (ou das normas jurídicas) como justificativa para a sua inobservância, surge, na sequência, a necessidade de que se aponte qual é o Direito ou quais são as normas jurídicas que devem ser obrigatoriamente seguidas. Como o preceito que impõe a obrigatoriedade do Direito decorre do poder de império ou soberania do Estado brasileiro, abrange, em seu âmago, apenas as normas jurídicas que integram o ordenamento jurídico brasileiro ou, dito de outra forma, o Direito brasileiro. Quanto aos destinatários do preceito, são todas as pessoas físicas e jurídicas que mantenham contato com a ordem jurídica brasileira, independentemente de sua nacionalidade ou local de domicílio. Em suma, a obrigatoriedade da norma recai sobre todas as pessoas físicas e jurídicas, ressalvadas, na primeira hipótese, as situações em que se exija a capacidade de compreensão e entendimento do intérprete, como ocorre em matéria penal, que atingem a eficácia da lei no caso concreto.

4.4. JUSTIFICATIVAS PARA A OBRIGATORIEDADE DA LEI

Tradicionalmente, a obrigatoriedade da lei encontra justificativa em três teorias (GONÇALVES, 2008, p. 46). A primeira, baseada na ideia de presunção, considera que, uma vez publicada, a lei passa a ser conhecida de todos e, desta forma, não é possível que, ao entrar em vigor, alguém alegue que não a conhecia para afastar o seu cumprimento. A presunção, no caso, é considerada absoluta, uma vez que não admite prova em sentido contrário. Ou seja, não se aceita que, em situações concretas, seja demonstrado que a pessoa – física ou jurídica – desconheça o teor, o sentido ou mesmo o alcance da lei. Por sinal, é interessante observar que Eduardo Espinola (1977, p. 148) defendeu ser inútil alegar a impossibilidade subjetiva de conhecimento das leis, já que se presume que todas as pessoas podem vir a conhecê-las. Essa primeira teoria é conhecida como *teoria da presunção de conhecimento das leis*. Outra teoria, comumente mencionada, encontra suporte na ficção, na imaginação. Neste caso, embora se reconheça que é impossível que as pessoas conheçam a todas as leis, imagina-se que esse conhecimento esteja presente. Transforma-se, assim, algo irreal em real, fingindo-se, simplesmente, que o conhecimento integral das leis é possível. Essa segunda teoria é denominada *teoria da ficção*. Por fim, há uma terceira teoria que, na sua essência, também deixa implícito que é impossível que as pessoas conheçam a todas as leis, como ressaltado pela teoria da ficção, mas considera que, por uma questão de necessidade social, não pode ser admitido que as pessoas afastem a aplicação da lei ao sustentar que não a conhecem. Essa terceira teoria é conhecida como *teoria da necessidade social*.

Das três teorias citadas, a mais importante, sob o aspecto jurídico, é, sem dúvida, a *teoria da necessidade social*, já que somente o interesse social, que, pode se manifestar, por exemplo, na necessidade de preservação do ordenamento jurídico, é que pode justificar a afirmação de que ninguém pode utilizar como desculpa para o descumprimento de uma lei a alegação de que não a conhecia. De fato, com a quantidade de leis existentes não é razoável acreditar que todas as pessoas, independentemente de seu nível intelectual, sua formação jurídica, a quantidade de informações que lhe são transmitidas etc., possa conhecer todas as leis. Na realidade, nenhuma pessoa consegue conhecer todas as leis existentes. Portanto, é a defesa do interesse social que, em linhas gerais, justifica a obrigatoriedade de todas as leis, para todas as pessoas, embora possa assumir outras roupagens, como a alegação de que a obrigatoriedade das leis decorre da segurança jurídica, da impossibilidade de submeter o conhecimento a uma análise subjetiva, da preservação da ordem jurídica, da defesa do Estado de Direito.

Ainda em relação ao possível fundamento para a obrigatoriedade da lei merecem destaque as seguintes considerações de Goffredo Telles Junior (2008, p. 195), por fugirem do enfoque tradicionalmente apresentado ao assunto:

> A nosso ver, porém, nenhuma ficção existe no citado art. 3º. Tal artigo não exprime a presunção de que todos conhecem as leis. Nele, o que existe é uma proibição. Não a proibição de ignorar a lei, mas a proibição de pretender alguém furtar-se ao cumprimento da lei *com a alegação de que não a conhecia*. O que o art. 3º determina – eis o importante – é que tal alegação, verdadeira ou falsa, *não pode ser levada em conta pelo juiz*, nos conflitos judiciais entre os interesses dos violadores da lei e os interesses dos lesados pelas violações.

Com o devido respeito que o ilustre doutrinador merece, suas considerações apenas desviam o foco do problema. Deveras, o que a doutrina em geral procura ressaltar, ao estudar a obrigatoriedade da lei, é qual o seu fundamento. Sendo assim, ao dizer que o dispositivo em exame consagra apenas a proibição de ignorar a lei não se acrescenta nada à solução do problema, uma vez que não se aponta qual o fundamento dessa obrigatoriedade.

A obrigatoriedade das leis existentes é considerada tão importante para a ordem jurídica que se encontra expressa no seguinte brocardo ou máxima jurídica: *ignorantia legis neminem excusat*, que significa, basicamente, que a ignorância, o desconhecimento de uma lei não pode ser alegado como desculpa para que deixe de ser observada.

Não é necessário um maior esforço para concluir que haveria um verdadeiro caos se pudesse ser aceita a alegação de desconhecimento como uma escusa para a inobservância das leis, como bem ressaltam Caramuru Afonso Francisco e Zeno Veloso, pela ordem, nas seguintes passagens:

> Se alguém pudesse escapar à aplicação do direito simplesmente alegando a ignorância de uma norma, dificilmente ter-se-ia a disciplina da convivência humana, porquanto cada um somente seguiria uma norma jurídica quando bem lhe conviesse e sempre que se tives-

se que aplicar o direito, teria, o órgão encarregado de sua imposição, de ter de demonstrar o conhecimento da lei por parte do resistente, uma circunstância que, fatalmente, geraria, em brevíssimo tempo, uma situação totalmente insustentável e que caminharia, inevitavelmente, para a anomia, ou seja, a total extinção da sociedade. (FRANCISCO, 2005, p. 25-6).

O princípio da inescusabilidade do desconhecimento da lei, dissemos, decorre de uma necessidade social, é imperativo da ordem, da segurança jurídica. Todos proclamam a sua conveniência e imprescindibilidade. Sem ele, há o risco de implantar-se a balbúrdia, a anarquia. A lei vigente é obrigatória para todos, tem de ser obedecida e cumprida por todos, não sendo levadas em conta as condições subjetivas de cada um. Este é o entendimento milenar sobre a questão. (VELOSO, 2005, p. 73).

De fato, em que pese o entendimento dos anarquistas de que é possível eliminar o Estado, a autoridade, o poder e, consequentemente, as leis das relações sociais, a fim de que desapareça a opressão e a dominação, para que a liberdade possibilite a construção de uma sociedade harmoniosa, na qual os diferentes interesses seriam adequadamente considerados, as normas de conduta são imprescindíveis para os seres humanos. Em verdade, é utópico imaginar que os seres humanos construiriam, de maneira harmoniosa, uma sociedade mais justa se não existisse a autoridade. Ademais, o poder e a dominação são inerentes às relações sociais, mesmo que não se tenha a participação do Estado. Sendo assim, é importante que tenhamos leis e, sobretudo, que reflitam o interesse da sociedade, a fim de que a sua observância não seja uma mera imposição, mas, sim, encontre, em especial, fundamento na razão.

4.5. PROVA DO TEOR E DA VIGÊNCIA DA LEI

Decorre do entendimento de que todos conhecem a lei, a desnecessidade de que o autor e o réu façam a prova em juízo do teor e do alcance do direito alegado em seu benefício, situação que deu origem à afirmação de que o juiz conhece o direito (*jura novit curia*). Aliás, é comum que se afirme que a prova recai sobre fatos e não sobre o direito, situação que se encontra materializada no sistema jurídico processual brasileiro.

No entanto, é interessante notar, como já anteriormente mencionado, que o art. 376 do novo Código de Processo Civil prevê que: "A parte que alegar direito municipal, estadual, estrangeiro ou consuetudinário provar-lhe-á o teor e a vigência, se assim o juiz determinar". No caso, quando se fala em direito está se fazendo menção ao conjunto de normas jurídicas de um Estado, como as leis, os costumes e os regulamentos.

A leitura do dispositivo transcrito permite concluir, como já foi também ressaltado, que o juiz não está obrigado a conhecer a todas as normas existentes e mesmo assim não sofrerá qualquer sanção, já que pode solicitar a quem a invocou que comprove o seu teor e demonstre que está em vigor. Sendo assim, não é razoável aceitar que um comportamento diferente possa ser exigido das demais pessoas, sobretudo quando não possuem formação jurídica.

Contudo, na prática, esse tipo de justificativa não é levantada e mesmo que fosse dificilmente seria aceita, já que colocaria em risco a própria ordem jurídica. Na verdade, existem algumas hipóteses em que se admite a apresentação de escusas para o eventual descumprimento da lei, afastando ou modificando o seu comando normativo ou simplesmente propiciando interpretações mais favoráveis ao interessado.

Essas possibilidades permitem concluir que a aplicação da lei a todas as pessoas, independentemente de efetivamente conhecê-la, não se coloca de maneira absoluta, uma vez que se aceitam algumas escusas, cujo fundamento pode ser a ignorância (ou desconhecimento das situações em que a lei se aplica), que se situa no plano fático, ou a sua errônea interpretação (erro de direito), que se coloca no plano estritamente jurídico.

5 MECANISMOS DE INTEGRAÇÃO DA ORDEM JURÍDICA

> **Art. 4°.** Quando a lei for omissa, o juiz decidirá o caso de acordo com a analogia, os costumes e os princípios gerais de direito.

De acordo com a Lei de Introdução às Normas do Direito Brasileiro, havendo omissão na lei, o juiz deverá utilizar a analogia, os costumes e os princípios gerais de direito para suprir a lacuna e, assim, prestar a tutela jurisdicional.

O dispositivo transcrito coloca a lei como a fonte principal do direito, por ser a primeira a ser utilizada, e as demais fontes arroladas como secundárias ou subsidiárias, por serem utilizadas apenas quando houver omissão da lei.

Mas o quê podemos considerar como lei no dispositivo em exame?

Como genericamente a lei é identificada com a norma, correspondendo, assim, ao conjunto de comandos jurídicos existentes em um ordenamento jurídico, como o brasileiro, fica claro que o legislador, quando trabalhou com a lei no art. 4º pretendeu se referir, a princípio, à lei em sentido estrito, que consiste em "uma disposição de ordem geral, permanente, emanada do Poder Legislativo, sancionada e promulgada pelo Presidente da República, visando a um número indefinido de pessoas e de atos ou fatos" (SERPA LOPES, 1989, p. 61).

Na realidade, podemos ampliar um pouco o contexto da definição apresentada, mantendo, porém, o enfoque na lei em sentido estrito, aduzindo que lei corresponde a um preceito geral e abstrato, emanado do poder competente e dotado de sanção, pois desta forma conseguimos ampliar a abordagem, incluindo as normas constitucionais, as medidas provisórias e as leis delegadas.

Como mencionado inicialmente, a lei é a fonte primária (imediata, principal ou primordial) de comandos jurídicos e as demais fontes descritas são consideradas secundárias (mediatas ou acessórias), tendo em vista que somente são utilizadas se a lei não houver disciplinado um assunto ou matéria ou o disciplinou apenas parcialmente.

Portanto, inicialmente, deve ser observado o direito positivo, posto ou colocado pelo Estado através do legislador, sendo que somente a sua omissão permite o recurso às demais fontes estatais e às reconhecidas ou delegadas, que são dotadas de caráter subsidiário (ou secundário).

Falando especificamente da Lei de Introdução às Normas do Direito Brasileiro, o seu texto impõe que o intérprete e aplicador do direito, em caso de omissão da lei, procure inicialmente um dispositivo análogo que possa ser aplicado ao caso concreto. Não sendo possível recorrer à analogia, deve aferir se existe alguma norma consuetudinária acerca do assunto. Não sendo identificada também uma norma costumeira, somente lhe resta utilizar os princípios gerais de direito. Há, portanto, a previsão de uma ordem preferencial e sucessiva de utilização das fontes normativas, que, contudo, não se compatibiliza mais com o ordenamento jurídico brasileiro, conforme veremos oportunamente.

A decisão do juiz que supre a omissão legislativa é aplicável somente à demanda analisada (limite objetivo) e às partes envolvidas (limite subjetivo), salvo previsão em sentido contrário, a fim de que não ocorra violação ao princípio da separação de poderes, o que fica nítido quando verificamos que o legislador estabeleceu que a supressão da lacuna ocorre quando não existir lei disciplinando o caso concreto (art. 4º da LINDB).

5.1. FONTES DO DIREITO

O art. 4º da Lei de Introdução às Normas do Direito Brasileiro trata de dois assuntos importantíssimos para o Direito, sendo, o primeiro, a descrição e a classificação de suas fontes e o segundo, a maneira como se dará a integração da ordem jurídica. A menção às fontes serve para que se possa identificar de onde se originam os comandos jurídicos e, em última análise, para estabelecer o que é o Direito. Além disso, a delimitação das fontes do Direito é fundamental para a sua correta interpretação e aplicação. No caso, se interpretarmos literalmente a Lei de Introdução às Normas do Direito Brasileiro chegaremos à conclusão de que apenas a lei, os costumes e os princípios gerais de direito são fontes de comandos jurídicos. Essa postura restritiva, porém, é bastante contestada, conforme veremos oportunamente.

A posição de supremacia da lei, que é considerada a fonte imediata e direta de comandos jurídicos, está amparada historicamente em diferentes fatores, dentre os quais os seguintes: 1º) serviu como instrumento para a consolidação do poder dos monarcas; 2º) decorre da vontade geral; 3º) propicia uma maior segurança jurídica; 4º) possibilita que todos recebam o mesmo tratamento jurídico; 5º) reflete a racionalidade humana, por ser fruto da atividade legislativa; e 6º) o texto constitucional reconhece expressamente a posição de supremacia da lei.

Vejamos, portanto, como cada uma das situações descritas contribuiu para que a lei viesse a se destacar no rol de fontes do Direito.

Inicialmente, a primazia da lei, como fonte do Direito, decorreu da necessidade de consolidação do poder pelos monarcas durante a Idade Média. O que se almejava, fundamentalmente, era substituir os costumes, que davam origem a diferentes núcleos de poder, exercidos pelos senhores feudais, por um único centro de emanação de comandos jurídicos, que utilizaria como fonte as leis.

Aduzir que a lei é fruto da vontade geral corresponde a outro importante argumento em prol de sua superioridade em relação às demais normas. Esse fundamento foi apresentado para combater a concentração do poder no soberano, que se autointitulava o representante de Deus na Terra e, desta forma, dotado de um poder absoluto, total, ilimitado. Para tanto, houve a defesa do entendimento de que a elaboração legislativa é uma atividade secular (ou humana) e, sendo assim, é preciso possibilitar, a todas as pessoas, que possam defender os seus interesses através de seus representantes eleitos no Parlamento.

Ressaltar que a lei permite uma maior segurança jurídica também é uma postura comum entre os defensores de sua superioridade em relação às demais fontes. No caso, é feita a contraposição entre, de um lado, a lei e, do outro, os costumes, para apontar que enquanto o segundo é incerto, fragmentado e muitas vezes de difícil identificação, a primeira espécie de fonte garante a precisão, a certeza e a previsibilidade, que são palavras que expressam, em última análise, a segurança jurídica.

O fato de a lei garantir a todos o mesmo tratamento jurídico figura também no conjunto de argumentos a favor de sua supremacia. O que se pretende é demonstrar que afasta privilégios, distinções e discriminações. Contudo, é preciso ter em mente que o tratamento igualitário apenas se justifica quando as situações forem idênticas, uma vez que situações diferentes impõe, da mesma forma, um tratamento diferenciado. Realmente, jamais pode ser esquecido que há duas maneiras de se conceber a igualdade: a) no sentido formal e b) no sentido material. Sob a ótica formal (legal ou abstrata), tratar igualmente as pessoas significa lhes conferir o mesmo tratamento, sendo indiferente que estejam em uma situação ou posição distinta. O oposto ocorre quando a igualdade é apreciada no sentido material (substancial ou real), uma vez que impõe, ao legislador e ao intérprete e aplicador do direito, que olhem para a realidade e confiram um tratamento distinto se a situação for diferenciada.

Quanto à racionalidade, serve como suporte para a superioridade da lei por atrelar a atividade parlamentar à razão, sob a assertiva de que os seres humanos agem racionalmente e essa situação está presente quando da elaboração legislativa.

A afirmação de que o texto constitucional ressalta a superioridade da lei decorre, em especial, da leitura de três dispositivos: o que prevê que o Estado Brasileiro é um Estado de Direito (art. 1º), o que dispõe que todo o poder emana do povo, que o exerce pessoalmente ou por meio de representantes eleitos, nos termos da Constituição (parágrafo único do art. 1º), e, em especial, do art. 5º, II, que dispõe que "ninguém será obrigado a fazer ou deixar de fazer alguma coisa senão sem virtude de lei".

Em relação ao segundo dispositivo citado, que versa sobre o princípio da estrita legalidade, sua vinculação com a supremacia das leis pode ser notada na leitura da seguinte passagem, em que Goffredo Telles Junior (2008, p. 113-4) discorre acerca do assunto:

> O primado do Direito Positivo – o primado das leis – se funda num princípio dominante, inscrito na Constituição Federal, e que se enuncia nos seguintes termos: *"Ninguém será obrigado a fazer ou deixar de fazer alguma coisa senão em virtude de lei"* (art. 5º, II).

Isto significa, afinal, que a norma *contrária* à lei não obriga ninguém a fazer alguma coisa, ou a deixar de fazê-la. Por ser conflitante com o que manda a lei, essa norma *não autoriza* ninguém a exigir o seu cumprimento. *Não autoriza* ninguém a utilizar a aparelhagem competente do Governo, para impor qualquer obediência. Vê-se que tal norma não é *autorizante*. Logo, não é verdadeiramente jurídica. (...)

Nenhuma cláusula de contrato, nenhuma disposição de estatuto, de regimento, de convenção – enfim, nenhum mandamento – será norma *verdadeiramente jurídica* se for contrária ao Direito Positivo. Nenhuma norma é verdadeiramente jurídica quando não harmonizada com esse Direito. Dessa harmonia, desse entrosamento ordenado com o Direito Positivo, é que as normas haurem, por assim dizer, sua validade e eficácia.

Este é o motivo por que o Direito Positivo é o direito fundamental. Ele é, em verdade, o Direito que assegura a unidade de todo o sistema jurídico."

Por fim, lembramos que a lei é tão importante que uma decisão judicial que vier a contrariá-la pode ser objeto de ação rescisória (pode ser rescindida a sentença transitada em julgado que resultar de simulação ou coação entre as partes a fim de fraudar a lei e a que violar manifestamente norma jurídica – art. 966, III e V, do novo CPC), de revisão criminal (a revisão dos processos findos será admitida quando a sentença condenatória for contrária ao texto expresso da lei penal – art. 621, I, do CPP) e é inexigível obrigação reconhecida em título executivo judicial, fundado em lei ou ato normativo considerado inconstitucional pelo Supremo Tribunal Federal, ou fundado em aplicação ou interpretação da lei ou do ato normativo tido pelo Supremo Tribunal Federal como incompatível com a Constituição Federal, em controle de constitucionalidade concentrado ou difuso (impugnação ao cumprimento definitivo da sentença, que reconhece a exigibilidade de obrigação de pagar quantia certa – art. 525, § 12, do novo CPC).

De todos os argumentos descritos, para sustentar a superioridade da lei em relação às demais normas, o mais importante é, sem dúvida, o fato de o texto constitucional a ter colocado em primeiro plano, o que pode ser notado nos três dispositivos mencionados.

5.2. MECANISMOS DE INTEGRAÇÃO

Os mecanismos de integração servem para que o ordenamento jurídico possa se tornar íntegro, completo, sem lacunas, possibilitando-se, assim, que os problemas de natureza jurídica possam ser solucionados a partir de uma norma existente. Realmente, se após fazer a interpretação o juiz – assim como os demais intérpretes – chegar à conclusão de que não há solução para o problema na lei (norma jurídica em sentido estrito) poderá se socorrer das outras fontes previstas, que tornam o ordenamento jurídico completo. Para tanto, o legislador prevê que, havendo omissão nas leis, devem ser utilizados os seguintes mecanismos para o afastamento da lacuna: a) analogia; b) costumes; e c) princípios gerais de direito.

Os mecanismos de integração da ordem jurídica decorrem do princípio da inafastabilidade da jurisdição, que impede que o legislador afaste, da apreciação do Poder Judiciário, lesão ou ameaça a direito, que se encontra materializado, por exemplo, no art. 140, *caput*, do novo CPC, que prevê que o juiz não se exime de decidir sob a alegação de lacuna ou obscuridade do ordenamento jurídico.

Portanto, com a previsão de mecanismos de integração, o legislador procura evitar a denegação da prestação da tutela jurisdicional e, ao mesmo tempo, possibilitar a segurança jurídica, uma vez que se preocupou com a indicação expressa das fontes a serem utilizadas para suprir a omissão das leis.

Diante do quadro normativo apresentado para suprir a omissão da lei, tradicionalmente se aponta que, embora a lei possa ser lacunosa, apresentando omissões, o mesmo não ocorre com a integralidade (ou totalidade) do ordenamento jurídico, no qual é sempre possível encontrar respostas para os problemas jurídicos.

A ideia de completude do ordenamento jurídico é, porém, contestada por inúmeros doutrinadores, que apontam que não há como o legislador prever todas as diferentes situações que possam se manifestar, havendo, assim, lacunas, uma vez que os mecanismos de integração não conseguem preencher todos os vazios. A propósito,

> A lacuna, segundo a classificação de Heck, pode ocorrer nas seguintes circunstâncias: a) lacunas originárias, decorrentes de uma deficiência de previsão, exigindo uma integração no sentido lato; b) lacunas supervenientes, devidas a mudanças nas relações reguladas, que fazem parecer ultrapassada a disciplina da norma e que colocam o intérprete ante a alternativa de uma adaptação da disciplina legal a essas mudanças ou de uma recusa de tomar-lhe conhecimento; c) lacunas de colisão, que colocam a exigência de uma adaptação ou de uma harmonização das normas pré-existentes com as supervenientes (SERPA LOPES, 1989, p. 148-9).

Em relação ao primeiro item da classificação apresentada, referente às lacunas originárias, que são as mais comuns, podem ser voluntárias ou involuntárias, sendo que a primeira hipótese está presente também quando o legislador intencionalmente deixa de disciplinar uma matéria por não se sentir habilitado para tanto ou por não haver consenso, por exemplo.

Atualmente, a discussão a respeito da existência ou não de lacunas perdeu força a partir do momento em que se reconheceu a normatividade dos princípios e se intensificou a utilização de conceitos indeterminados e de cláusulas gerais, que ampliaram, de maneira profunda, os mecanismos de interpretação e aplicação do direito e, consequentemente, a leitura que se fazia acerca das lacunas. A discussão, porém, subsiste e não pode ser considerada superada.

Há, ainda, outro aspecto importante relacionado às lacunas. De fato, o reconhecimento das lacunas impõe quatro soluções: 1ª) o juiz deixa de decidir, a fim de não violar o princípio da separação de poderes; 2ª) a matéria é submetida ao crivo do Poder Legislativo para que seja disciplinada, suspendendo-se, então, o processo que a estava apreciando; 3ª) o juiz constrói uma decisão para o caso concreto, utilizando, como suporte, elementos fornecidos pelo próprio ordenamento jurídico; e 4ª) o juiz cria uma solução para o caso concreto, atuando como se fosse o legislador, embora sua decisão vigore apenas entre as partes. No entanto, como as quatro soluções descritas são consideradas inadequadas, sobretudo quando importam em violação ao princípio da separação de poderes, é comum a defesa do entendimento de que o ordenamento jurídico é completo, que não existem lacunas, juridicamente falando.

5.3. INTEGRAÇÃO E PLENITUDE DA ORDEM JURÍDICA

Como salientado anteriormente, a ordem jurídica é considerada plena por existirem mecanismos que possibilitam a sua integração, suprindo as lacunas ou vazios normativos que pudessem impedir o sistema jurídico de dar respostas para todos os problemas de natureza jurídica que se possam manifestar.

A plenitude é alcançada mediante a conjugação dos comandos previstos nas diferentes leis – princípios e regras – com as previsões normativas de outras fontes que podem ser utilizadas, como os costumes. É por isso que se afirma que a lei pode conter lacunas, mas quando são consideradas as outras fontes existentes desaparece o vazio normativo.

O reconhecimento da plenitude da ordem decorre da necessidade de se assegurar a paz social, que seria atingida com a existência de lacunas, pois comprometeriam a segurança jurídica (BETIOLI, 2011, p. 424). No entanto, o fato de o ordenamento jurídico contar com princípios, prever objetivos, adotar cláusulas gerais e conceitos indeterminados, acabou por torná-lo suscetível a diferentes interpretações, afastando a precisão e a certeza que haviam sido almejadas com a positivação e a defesa do entendimento de que não há lacunas.

5.4. INCLUSÃO DOS PRINCÍPIOS GERAIS NO ROL DE FONTES SECUNDÁRIAS

Outro aspecto muito importante a respeito do rol de fontes do Direito diz respeito à inclusão dos princípios gerais de direito entre as fontes secundárias. No caso, se for entendido que os princípios gerais de direito são extraídos do ordenamento jurídico estatal (conjunto de normas existentes em um Estado) não há como colocá-los numa posição secundária, uma vez que os princípios também são dotados de caráter normativo, figurando ao lado das regras entre as espécies de normas. Sendo assim, esse assunto também merecerá considerações mais profundas, o que será feito quando da análise específica dos princípios.

5.5. LEI EM SENTIDOS ESTRITO E AMPLO

Dentre as fontes de comandos jurídicos mencionadas na Lei de Introdução às Normas do Direito Brasileiro, ocupa, papel de destaque a lei, como anteriormente ressaltado. Mas o que podemos definir como lei?

Comumente, a lei é definida como um preceito geral e abstrato, obrigatório, emanado do poder competente e dotado de sanção.

As diferentes características da lei apresentam os seguintes contornos: a) *preceito*: a lei estabelece, preceitua, determina, aponta como devemos nos conduzir; b) *coman-*

do geral: a lei vincula todas as pessoas, coisas e situações que estiverem incluídas em seu campo normativo; c) *comando abstrato*: a lei, ao menos em geral, não se preocupa com a disciplina de situações concretas, particularizadas, a fim de que possa observar a igualdade; d) *obrigatório*: a lei é considerada obrigatória pelo fato de que seus comandos devem ser seguidos, observados); e) *emanado do poder competente*: os órgãos responsáveis pela elaboração legislativa são apenas e tão somente os indicados pela ordem jurídica; e f) *dotado de sanção*: a sanção (ou possibilidade de imposição de uma punição para quem não cumprir a lei) serve para reforçar a sua obrigatoriedade.

Embora se aponte que a lei é obrigatória, sendo esta uma de suas características, existem normas dispositivas ou de imperatividade relativa, que permitem que as partes disciplinem uma relação ou situação como acharem melhor (permissivas) ou que somente são aplicáveis quando as partes não dispuserem em sentido contrário (supletivas).

É comum também que se aponte, como característica da lei, a permanência, que decorre do fato de que não se dirige à disciplina de situações específicas, mas sim genéricas e abstratas que se manifestam ao longo do tempo. No entanto, a permanência não significa que a lei não possa ser alterada ou mesmo revogada. Ao contrário, é fundamental que as leis sofram alterações quando não estiverem mais em consonância com a realidade. Ademais, a permanência das leis não impede que possam ser elaboradas com caráter temporário, quanto à sua vigência, o que ocorre, por exemplo, com a que disciplina uma situação de calamidade pública. Portanto, permanência não é sinônimo de perpetuidade.

No aspecto formal, lei é o comando jurídico elaborada por um dos órgãos do Estado, que assume a forma escrita e observa o procedimento de elaboração legislativa que tenha sido fixado na ordem jurídica.

Quando considerada em sentido amplo, à luz do ordenamento jurídico brasileiro, a lei abrange: I – as emendas à Constituição; II – as leis complementares; III – as leis ordinárias; IV – as leis delegadas; V – as medidas provisórias; VI – os decretos legislativos; VII – as resoluções. (art. 59 da CF). Abrange também os decretos e regulamentos (art. 84, IV, da CF), assim como outras espécies normativas dotadas de caráter secundário. Em outras palavras, a lei, em sentido amplo, compreende os atos normativos primários e secundários que emanem de um dos poderes do Estado.

Os atos normativos primários são os que podem inovar a ordem jurídica. Situam-se, portanto, na esfera da criação ou inovação jurídica. Quanto aos atos secundários, não podem inovar a ordem jurídica, prestando-se apenas para esclarecer o sentido e o alcance dos atos primários, como ocorre com os decretos e regulamentos, que servem para a fiel execução das leis (art. 84, IV, da CF).

5.6. COSTUME

No rol de fontes do direito, consta, expressamente, o costume, embora somente possa ser utilizado quando a lei for omissa. Sendo assim, vamos verificar, a partir de agora, de uma maneira mais profunda, o que são os costumes.

O costume corresponde a uma prática constante, uniforme e reiterada, que surgiu espontaneamente no seio da sociedade, e que é adotada com a convicção de que corresponde a uma necessidade jurídica.

Para que seja possível falar em enquadramento de um comportamento na esfera dos costumes é necessário que atenda aos seguintes requisitos: a) continuidade (que o comportamento venha se repetindo ao longo do tempo); b) uniformidade (que se trate de um comportamento adotado por todas as pessoas de um determinado município, estado, região ou país, havendo um sentimento comum quanto à necessidade de que seja observado); c) reiteração (que o comportamento se repita diuturnamente); d) prolongação (que o respeito ao comportamento previsto faça parte da conduta da sociedade há algum tempo); d) obrigatoriedade (que o comportamento seja observado por ser considerado indispensável para o grupo social); e e) publicidade (o comportamento deve ser conhecido das pessoas, físicas e jurídicas, que estão incluídos no seu campo normativo).

Além dos elementos mencionados, que são os comumente citados, é interessante observar que Ricardo Luis Lorenzetti (1998, p. 273) aponta também que para que os costumes sejam vinculativos é necessário que o desrespeito à conduta seja chancelada pelos órgãos estatais, por ser aceito como uma norma jurídica.

De todos os requisitos citados, o que suscitou maiores discussões ao longo do tempo foi a necessidade de que o comportamento uniforme e constante estivesse se prolongando ao longo do tempo.

Um marco a respeito da necessidade de que os costumes sejam prolongados é a Lei da Boa Razão, uma lei portuguesa de 18 de agosto de 1769, elaborada por influência direta do Marquês de Pombal, quando éramos colônia de Portugal, que cuidava, dentre outros assuntos, de matéria processual, e previa que um costume somente poderia ser utilizado se excedesse, em sua duração, ao tempo de cem anos.

Posteriormente, a necessidade de que os costumes vigorassem por determinado período de tempo passou a ser aferida à luz do caso concreto, afastando-se, assim, a prévia delimitação temporal para o uso do costume, como coloca Caramuru Afonso Francisco (2005, p. 32) na seguinte passagem:

> Entendemos que o costume está caracterizado se houver um decurso de tempo que, no caso concreto, autorize a conclusão de que existe uma habitualidade na prática, ou seja, que a prática se configure como sendo uma rotina, um estilo de vida em meio a um determinado grupo social. Assim, por exemplo, uma determinada conduta vinculada a uma atividade agropecuária que passe a ocorrer, em virtude de alguma circunstância, por mais de duas safras, já é suficiente para a configuração de um costume, ainda que o tempo decorrido seja exíguo.

Os diferentes requisitos que devem ser observados para que o costume seja considerado como uma das fontes do Direito são divididos em requisitos objetivos e em requisitos subjetivos.

Os requisitos objetivos, também chamados às vezes de elementos materiais, correspondem à necessidade de que exista uma conduta reiterada, uniforme e contínua que tenha surgido espontaneamente no seio da sociedade, cuja observância é prolongada e reiterada. O requisito subjetivo, por sua vez, é representado pela convicção de que observa a conduta corresponde a uma necessidade jurídica (*opinio juris et necessitatis*). Dito de outra forma, existe a convicção popular de que os atos praticados estão vinculados a uma regra jurídica (ESPINOLA, 1977, p. 110). Neste caso, é comum que se fale também em relação ou elemento espiritual ou psicológico (ESPINOLA; ESPINOLA FILHO, 1999, p. 93).

É também comum a menção à necessidade de que o costume esteja em consonância com a moral, a fim de evitar que a ordem jurídica possa tutelar comportamentos escusos, maliciosos, de má-fé etc.

Quando se procura distinguir o costume de outras regras de conduta que surgem espontaneamente no seio da sociedade são utilizados, basicamente, dois critérios. O primeiro diz respeito à abrangência do comportamento, pois quando se trata de costume se exige que o comportamento seja generalizado entre os habitantes de uma região, estado ou país, enquanto que o uso, o hábito e as práticas referem-se a condutas individualizadas ou que se restringem a um número reduzido de pessoas. O segundo critério é o caráter vinculativo ou não do comportamento para o Direito. Esse elemento serve para diferenciar o costume das regras morais e religiosas.

Comumente, a doutrina menciona que os costumes são obrigatórios pelo fato de que existe uma convicção geral quanto à necessidade de observá-los, aspecto que, por sinal, integra a sua própria definição. Todavia, outros argumentos costumam ser apresentados para justificar a sua obrigatoriedade. De fato, também se aduz que os costumes baseiam-se na vontade tácita do legislador, que reconhece a vontade, a consciência e o espírito popular e que sua vinculação decorre de sua confirmação legislativa ou judicial, sendo a primeira hipótese decorrente da tolerância ou aceitação do legislador e a segunda da aplicação contínua por parte dos órgãos jurisdicionais (WALD, 2002, p. 44). No entanto, o que produz efetivamente a vinculação do costume em nosso ordenamento jurídico é o seu reconhecimento legislativo, embora em caráter subsidiário ou secundário em relação à lei, uma vez que somente podem ser utilizados quando a lei for omissa ou prever expressamente a sua utilização.

Também é importante diferenciar o costume do hábito e do uso. A propósito, o hábito diz respeito a um comportamento reiterado e uniforme, mas dotado de caráter individual, a ponto de ser denominado de "costume" individual. Por não decorrer do corpo social, mas de uma conduta individual, o hábito não se enquadra como fonte do direito. O uso, por sua vez, também se enquadra como um comportamento reiterado e uniforme, mas, ao contrário do hábito, sua adoção é generalizada. No entanto, não há, em relação ao uso, a convicção de que sua observância corresponde a uma necessidade jurídica. Em outras palavras, não ostenta o caráter vinculativo (ou jurídico) que acompanha o costume, expresso na consciência comum de sua obrigatoriedade.

Quanto à relação entre o costume e a lei, sobretudo no que se refere à possibilidade de colisão (ou conflito), os costumes são classificados em *praeter legem* (que servem para suprir a omissão da lei), *secundum legem* (que estão de acordo com a lei ou foram por ela previstos como fonte para a disciplina de um assunto) e *contra legem* (que se encontram em contradição com a lei). A propósito, são costumes *contra legem* os "que se formam em sentido contrário à lei, quer sob uma forma negativa, pelo desuso da lei, quer sob uma forma positiva, consistente numa prática em desrespeito ao texto vigente" (SERPA LOPES, 1989, p. 88).

Acerca das diferentes formas de enquadramento dos costumes é indiscutível que se estiverem em oposição ou contradição com a lei, servindo, desta forma, para revogá-la, não podem ser admitidos (*costumes contra legem*), mesmo que signifiquem, apenas e tão somente uma hipótese de desuso da lei, enquanto que as duas outras hipóteses são admitidas, sendo o mais importante o costume *praeter legem*, uma vez que serve para suprir as omissões da lei (omissão total quanto à disciplina de um assunto) ou complementá-la (omissão parcial quanto à disciplina de um assunto), atuando, assim, em caráter supletivo.

Outra observação importante é que quando os costumes são expressamente reconhecidos pela lei há quem aponte que, na verdade, a fonte do comportamento seria a lei e não os costumes propriamente ditos. Entretanto, mesmo nesse caso, existe distinção entre costume e lei. O que há de diferente é que houve menção expressa, por parte de uma lei, à utilização dos costumes como fonte do Direito, inclusive em caráter preponderante.

É interessante recordar também que o juiz pode determinar, a quem alegou em seu benefício, o direito consuetudinário (baseado nos costumes) que prove o seu teor (conteúdo) e vigência (que está em vigor, produzindo efeitos), conforme previsto pelo art. 337 do Código de Processo Civil (art. 376 do novo CPC), cuja constitucionalidade, como anteriormente apontamos, é, no mínimo, discutível, que está inserido nas disposições gerais a respeito das provas. Nada impede, porém, que o juiz faça a aplicação do costume de ofício e independentemente de provocação, uma vez que integra o rol de fontes do direito.

Por fim, não podemos deixar de lembrar que, historicamente, o costume e a lei foram considerados as principais fontes do direito, a ponto de se apontar que ao lado da lei, o direito escrito (*jus scriptum*), existe o costume, o direito não escrito (*jus non scriptum*).

5.7. ANALOGIA

A analogia consiste na aplicação a uma hipótese não prevista de um dispositivo relativo a um caso semelhante (MONTEIRO, 2005, p. 41). Funda-se, portanto, na semelhança ou similitude entre duas situações: a disciplinada e a não disciplinada. Sendo assim, é importante recordar que duas ou mais coisas, situações, condutas etc., podem ser diferentes (total ou parcialmente), análogas (apresentam elementos comuns) ou semelhantes (são idênticas) quanto à sua essência ou natureza.

Para o emprego da analogia, é preciso que estejam presentes, ao mesmo tempo, os seguintes requisitos: a) que um fato não tenha sido disciplinado pelo legislador;

b) que exista uma disciplina jurídica para um assunto semelhante; e c) que entre as duas situações, a não disciplinada e a disciplinada, exista um vínculo profundo a ponto de justificar o uso da analogia. Aliás, é por força do exposto que a doutrina comumente ressalta a necessidade de que exista identidade de razão (fundamentos, motivos) entre a situação não disciplinada e a disciplinada para que a analogia possa ser utilizada.

O desenvolvimento do raciocínio analógico, por força de sua extensão, faz com que se indique a presença de duas modalidades de analogia: a legal (*analogia legis*) e a jurídica (*analogia juris*). Na analogia legal, o fundamento para a construção do raciocínio analógico é, apenas e tão somente, uma lei (*analogia legis em sentido estrito*), embora se admita também que possam ser utilizadas, ao mesmo tempo, várias leis (*analogia legis em sentido amplo*). Neste caso, a identidade de razão utiliza, como suporte, as regras que se encontram em uma lei ou conjunto de leis. Ampliando a abordagem na busca da similitude (ou semelhança), a analogia jurídica pode utilizar também todas as leis que integram um ordenamento jurídico. Neste caso, é possível utilizar apenas o que está positivado (*analogia juris em sentido estrito*) ou ir além, utilizando como referência, por exemplo, os princípios gerais do direito (*analogia juris em sentido amplo*), embora se defenda comumente que somente é possível falar em analogia quando identidade de razão é buscada em outra(s) lei(s).

Fundamentalmente, o emprego da analogia é baseado no princípio da igualdade, que impõe que situações idênticas recebam o mesmo tratamento jurídico. Por sinal, a utilização da analogia baseia-se na máxima *ubi eadem ratio legis ibi edeam dispositivo*, que significa que se houver identidade de razão (fundamento, motivo, justificativa) entre dois fatos, o disciplinado e o não disciplinado, se deve usar o mesmo dispositivo legal para discipliná-los. Em suma, é a identidade de motivo e não de fato que justifica a utilização do raciocínio analógico.

O emprego da analogia, porém, somente pode ocorrer se não houver ofensa aos princípios aplicáveis a um ordenamento jurídico ou a uma de suas áreas. Em decorrência do exposto, afasta-se a possibilidade de utilização da analogia em matéria penal e tributária quanto à criação de novos crimes ou tributos (tipificação), uma vez que nessas esferas existe uma preocupação muito grande com a defesa de bens jurídicos essenciais, como a liberdade e o patrimônio, e se ressalta, com ênfase, a segurança jurídica. Neste sentido, o Código Penal aponta que somente a lei pode definir o que se considera crime (art. 1º), assim como a sua respectiva punição, e o Código Tributário Nacional, de maneira mais específica, aduz que o emprego da analogia não poderá resultar na exigência de tributo não previsto em lei (art. 108, § 1º). Da mesma forma, é vedada a utilização da analogia em relação às leis que encerram prescrições de natureza excepcional, estabelecem prerrogativas, restrinjam direitos ou limitem a liberdade individual (ESPINOLA; ESPINOLA FILHO, 1999, p. 105).

Embora formalmente a analogia seja incluída entre as fontes do Direito, essa colocação é objeto de fortes críticas, uma vez que a analogia não representa uma nova fonte do Direito, mas sim uma técnica através da qual se amplia a aplicação de uma norma, como ressaltado na seguinte passagem:

Quanto à *analogia*, por se tratar de um processo mental por meio do qual se aplica a um caso, não previsto na legislação, a norma prevista para um caso análogo, ela não é uma autêntica fonte do Direito, simplesmente porque não cria nenhuma norma, apenas revela a norma jurídica implícita, já positivada no ordenamento legal, (...). (SILVA, 2011, p. 40).

Em realidade, o que ocorre com a analogia é semelhante ao que se manifesta em relação ao recurso adesivo, pois não se trata propriamente de recurso e sim de forma (ou maneira) diferenciada de interposição de um recurso. De fato, quando se trabalha com a analogia, a fonte utilizada para disciplinar a matéria ou assunto é simplesmente uma lei, que por força da semelhança entre o que está previsto em seu texto e uma matéria não disciplinada acaba abrangendo as duas hipóteses.

A analogia, contudo, não se confunde com a interpretação extensiva. De fato, enquanto na interpretação extensiva simplesmente se amplia o sentido e o alcance de uma lei, a fim de que possa abranger hipóteses que não figuram expressamente em seu texto, quando submetido a uma interpretação meramente literal (*verba legis*), a ponto de se dizer que o legislador disse menos do que pretendia (*minus dixit quam voluit*), mas que se encontram compreendidos em seu espírito (ou essência), na utilização da analogia, não há uma norma disciplinando a matéria ou assunto, mas apenas uma norma que disciplinou uma matéria semelhante, que é aplicada ao caso não disciplinado, em virtude da identidade entre as duas situações.

Como a analogia não representa uma fonte distinta, a doutrina menciona que consiste em um mecanismo de *autointegração* da ordem jurídica, uma vez que com a sua utilização, a lacuna inicialmente identificada é suprida (ou afastada) pelas próprias fontes primárias, as leis. De maneira diversa, os demais mecanismos previstos – costumes e princípios gerais de direito – são considerados meios de heterointegração, já que correspondem, realmente, a instrumentos para suprir a omissão das leis existentes, pelo menos na visão tradicional nutrida a respeito da matéria.

Com o uso da analogia, ao menos em tese, a lacuna desaparece apenas em relação ao caso concreto, uma vez que não se permite que o intérprete e aplicador do direito possa agir como legislador, estabelecendo um comando geral e abstrato acerca do assunto. Porém, na realidade, a situação é distinta, pois a generalização no uso da analogia está presente em inúmeras hipóteses, sendo exemplo do exposto a postura adotada pelo Supremo Tribunal Federal no julgamento dos Mandados de Injunção nº 670-ES, nº 708-DF e nº 712-PA, no ano de 2007, em que o tribunal determinou que enquanto não for editada uma lei versando sobre a greve dos servidores públicos deveria ser utilizada, por analogia, a Lei nº 7.783, de 28 de junho de 1989, que dispõe sobre o exercício da greve por parte dos trabalhadores da iniciativa privada. No mesmo sentido, o Supremo Tribunal Federal utilizou a analogia, em caráter geral, ao editar a Súmula Vinculante nº 33, dotada da seguinte redação: "Aplicam-se ao servidor público, no que couber, as regras do regime geral da previdência social sobre aposentadoria especial de que trata o art. 40, § 4º, inciso III, da Constituição Federal, até a edição de lei complementar específica".

É interesse observar que o uso da analogia nas situações descritas foi considerado menos prejudicial do que a eventual disciplina do tema pelo Supremo Tribunal

Federal, uma vez que encontrou fundamento em uma norma elaborada pelo Poder Legislativo, embora sem a finalidade específica de disciplinar o assunto em que se determina a sua aplicação.

5.8. PRINCÍPIOS GERAIS DO DIREITO

Quando se abordam os princípios gerais de direito, a primeira preocupação que vem à tona diz respeito à sua definição, uma vez que historicamente receberam diferentes configurações e, mesmo atualmente, não há uniformidade a respeito do seu significado. Como exemplo do exposto, merecem leitura os seguintes comentários de Washington de Barros Monteiro (2005, p. 43-4) a respeito do assunto:

> Nada existe de mais tormentoso para o intérprete que a explicação dos princípios gerais de direito, não especificados pelo legislador. Várias correntes podem ser mencionadas a respeito: a) para uns, são eles constituídos pelo direito comum dos séculos passados; b) para outros, é o direito romano puro; c) para outros ainda, é o direito natural; d) são os constantes ensinamentos da jurisprudência; e) dessumem-se do ordenamento jurídico do Estado; f) é a equidade, nos seus diferentes sentidos. No dizer de Clóvis, eles são os elementos fundamentais da cultura jurídica humana em nossos dias, enquanto para Coviello são os pressupostos lógicos e necessários das diversas normas legislativas.

Bastante interessante também é a classificação descrita por Eduardo Espinola e Eduardo Espinola Filho (1999, p. 119) a respeito dos princípios gerais de direito, sobretudo a existência de uma suposta hierarquia entre os princípios existentes:

> Daí a preocupação com que a doutrina moderna tem fixado a necessidade de estabelecer uma espécie de hierarquia, entre os princípios gerais, pois, como bem acentua Coviello, nem todos são igualmente gerais, e há: a) os princípios gerais de um instituto jurídico; b) os de vários institutos afins; c) os de um dos ramos do direito privado (civil, comercial, industrial, rural, marítimo, aéreo), ou do direito público (constitucional, administrativo, internacional, etc.); d) de todo o direito privado e os de todo o direito público; e) os de todo o direito positivo vigente; f) os de todo o direito universal.

Da mesma forma, é interessante observar que durante muito tempo vigorou o entendimento de que os princípios gerais de direito eram extraídos do Direito Romano, considerado a base de todos os ordenamentos jurídicos existentes, como ressaltado na seguinte passagem:

> O conhecimento profundo e completo do direito pátrio é impossível sem que se firme nas largas bases do direito romano; não só porque é neste que se encontram as razões históricas eficientes das legislações dos povos modernos como porque é ele o mais belo, completo e majestoso monumento da sabedoria jurídica, que os passados séculos nos legaram (RIBAS, 1977, p. 111).

Hoje em dia, a doutrina comumente aponta que os princípios gerais de direito correspondem aos elementos essenciais, fundamentais de um ordenamento jurídico em particular, como coloca Roberto de Ruggiero (1999, p. 203):

> Quanto aos princípios gerais de direito, está hoje assente que eles não são, como em tempos se sustentou, nem os princípios fundamentais do direito natural, nem os do romano, mas os princípios do direito positivo (...), tal como se deduzem de todo o sistema orgânico.

No caso do Estado brasileiro, os princípios gerais de direito estariam presentes, em especial, no texto constitucional, que os teria positivado, embora seja possível dizer também que correspondem aos elementos que serviram para a criação do ordenamento jurídico existente, não estando, desta forma, positivados.

Em sendo entendido que os princípios gerais de direito são extraídos do próprio ordenamento jurídico não se justifica que sejam enquadrados como fonte subsidiária (ou secundária) do Direito, uma vez que os princípios são dotados de normatividade e, portanto, caráter vinculativo, figurando ao lado das regras como espécies de normas. De fato, se os princípios gerais do direito são extraídos das normas jurídicas existentes, particularmente das leis, por meio de um raciocínio indutivo, sequer podem ser considerados uma fonte autônoma de comandos jurídicos.

Portanto, a única forma de se compatibilizar os princípios gerais de direito, mencionados pela Lei de Introdução às Normas do Direito Brasileiro como tendo caráter subsidiário, com a postura adotada atualmente a respeito da essência do ordenamento jurídico – as normas, como gênero, abrangem as regras e os princípios, que são suas espécies – é vinculá-los ao direito dos povos antigos, ao Direito Romano, à jurisprudência, à equidade ou ao Direito Natural. De nossa parte, consideramos que atrelá-lo ao direito dos povos antigos ou ao Direito Romano é uma conduta desarrazoada, uma vez que utilizaríamos comandos produzidos para situações e épocas completamente distintas. Também seria problemático relacioná-los à jurisprudência ou à equidade, uma vez que ganhariam uma forte, senão quase que completa, indeterminação e, ademais, uma fonte do direito se confundiria com outra. Sendo assim, talvez a melhor saída, não a ideal, seja vinculá-los ao Direito Natural, embora essa postura também seja passível de inúmeras críticas.

A propósito, a dificuldade de se trabalhar com os princípios gerais de direito fica manifesta quando analisamos os exemplos colocados pela doutrina, uma vez que, em quase todas as hipóteses mencionadas, estamos, na realidade, perante princípios relacionados, em especial, a uma das áreas ou esferas do Direito, como podemos verificar com a análise dos seguintes exemplos de "princípios gerais do direito": "ninguém pode ser condenado sem ser ouvido" (Direito penal), "ninguém pode transferir a outrem mais direitos do que possui" (Direito civil), "os acordos devem ser observados" (Direito civil). De fato, os princípios gerais do direito propriamente ditos encontram-se presentes em pouquíssimas situações, de que são exemplos as seguintes: igualdade, respeito à dignidade humana e boa-fé.

É interessante observar novamente que se for entendido que os princípios gerais do direito são extraídos do próprio ordenamento jurídico do Estado, especialmente de suas diferentes leis, deixam de ser considerados uma fonte subsidiária (ou secundária), adquirindo o caráter de fonte primária. Por sinal, essa é a postura que está sendo atualmente adotada, pois a doutrina, em regra, extrai os princípios do sistema jurídico, especialmente de suas leis, e prevê que são dotados de caráter normativo, sendo, assim, vinculativos, já que as normas (gênero) passaram a ser formadas pelos princípios e pelas regras (espécie), como há pouco mencionado.

5.9. EQUIDADE

O problema noticiado há pouco, acerca da dificuldade de se definir os princípios gerais do direito, também está presente quando se discorre sobre a equidade. No caso, há, pelo menos, duas maneiras de concebê-la.

Em primeiro lugar, a equidade representa a possibilidade de se atenuar o rigor da norma jurídica, permitindo, desta forma, que seja efetivamente compatibilizada com o caso concreto, humanizando-se, assim, a interpretação e a aplicação do Direito, postura que se encontra presente nas seguintes passagens:

> Ela [a equidade] corresponde ao que os romanos chamavam *benignitas, humanitas*. Por meio dela, suaviza, o juiz, o rigor da norma abstrata, tendo em vista as circunstâncias peculiares do caso concreto. (...) Em certos casos, pode acontecer que sua aplicação dê lugar a consequências que se choquem com o nosso sentimento de justiça. Assim sucede quando, no caso concreto, ocorre alguma circunstância que o legislador não chegara a prever, ou de que não se dera conta, ao expedir o comando legislativo. Surge então a oportunidade para intervenção da equidade, e por seu intermédio o julgador tempera a severidade da norma (MONTEIRO, 2005, p. 45).

> Sendo a equidade, pelo seu próprio significado etimológico, retidão e justiça, e numa segunda acepção moderação, correção, benignidade e piedade, seu papel é o de corrigir a lei, suavizar a sua rigidez, atenuar a sua frieza, particularizar a sua aplicação que é genérica e que, por isto mesmo, não se enquadraria no caso particular. A equidade é a individualização da justiça do caso particular (DAIBERT, 1971, p. 35).

Essa primeira forma de enquadramento da equidade significa, sinteticamente, decidir com equidade. Aliás, neste caso, a equidade nem pode ser considerada fonte do Direito, uma vez que a fonte continua a ser a lei, embora ocorra um abrandamento ou atenuação em sua interpretação e aplicação por força de exigências impostas pelo caso concreto.

A verdadeira utilização da equidade, como fonte do direito, ocorre quando o legislador não disciplina um assunto e o remete à apreciação judicial ou a disciplina existente é considerada manifestamente injusta e inadequada e, consequentemente, afastada, criando o juiz, para o caso concreto, a norma mais adequada.

A primeira hipótese de equidade descrita – abrandamento do rigor de uma norma – ocorre, por exemplo, na fixação de alimentos em nosso ordenamento jurídico, uma vez que o legislador estabeleceu apenas parâmetros – necessidade de quem pede e possibilidade da pessoa de quem são solicitados – para que o valor pudesse ser arbitrado pelo juiz. Por sinal, era plenamente justificável, no caso, que fosse previsto que o juiz estabelecesse para o caso concreto uma solução para a demanda, uma vez que é impossível, abstratamente, chegar a uma solução justa e adequada para todas as hipóteses. É por força do exposto que se afigura completamente equivocada a ideia, arraigada muitas vezes, de que os alimentos devem ser fixados no percentual de trinta por cento. Ora, se fosse para trabalhar com um percentual fixo o legislador não teria transferido, ao juiz, a fixação dos alimentos. Sendo assim, o percentual descrito deve ser considerado somente um referencial, que, contudo, não afasta a necessidade de que se trabalhe com o caso concreto.

Quanto à segunda situação que possibilita o uso da equidade, decorre, como há pouco mencionado, do fato de que a disciplina legislativa existente é manifestamente injusta ou inadequada, devendo, consequentemente, ser deixada de lado, à luz do princípio da razoabilidade. Neste caso, o juiz elabora unicamente, para o caso concreto, uma decisão, a fim de que não venha a desempenhar uma função de natureza legislativa, que, para tanto, utilizará como parâmetros os fatos que lhe foram apresentados e posteriormente comprovados nos autos, como parece ter sido a intenção do legislador quando da disciplina do art. 114 do Código de Processo Civil de 1939, que previa que "quando autorizado a decidir por equidade, o juiz aplicará a norma que estabeleceria se fosse legislador".

A possibilidade de utilização da equidade é expressamente mencionada pelo ordenamento jurídico pátrio em diversas hipóteses, sendo exemplo do exposto a previsão do art. 127 do Código de Processo Civil de 1973, que prevê que "O juiz só decidirá por equidade nos casos previstos em lei". Aliás, o novo Código de Processo Civil também prevê que o juiz somente decidirá por equidade nos casos previstos em lei (párágrafo único do art. 140).

A possibilidade de utilização da equidade foi prevista inclusive de maneira expressa em alguns de nossos textos constitucionais, como a Constituição de 1934, cujo art. 113, no item 37, previa que nenhum juiz poderia deixar de sentenciar por motivo de omissão da lei e que para suprir a eventual omissão da lei poderia se valer da analogia, dos princípios gerais de direito e da equidade.

Na Constituição atual, é possível identificar, expressamente, a previsão de uso da equidade em vários dispositivos, o que ocorre, por exemplo, quando o legislador constituinte prevê que deverá haver equidade na forma de participação no custeio da seguridade social (art. 194), a fim de que seja resguardado o princípio da capacidade contributiva, e dispõe que a distribuição dos recursos públicos voltados à manutenção e desenvolvimento do ensino assegurará prioridade ao atendimento das necessidades do ensino obrigatório, no que se refere à universalização, garantia de padrão de qualidade e equidade, nos termos do plano nacional de educação (art. 212).

Embora a utilização da equidade seja reconhecida pelo legislador, seu manejo está restrito, ao menos em tese, às hipóteses expressamente mencionadas, havendo uma postura bastante restritiva acerca do seu uso, o que permite, por exemplo, que se possa exemplificar o posicionamento do Judiciário com a menção a doutrinadores que discorreram sobre o assunto há décadas. Exemplificam, o exposto, as seguintes considerações de Washington de Barros Monteiro (2005, p. 46):

> A jurisprudência tem assentado a seguinte orientação: a) diante de texto expresso, descabe invocação à equidade; b) a equidade, como ideal ético de justiça, deve entrar na formação mesma da lei. Não pode, porém, o juiz modificar a lei sob cor de a humanizar e inspirar-lhes os influxos da equidade. Só está autorizado a decidir por equidade na ausência de lei; c) a equidade recomenda-se quando o texto legal não propicia clara exegese; mas ela não pode ser invocada para inutilizar e revogar preceito claro de lei, ou condições

e normas livremente aceitas pelas partes; d) a equidade não pode ser invocada para enfrentar exigências, quer ditadas por necessidades da vida coletiva, quer estabelecidas pelos interesses superiores do Estado, expressamente consignadas em mandamento legal.

O que justifica uma posição mais restritiva a respeito da utilização da equidade é a preocupação com a preservação da separação de poderes, que pode ser atingida com a ampliação dos poderes do juiz. Em especial, há o receio de que a utilização da equidade possa representar o exercício da atividade legislativa pelos membros do Poder Judiciário. É por força do exposto que é comum a defesa do entendimento de que a equidade, quando permitida, deve encontrar suporte nas pautas axiológicas presentes no sistema jurídico brasileiro (DINIZ, 2004, p. 83).

Com a imposição de requisitos ou limites para o uso da equidade, o que se procura fazer é que o intérprete e aplicador do direito não assuma a função do legislador e, sobretudo, possa agir de maneira arbitrária e irracional, como podemos notar quando Rubens Limongi França (1996, p. 42) arrola os requisitos para a sua utilização:

> A nosso ver, os *requisitos* da equidade são cinco:
>
> I – A despeito da existência de casos de autorização expressa em lei quanto ao uso da equidade, essa autorização não é indispensável, pois não só pode ser implícita, como ainda decorre do sistema e do próprio direito natural.
>
> II – A equidade supõe, para o caso, que o respectivo preceito regulador não seja inflexível.
>
> III – Ainda que a respeito do objeto haja norma jurídica expressa, a equidade tem lugar se ele for defeituoso ou obscuro, ou, simplesmente, demasiado geral para abarcar o caso concreto.
>
> IV – Averiguada a omissão, defeito ou acentuada generalidade da lei, cumpre, entretanto, antes da criação da regra equitativa, apelar para as formas complementares de expressão do Direito.
>
> V – A construção da regra de equidade não deve ser sentimental, confessional ou arbitrária, mas o fruto de uma elaboração lógica, em harmonia com o sistema, e especialmente com os princípios que informam o instituto objeto da decisão.

Num sentido amplo, a preocupação com a utilização da equidade surge da necessidade de se garantir que a interpretação e a aplicação do direito não se desvinculem do ordenamento jurídico, decorrendo, total ou parcialmente, da mera vontade de quem a realiza. É o que ressalta Pietro Perlingieri (1999, p. 81) na seguinte passagem:

> Se é verdade que o processo interpretativo parte de um enunciado e chega à individuação da normativa ou, se se prefere, do preceito, é também verdade que o objeto da interpretação do jurista é uma disposição que tem, por definição, uma função ordenante, juntamente ao fato concreto e a todas as circunstâncias que o caracterizam. A atividade interpretativa não é mecânica nem unidirecional, verdadeira ou falsa, ou simplesmente declarativa: é atividade, por definição, não somente endereçada, mas, antes, vinculada ao "dado" normativo. Vínculo que constitui historicamente uma conquista em termos de garantia contra a incerteza e a aventura, uma atuação da participação política e, portanto, da produção normativa, além da justificação da autonomia e da independência do juiz nos ordenamentos modernos que não aceitam o estadismo.
>
> A interpretação é atividade vinculada mais especificamente às escolhas e aos valores do ordenamento; é controlada, porque deve ter uma motivação idônea, adequada; (...).

Da mesma forma, é comum a preocupação com o afastamento da arbitrariedade no uso da equidade, sendo exemplo do exposto as seguintes considerações formuladas por Maria Helena Diniz (2004, p. 83), acerca do assunto:

> A equidade dá, ao juiz, poder discricionário, mas não arbitrariedade. É uma autorização de apreciar, equitativamente, segundo a lógica do razoável, interesses e fatos não determinados a *priori* pelo legislador, estabelecendo uma norma individual para o caso concreto ou singular. A equidade não é uma licença para o arbítrio puro, mas uma atividade condicionada às valorações positivas do ordenamento jurídico, ou melhor, relacionada aos subsistemas normativos, fáticos ou valorativos, que compõem o sistema jurídico.
>
> Portanto, ao preencher as lacunas, o órgão judicante não cria direito novo; nada mais faz senão desvendar normas que, implicitamente, estão no sistema. Sua solução ao caso concreto não poderá ser conflitante com o espírito desse sistema. De modo que a norma individual completante do sistema não é nem pode ser elaborada fora dos marcos jurídicos.

O quadro descrito não sofreu alteração com o fortalecimento dos estudos acerca dos princípios e sua maior aplicação a diferentes situações, uma vez que ainda se considera que as decisões judiciais devem estar embasadas em uma norma, sobretudo nas leis, e que quando se afasta uma norma é preciso aplicar outra.

Essa situação de necessário apego a uma norma está expressa na alegação de que "não há intérprete sem texto, o que impede, em contrapartida, que o intérprete despreze o texto".

É indiscutível, contudo, que o juiz deve sempre decidir com equidade (temperamento, abrandamento, consideração do caso concreto, sobretudo dos valores que lhe são aplicáveis), independentemente da fonte utilizada.

5.10. JURISPRUDÊNCIA E DOUTRINA COMO FONTES DO DIREITO

Ainda no que se refere às fontes do direito, há forte discussão acerca da inclusão da jurisprudência e da doutrina no rol. Tradicionalmente, são afastadas da relação de fontes, uma vez que se afirma, basicamente, que as decisões judiciais não possuem caráter criativo e sim meramente declaratório de um direito pré-existente, além do fato de que valem apenas para o caso concreto, enquanto que a doutrina são possui caráter vinculativo e sim unicamente opinativo.

A discussão a respeito do enquadramento ou não da doutrina e da jurisprudência como fontes do direito impõe que se faça um estudo mais profundo a respeito das duas formas de manifestação do direito, o que será feito a seguir, tendo como ponto de partida a jurisprudência.

5.10.1. Jurisprudência

A jurisprudência consiste no conjunto de decisões reiteradas e uniformes do Poder Judiciário a respeito de determinada matéria. Para se falar em jurisprudência, é necessário que as decisões reflitam o entendimento predominante acerca de um assunto. É por força do exposto que se afirma que, embora a jurisprudência esteja relacionada às decisões judiciais, somente as que forem uniformes e refletirem o entendimento prevalecente é que podem ser assim classificadas ou qualificadas.

A necessidade de que as decisões judiciais, que representam a jurisprudência, sejam reiteradas e uniformes, faz com que se afirme comumente que representa uma modalidade de costume, o judiciário, como ressaltado na seguinte passagem:

> Quando o reconhecimento de uma conduta como obrigatória se dá em sede dos tribunais, teremos a jurisprudência (ou o costume judiciário) como fonte do direito. Diferencia-se, porém, do costume propriamente dito, porque esse é criação da prática popular, nascendo espontaneamente, como decorrência do exercício do que se considera socialmente obrigatório, ao passo que a jurisprudência é obra exclusiva da reflexão dos operários do direito, nas decisões de juízes monocráticos e tribunais, em litígios submetidos à sua apreciação (GAGLIANO; PAMPLONA FILHO, 2004, p. 20).

Ao se associar a jurisprudência aos costumes é afastada a sua autonomia, mas, em contrapartida, essa postura possibilita a sua utilização como uma das fontes do direito, em caso de lacuna.

No rol de obstáculos apresentados, contra a inclusão da jurisprudência como fonte do Direito, analisaremos inicialmente a alegação de que as decisões judiciais, independentemente de serem uniformes e reiteradas, somente se aplicam ao caso concreto, embora a razão ou fundamento (*ratio decidendi*) utilizado possa servir como suporte para outras decisões que versem sobre o mesmo assunto, como ressalta Arnoldo Wald (2002, p. 46) no seguinte trecho:

> O julgado nunca é uma norma jurídica, senão para o caso no qual foi proferida a decisão. A norma jurídica é comando prévio, geral, universal e obrigatório. O julgado só pode ser aplicado ao caso concreto *sub judice* e, embora constitua precedente, não é obrigatório para o futuro, só vinculando aqueles que foram partes no processo.

No mesmo sentido, são as considerações de Antonio Bento Betioli (2011, p. 220):

> O juiz torna obrigatório aquilo que declara ser "de direito" no caso concreto *sub judice*. Ele interpreta a norma legal situado numa "estrutura de poder" que lhe confere competência para converter em "sentença", que é uma norma jurídica individualizada, o seu entendimento da lei. (REALE, 1984, p. 169).
>
> A diferença entre a obrigatoriedade do direito criado pela atividade jurisdicional está em que:
>
> a) Ela se limita à órbita de ação ou competência do magistrado prolator da decisão, não obrigando os demais juízes.
>
> b) Sua obrigatoriedade é *inter partes*, ou seja, atinge apenas as partes interessadas. Não se cuida de uma obrigatoriedade *erga omnes* (contra todos), como ocorre na fonte legal e na consuetudinária.
>
> Assim, a norma jurisdicional vale apenas para o caso que está sendo julgado. Mesmo na hipótese de outros magistrados, em casos semelhantes, decidirem de igual forma, a norma será sempre do tipo jurisdicional.

O argumento apresentado, de natureza formal, não pode, porém, ser aceito, uma vez que a lei, a principal fonte do direito, pode também disciplinar uma única situação, embora esse fato seja excepcional. Além disso, o legislador pode conferir, às decisões judiciais, o atributo da abstração e da generalidade, sendo exemplo do exposto as súmulas vinculantes do STF (art. 103-A da CF) e suas decisões definitivas de mérito, proferidas nas ações diretas de inconstitucionalidade e nas ações declaratórias de constitucionalidade (art. 102, § 2º, da CF), que vinculam os demais órgãos do Poder Judiciário e a administração pública direta e indireta nas esferas federal, estadual e municipal.

Outra assertiva de relevo contra a inclusão da jurisprudência, como fonte do direito, diz respeito à natureza dos poderes exercidos pelo juiz no processo. O que se coloca, nesse caso, é se o juiz pode criar eventualmente o direito, além de simplesmente declará-lo, discussão que a cada dia é mais acalorada em virtude da posição cada vez mais ativa dos juízes (ativismo judicial) na efetivação de direitos, sobretudo dos que são classificados como fundamentais.

Sob o aspecto formal, a jurisprudência não pode ser considerada como fonte do Direito, salvo havendo previsão em sentido contrário, uma vez que estamos juridicamente submetidos a um Estado de Direito (art. 1º da CF) e ninguém está obrigado a fazer ou deixar de fazer algo senão em virtude de lei. Entretanto, se olharmos para a realidade, a conclusão é diferente, como bem observa Carlos Roberto Gonçalves (2008, p. 29):

> Malgrado a *jurisprudência*, para alguns, não possa ser considerada, cientificamente, fonte formal do direito, mas somente fonte meramente intelectual ou informativa (não formal), a realidade é que, no plano da realidade prática, ela tem-se revelado fonte criadora do direito. Basta observar a invocação da súmula oficial de jurisprudência nos tribunais superiores (STF e STJ, principalmente) como verdadeira fonte formal, embora cientificamente lhe falte essa condição. Essa situação se acentuou com a entrada em vigor, em 19 de março de 2007, da Lei nº 11.417, de 19 de dezembro de 2006, que regulamentou o art. 103-A da Constituição Federal e alterou a Lei nº 9.784, de 29 de janeiro de 1999, disciplinando a edição, a revisão e o cancelamento de enunciado de *súmula vinculante* pelo Supremo Tribunal Federal.

Portanto, não há como fechar os olhos para a realidade e, desta forma, afastar o enquadramento da jurisprudência como fonte do direito, embora essa conduta somente deva ser aceita em caráter excepcional, uma vez que pode representar ofensa ao princípio da separação de poderes. É por isso que se aceita, por exemplo, a existência de súmulas vinculantes, uma vez que sua previsão decorre da atividade legislativa e, desta forma, é possível concluir que foram os próprios legisladores que conferiram um caráter geral e abstrato às manifestações judiciais.

5.10.2. Doutrina

Grandes discussões envolvem também a inclusão da doutrina como fonte do direito. Sendo assim, mais uma vez teremos que fazer considerações particularizadas para respondermos se a doutrina ostenta também a qualidade de fonte do direito.

A doutrina representa o posicionamento dos estudiosos do direito (jurisconsultos) acerca de uma matéria ou assunto, expresso em artigos, aulas, palestras, livros, dissertações, teses etc.

Tradicionalmente, a doutrina, tal como ocorre com a jurisprudência, não é considerada uma fonte do direito, uma vez que as suas manifestações não possuem caráter vinculativo, servindo apenas como uma orientação a respeito da interpretação do direito e da eventual necessidade de sua modificação, buscando o seu aperfeiçoamento.

O máximo que se admite é que a doutrina seja considerada uma fonte indireta – de orientação ou inspiração – para os intérpretes e aplicadores do direito, além de ser tida como um meio auxiliar para o legislador, como bem coloca Arnoldo Wald (2002, p. 49): "Muitas inovações jurisprudenciais e legislativas foram, inicialmente, objeto de estudos doutrinários passando, em seguida, as teses dos autores a ser adotadas ou adaptadas pelos tribunais e pelo próprio legislador".

O principal óbice para que a doutrina seja considerada uma fonte do direito é que suas manifestações são dotadas de caráter opinativo e não vinculativo, como mencionado inicialmente.

Também representa um forte obstáculo para a inclusão da doutrina no rol de fontes do direito a sua manifestação fragmentada e o fato de muitas vezes existirem posicionamentos divergentes acerca de um mesmo assunto, fatos que colocam em risco a segurança jurídica.

Há, porém, vários defensores do entendimento de que a doutrina e a jurisprudência também são fontes do direito, a ponto de existir, inclusive, a seguinte distinção: a) fontes formais: lei, analogia, costume e princípios gerais de direito; e b) fontes não formais: doutrina e jurisprudência (GONÇALVES, 2008, p. 29).

Os argumentos, em prol da inclusão da doutrina entre as fontes do direito, podem ser visualizados através da leitura do seguinte trecho:

> Doutrina é a opinião dos doutos, conhecidos como juristas (*comunis opinio doctorum*).
> A doutrina dominante não chega, no sistema de *civil law*, a ser considerada formalmente uma fonte do direito, uma vez que não há imposição a seu acatamento.
> Todavia, pode ser responsável pela definição de alguns conceitos jurídicos indeterminados (exemplo: justa causa, absoluta impossibilidade etc.), permitindo o desenvolvimento de fórmulas interpretativas capazes de conferir certa uniformidade a tais conceitos vagos e ambíguos.
> Acaba, no final das contas, sendo considerada uma fonte pelo fato de continuamente propor soluções, inovar, interpretar e colmatar lacunas.
> Sua autoridade, inclusive, como *base de orientação para a interpretação do direito* é irrecusável, como, por exemplo, na construção pretoriana, anteriormente à Constituição Federal de 1988, da reparabilidade do dano moral, negada frontalmente no início pelo Supremo Tribunal Federal, mas admitida, posteriormente, sem que houvesse qualquer modificação legislativa genérica, em face da evolução dos estudos sobre responsabilidade civil (GAGLIANO; PAMPLONA FILHO, 2004, p. 23).

Em outras palavras, em diferentes situações, a doutrina, sem dúvida, colabora efetivamente para que novos institutos ou matérias passem a ser considerados no âmbito jurídico, o que faz com que se caracterize também como uma das fontes do direito.

É possível, ainda, identificar outras fontes que se enquadram como reconhecidas ou delegadas, uma vez que foram expressamente previstas pelo legislador e, desta forma, podem ser utilizadas em conjunto com a lei, para substituí-la ou para complementá-la.

Dentre as fontes delegadas ou reconhecidas, ocupam lugar de destaque as que estão relacionadas à autonomia privada, individual ou coletiva, sendo exemplo do exposto as convenções e acordos coletivos de trabalho, que são reconhecidos expressamente pelo texto constitucional (art. 7º, XXVI, da CF) e, na esfera trabalhista, servem para o estabelecimento de normas e condições de trabalho, complementando a proteção legislativa existente.

6 INTERPRETAÇÃO E APLICAÇÃO DA LEI

> **Art. 5º.** Na aplicação da lei, o juiz atenderá aos fins sociais a que ela se dirige e às exigências do bem comum.

De acordo com o art. 5º da Lei de Introdução às Normas do Direito Brasileiro, quando for realizada a aplicação de uma lei, o juiz deverá atender aos fins sociais a que ela se dirige e às exigências do bem comum. Na verdade, devemos fazer a seguinte interpretação do dispositivo: quando o juiz for interpretar e aplicar uma norma deve atender aos fins sociais que levaram à sua elaboração e as exigências impostas pela busca do bem comum.

Para que se possa compreender integralmente a previsão legislativa acerca da necessidade de que a aplicação da lei atenda aos fins sociais a que se dirige e as exigências do bem comum, é imprescindível tecer, previamente, algumas considerações sobre a interpretação e a aplicação das normas jurídicas.

Em virtude das mudanças experimentadas pela interpretação e pela aplicação do direito ao longo dos anos, num primeiro momento, citaremos como são concebidas dentro de uma visão tradicional, em que se procura, especialmente, assegurar o princípio da separação de poderes e, consequentemente, evitar que o intérprete e aplicador do direito possa invadir a esfera legislativa ou âmbito de criação jurídica.

Utilizando a interpretação como ponto de partida, e observando a visão tradicional que a considera dotada de caráter meramente declaratório, podemos defini-la como uma atividade voltada para o estabelecimento do sentido e do alcance da lei.

A postura descrita atribui, à interpretação, a função de simplesmente desvendar a "vontade" da lei (postura objetiva) ou do legislador (postura subjetiva), a fim de evitar que o intérprete exerça qualquer papel criativo dentro da ordem jurídica.

Essa visão restritiva, que coloca o intérprete simplesmente como o responsável pela identificação da "vontade" da lei ou do legislador, da qual não pode fugir, é amparada também no próprio significado da palavra, como é ressaltado, dentre outros, por Antonio Chaves (1982, p. 97-8):

A palavra interpretação provém do latim, *interpretari, interpreto*, que por sua vez decorre de *inter-proesum*, isto é, estar presente, ou servir de mediador entre dois interessados. É a determinação do sentido de uma lei, de um contrato, ou de uma sentença, quando não se apresente com a necessária clareza, ou dê margem a alguma dúvida, pesquisando o sentido e o alcance das suas expressões.

Em virtude da restrição oposta à interpretação, expressa, em especial, no entendimento de que ostenta natureza meramente declaratória, durante muito tempo se aduziu que quando a lei fosse clara não precisaria ser interpretada (*in claris cessat interpretatio*), esquecendo-se, assim, que a conclusão de que uma lei é clara decorre necessariamente de sua interpretação. De fato, a tentativa de afastar, por completo, a influência do intérprete no processo interpretativo levou ao próprio desprezo da realidade.

Idêntica postura foi seguida em relação à aplicação do direito, que também foi considerada uma atividade mecânica, através da qual se aplica comandos gerais e abstratos previstos pelo legislador ao caso concreto. A propósito, para garantir que a aplicação não importasse num processo de criação jurídica, defendeu-se, durante um longo período de tempo, que se exteriorizava através de um silogismo, no qual a lei era a premissa maior, os fatos a premissa menor e o resultado alcançado por meio de um raciocínio dedutivo, a conclusão.

Nas duas situações descritas, referentes, pela ordem, à interpretação e à aplicação do direito, estava presente uma hermenêutica meramente formal ou legal, uma vez que se buscava, na realidade, ressaltar a supremacia da lei e a vontade do legislador como legítimo representante do povo.

É interessante observar ainda que a visão fechada a respeito da interpretação e da aplicação do direito se sustentava para muitos doutrinadores na própria origem da hermenêutica (ou ciência da interpretação), por ser identificada com o Deus Hermes, considerado o mensageiro dos Deuses, a quem incumbia levar ao conhecimento dos homens a vontade dos Deuses. Com efeito, assim como Hermes não poderia alterar a vontade dos Deuses, o mesmo deveria ocorrer com o intérprete e o aplicador do direito em relação à lei e à vontade do legislador.

Para garantir que os textos das normas fossem integralmente observados, foram previstos, em especial, os seguintes métodos de interpretação: literal (sentido literal das palavras utilizadas), lógico (estabelecimento de uma relação lógica entre os diferentes termos empregados pelas normas) e sistemático (consideração do conjunto de normas existentes ou de todos os dispositivos de uma lei). Em todos eles, o texto da norma era o ponto de partida e de chegada do intérprete, que, assim, não poderia jamais ultrapassá-lo.

Entretanto, há vários argumentos que se opõe, claramente, ao entendimento de que a interpretação e a aplicação do direito representam simplesmente mecanismos para extrair a vontade da lei ou do legislador, como veremos na sequência.

Em primeiro lugar, deve ser lembrado que nem sempre é possível extrair um único sentido da lei. Ao contrário podem ser extraídos dos seus termos vários significados. Ademais, também não é possível dizer que os diferentes conteúdos estão atrelados à vontade da lei ou do legislador. Em suma, não há um critério objetivo e único de interpretação.

Outro aspecto importante é que não se considera mais que o texto e a norma são sinônimos e que, por isso, pode ser interpretada basicamente com a utilização do método gramatical. De fato, o texto é apenas um dos elementos que são levados em consideração na identificação de uma norma, uma vez que é preciso levar em consideração, pelo menos, os fatos que se apresentam concretamente e os valores.

Realmente, como bem expõe Pietro Perlingieri (1999, p. 66-7), o sentido da norma jurídica não é obtido exclusivamente através do seu texto:

> Deve-se criticar o dogma do "estar em si mesmo" do direito positivo. Com essa expressão se indica a difundida opinião pela qual o sentido das proposições, que exprimem o direito positivo, pode ser procurado tão somente no interior do direito. Se fosse assim, seria errado qualquer recurso que a interpretação fizesse a elementos estranhos ao texto legislativo: legitimam-se assim comportamentos formalísticos, já que o sentido do texto estaria fechado dentro de si mesmo.

Extremamente relevante é, também, o reconhecimento de que a interpretação e a aplicação do direito não são situações completamente distintas, mas sim interligadas. Com efeito, tradicionalmente se defende que inicialmente é realizada a interpretação, extraindo-se abstratamente o sentido e o alcance da norma, e, posteriormente, é realizada a sua aplicação ao caso concreto, observado o sentido e o alcance previamente definidos. Ao contrário, a norma é construída à luz do caso concreto, havendo um "procedimento interpretativo único e global, no qual interpretação e aplicação representam aspectos do fenômeno da individuação da normativa ao caso concreto". Pietro Perlingieri (1999, p. 71), a fim de que as especificidades sejam consideradas e, consequentemente, observado o princípio da igualdade em sua vertente substancial ou real.

Da mesma forma, a necessidade de que a interpretação e a aplicação do direito observem as mudanças que ocorrem na sociedade rompe com uma leitura meramente formal e estática do direito, assimilando-o ao texto das normas, particularmente das leis. Neste sentido, surgem mecanismos como a mutação constitucional, um processo informal de mudança do texto constitucional, especialmente através da ampliação do seu sentido e alcance, a fim de que possa trazer soluções justas e adequadas para os diferentes problemas que se manifestam na sociedade.

A própria estrutura das normas representa um obstáculo para uma interpretação meramente literal ou formal que pudesse refletir, com exatidão, o seu texto ou a vontade do legislador. Essa situação fica bem nítida quando se trabalha com conceitos indeterminados e com cláusulas gerais, já que impõe, obrigatoriamente, a análise do caso concreto e de suas nuances. É o que ocorre, por exemplo, quando o legislador emprega as palavras bons costumes e ordem pública.

Merece ser destacada, ainda, a necessidade de que a interpretação esteja em consonância com o texto constitucional, sobretudo com os princípios, valores e objetivos que foram consagrados em seu âmago. Aliás, como a Constituição é o fundamento de validade de todo o ordenamento jurídico, é inadmissível imaginar que a interpretação e a aplicação do direito possam contrariá-la. Em especial, é preciso atentar para o fato de que a dignidade humana é considerada atualmente o princípio constitucional mais importante fundamento, na literalidade de norma e, consequentemente, deve consistir na principal referência do intérprete.

Em suma, existem vários elementos que demonstram, com profundidade, que a interpretação não é mais uma atividade meramente formal em que se busca substancialmente extrair a "vontade" da lei ou do legislador.

As aberturas que eventualmente incidam sobre o processo interpretativo não podem, porém, afastar as normas jurídicas, fazendo com que prevaleça unicamente a vontade ou mesmo o arbítrio do intérprete. É por força do exposto que sempre é necessário recordar que o texto constitucional brasileiro prevê que a República Federativa do Brasil constitui-se em um Estado Democrático de Direito e, portanto, não é possível abandonar as normas jurídicas, substituindo as leis pela vontade do intérprete, mesmo que integre um dos poderes do Estado, como é o caso do Poder Judiciário. É por isso que se costuma comumente utilizar como referência os princípios, uma vez que são dotados de caráter normativo e, consequentemente, integram o ordenamento jurídico.

Aproveitando o ensejo, lembramos que a preocupação com o resultado da interpretação, especialmente com uma eventual fuga em relação às normas, fez com que se discutisse, durante muito tempo, se a interpretação era um ato de vontade ou de conhecimento. Essa situação ganha novos contornos atualmente, embora mantida a sua essência, uma vez que hoje em dia se discute se a interpretação pode representar um ato de criação ou inovação jurídica ou se ostenta caráter meramente declaratório.

Contudo, deixaremos de lado as discussões que envolvem a natureza da interpretação, por extrapolarem os objetivos deste trabalho, e nos concentraremos na abordagem do art. 5º da Lei de Introdução às Normas do Direito Brasileiro.

6.1. FINS SOCIAIS E EXIGÊNCIAS DO BEM COMUM

Em primeiro lugar, é importante recordar que o dispositivo mencionado anteriormente, o art. 5º da Lei de Introdução às Normas do Direito Brasileiro, estatui que, ao fazer a interpretação de uma norma, o juiz deverá levar em consideração os fins sociais a que ela se dirige e as exigências do bem comum.

Como se pode perceber de plano, o dispositivo citado prevê que, na interpretação e na aplicação do direito devem ser observados dois critérios interpretativos: o finalístico e o teleológico. De acordo com o primeiro critério citado, o intérprete e aplicador do direito deve levar em consideração a finalidade da norma, o que o levou à sua elaboração. No que se refere ao segundo critério, impõe que seja observado o bem comum quando da interpretação e aplicação da norma. Aliás, essa forma de legislar, impondo critérios interpretativos, está presente, por exemplo, no art. 111 do Código Tributário Nacional, que dispõe que as normas tributárias que disponham sobre a suspensão ou exclusão do crédito tributário, a outorga de isenção e a dispensa do cumprimento de obrigações tributárias acessórias devem ser interpretadas literalmente.

Na realidade, o que pode ser extraído do comando em exame é que o intérprete e aplicador do direito deverá levar em consideração obrigatoriamente os critérios finalístico e teleológico, embora nada o impeça também de se valer de outros critérios. É por força do exposto que é possível dizer que o dispositivo citado representa uma mera orientação, que foge da postura tradicionalmente adotada, que consiste em submeter à doutrina e aos demais operadores jurídicos, a definição dos critérios que devem ser utilizados para que uma norma seja corretamente interpretada e aplicada.

Por sinal, a previsão de utilização de critérios interpretativos pelo legislador sofre sérias objeções por parte da doutrina, como pode ser visto nas fortes críticas que lhe foram endereçadas por Roberto de Ruggiero (1999, p. 181-2):

> (...) não cumpre ao legislador ditar normas interpretativas das leis e quando as dita, como sucede entre nós, elas são simples diretrizes, não obrigatórias para os juízes e que, assim, quase que não têm praticamente valor algum. Deviam elas, na verdade, constituir como a lei das leis; ser assim normas superiores que governassem todas as disposições particulares e se impusessem ao intérprete com eficácia absoluta. Mas se elas mesmas são preceitos, não podem como tal subtrair-se à interpretação. Nenhum ordenamento legislativo é, portanto, por si só, capaz de ditar normas precisas e absolutas de interpretação; nem um sistema completo de regras se pode conter em poucos preceitos sem produzir o grave inconveniente (onde lhes seja conferida uma capacidade normativa absoluta da atividade inteligente do juiz) de fazer parar a evolução natural do direito, se é verdade – e não se pode contestar – que ela se consegue mercê da interpretação. Tais disposições são antes regras doutrinais, que como tais permanecem, mesmo quando o legislador as põe num código e as perfilha; não têm maior valor que aquele que costumam ter, por exemplo, as definições de institutos ou conceitos jurídicos, quando sucede que o legislador (sistema este que é de reprovar) assuma a função de definir em vez daquela de ordenar ou proibir.

Além da da possibilidade de que o intérprete e aplicador do direito possa se valer de outros critérios, no mínimo enfraquecendo o que foi previsto acerca da utilização dos critérios finalístico e teleológico, existe outro sério problema envolvendo o dispositivo. De fato, será possível estabelecer com precisão a finalidade da norma ou os seus fins sociais?

Ao discorrer sobre o assunto, Miguel Maria de Serpa Lopes (1989, p. 127) deixa clara a dificuldade que envolve a interpretação do comando jurídico:

> O útil do Direito é o útil sensível, evidente como uma picada; o conceito de necessidades sociais é móvel, ante a norma invariável; o equilíbrio dos interesses é o que ele denomina ordem material ou saúde social. Entretanto, confessa a precariedade dessas noções. A interpretação por meio da finalidade da lei só seria desejável se cada um possuísse a visão verdadeira do fim e da felicidade, o justo sentimento dos meios aliado a uma vontade sã de se utilizar deles.

A dificuldade na definição do que sejam os fins sociais almejados pelo legislador e as exigências do bem comum fica bem clara quando se observa a diversidade de entendimentos doutrinários a respeito do assunto, como podemos notar com a menção a dois posicionamentos a respeito do assunto, o primeiro de Washington de Barros Monteiro e o segundo, de Eduardo Espinola e Eduardo Espinola Filho.

Para Washington de Barros Monteiro (2005, p. 38),

> Quais são aqueles fins sociais e essas exigências do bem comum que o legislador manda tomar como ponto de referência na aplicação da lei?
>
> O texto não esclarece e a doutrina mostra-se imprecisa. Por outro lado, as expressões são metafísicas, e difícil é fixar com acerto sua compreensão. Intuímos, sem dúvida, facilmente, seu conteúdo, mas encontramos dificuldade em traduzir-lhes a exata significação.
>
> Acreditamos, todavia, que *fins sociais* são resultantes das linhas mestras traçadas pelo ordenamento político e visando ao bem-estar e à prosperidade do indivíduo e da sociedade.
>
> Por seu turno, *exigências do bem comum* são os elementos que impelem os homens para um ideal de justiça, aumentando-lhes a felicidade e contribuindo para o seu aprimoramento.
>
> Esses são os dados da razão que o magistrado há de cuidadosamente sopesar quando tiver de aplicar a lei.

Quanto a Eduardo Espinola e Eduardo Espinola Filho (1999, p. 193), apontam que:

> Mandando (...) o art. 5º que, na aplicação da lei, o juiz atenda aos fins sociais, a que ela se dirige, e às exigências do bem comum, aquela Lei o autoriza, evidentemente, a considerar a equidade, segundo a nossa exposição, como a capacidade, que a norma tem de, atenuando o seu rigor, adaptar-se ao caso concreto.

A simples leitura do posicionamento dos doutrinadores citados permite verificar a dificuldade que envolve a compreensão dos denominados fins sociais e exigências do bem comum. De qualquer forma, podem ser tecidas algumas considerações a respeito dos dois nortes previstos pelo legislador para a realização da interpretação e da aplicação do direito.

Iniciando pelos fins sociais da norma, é possível identificá-los, ao menos num primeiro momento, com a necessidade de que o interesse social prevaleça sobre o individual. No entanto, a prevalência dos fins sociais também pode ter como embasamento a necessidade de conciliação ou harmonização de diferentes interesses e mesmo a proteção de interesses minoritários.

Também é possível dizer simplesmente que os fins sociais da norma estão relacionados ao que foi almejado pelo legislador ao elaborá-la, o que contribui pouco para o exame do dispositivo e impõe uma restrição indevida à interpretação, já que fica condicionada à vontade do legislador.

Basicamente, a observância dos fins sociais da norma requer que se ponha em primeiro plano o interesse social, o que não significa, porém, que os interesses individuais serão desprezados, uma vez que o legislador também previu que devem ser respeitadas as exigências do bem comum. Sendo assim, será preciso que o intérprete e aplicador do direito verifique, no caso concreto, se os fins (ou objetivos) almejados pela sociedade estão sendo observados e se a interpretação e aplicação realizadas atendem ao bem comum, uma vez que o Direito é o mais importante mecanismo para a conjugação de interesses na esfera social.

Quanto ao bem comum, está relacionado a uma interpretação que propicia a tutela do interesse de todas as pessoas. No entanto, como nem sempre é possível proteger ao mesmo tempo o interesse de todas as pessoas, o bem comum pode representar a tutela dos interesses majoritários ou mesmo minoritários, neste último caso quando a proteção trouxer benefícios manifestos à sociedade, mesmo que de maneira indireta.

Embora existam inúmeras dificuldades para identificar o que são fins sociais e exigências do bem, não podemos abandonar o critério teleológico (ou finalístico) de interpretação, que se encontra materializado nas duas situações mencionadas.

Em suma, devemos observar a finalidade ou objetivo visado pelo legislador com a elaboração da norma, especialmente as transformações sociais buscadas, e as que forem impostas pela necessidade de se assegurar o bem comum.

7 OBSERVÂNCIA, PELA LEI, DO DIREITO ADQUIRIDO, DO ATO JURÍDICO PERFEITO E DA COISA JULGADA

> **Art. 6º.** A Lei em vigor terá efeito imediato e geral, respeitados o ato jurídico perfeito, o direito adquirido e a coisa julgada.

O art. 6º da Lei de Introdução às Normas do Direito Brasileiro dispõe, em especial, sobre o conflito de leis no tempo, assunto que é objeto de estudo pelo Direito Intertemporal, que procura estabelecer regras para a solução das antinomias (ou conflitos normativos) que possam se manifestar.

O conflito de leis no tempo ocorre quando uma relação ou situação jurídica produz efeitos ao longo do tempo e durante a sua vigência surgem duas ou mais normas que apresentam conteúdos total ou parcialmente distintos.

De acordo com a Lei de Introdução às Normas do Direito Brasileiro, a regra é que a lei tenha efeito imediato e geral, respeitados o ato jurídico perfeito, o direito adquirido e a coisa julgada. Essas diferentes determinações apresentam, em síntese, o seguinte conteúdo: a) efeito imediato = a lei produz efeitos de imediato, embora nada impeça que possa ser previsto um período para o seu conhecimento (período de *vacatio vacatio*), que faça com que produza efeitos num momento posterior ao de sua publicação; b) efeito geral = a lei alcança todas as pessoas, coisas, situações etc., que estão compreendidas em seu campo normativo ou normatização; e c) respeito ao direito adquirido, ao ato jurídico perfeito e à coisa julgada = embora a lei possa ter caráter retroativo, jamais poderá violar o direito adquirido, o ato jurídico perfeito e a coisa julgada, que são garantias fundamentais.

O efeito geral da lei, segundo aspecto anteriormente mencionado, decorre da necessidade de observância do princípio da igualdade, que impõe que todas as pessoas, bens e situações recebam o mesmo tratamento jurídico. É por isso que se afirma que a lei é um preceito geral (aspecto subjetivo) e abstrato (aspecto objetivo), sendo a primeira hipótese decorrente do fato de que alcança todas as pessoas, físicas, jurídicas e formais (ou processuais), que estiverem incluídas em seu raio de alcance ou esfera e a segunda da circunstância de não se direcionar, pelo menos a princípio, para a disciplina de situações concretas. Portanto, em regra, a lei produz efeitos de imediato e alcança de plano todas as pessoas, bens e situações que estão compreendidas em sua esfera de aplicação.

Quanto à necessidade de respeito ao direito adquirido, ao ato jurídico perfeito e à coisa julgada, são imposições constitucionais que procuram tutelar a segurança jurídica, particularmente a estabilidade das relações jurídicas. Realmente,

> sem o princípio da irretroatividade, inexistiria qualquer segurança nas transações, a liberdade civil seria um mito, a estabilidade patrimonial desapareceria e a solidez dos negócios estaria sacrificada, para dar lugar a um ambiente de apreensões e incertezas, impregnado de intranquilidade e altamente nocivo aos superiores interesses do indivíduo e da sociedade (MONTEIRO, 2005, p. 31).

A proteção que o texto constitucional oferece ao direito adquirido, ao ato jurídico perfeito e à coisa julgada abrange não apenas os atos jurídicos primários, representados pela lei em sentido estrito, mas também os secundários, que não podem inovar o ordenamento jurídico, pois não teria qualquer sentido proibir a lei de violar a coisa julgada, por exemplo, e não existir determinação semelhante em relação a outras espécies legislativas, como os decretos e regulamentos.

De todas as observações feitas há pouco, merece ser citada, mais uma vez, a proteção oferecida ao direito adquirido, ao ato jurídico perfeito e à coisa julgada, uma vez que impede que o legislador, que é dotado do poder de inovar o ordenamento jurídico, possa atingi-los.

Numa visão global, o que se procura garantir é a segurança jurídica, que seria claramente ofendida se as leis, e mesmo as normas em geral, fossem dotadas de caráter retroativo, como bem ressaltou há inúmeras décadas o Conselheiro Joaquim Ribas (1977, p. 146):

> Se a lei não é obrigatória senão depois de publicada, isto é, depois que os cidadãos podem adquirir o conhecimento de sua existência, é evidente que ela não pode estender a sua ação no passado, porque seria obrigar os cidadãos a obedecerem a uma lei que ainda não existe e que portanto é impossível conhecer-se; seria tornar vacilante todos os seus atos, incertas todas as relações jurídicas, pois viveriam sob o perene receio de que um dia viesse inopinadamente a lei declarar nulos atos hoje considerados válidos, ou criminosos atos hoje tidos como inocentes.

O que se busca, em última análise, é garantir a observância do princípio da irretroatividade das leis, que, de acordo com a teoria do fato passado, impede que a lei nova se aplique a fatos que já ocorreram, assim como aos efeitos desses fatos que tenham eventualmente sido produzidos antes de sua entrada em vigor (MACHADO, 1995, p. 9-10). A garantia, por sinal, é tão forte que sequer é possível que seja afastada pelo legislador constituinte derivado no ordenamento jurídico brasileiro, tendo em vista que faz parte das cláusulas pétreas.

7.1. EFEITO IMEDIATO DA LEI

Embora tenham sido feitas considerações gerais acerca da aplicação da lei no tempo, à luz da Lei de Introdução às Normas do Direito Brasileiro, tendo como ponto de apoio o seu art. 6º, há pouco mencionado, é necessário aprofundar um pouco mais a abordagem, o que será feito na sequência, tendo, como ponto de partida, o efeito imediato da lei.

O efeito imediato da lei consiste na possibilidade de que a lei entre em vigor logo após a sua publicação. Portanto, não é preciso que seja estabelecido um prazo para o prévio conhecimento da lei (período de *vacatio legis*). Essa situação, porém, se coloca abstratamente, uma vez que quando a lei for extensa, trouxer grandes modificações ou disciplinar pela primeira vez um assunto é imperioso que seja estabelecido um prazo razoável para o seu conhecimento, o que, por sinal, consiste em uma verdadeira exigência legal (art. 8º da Lei Complementar nº 95, de 26 de fevereiro de 1998). No entanto, se não for estabelecida a data em que a lei entrará em vigor aplica-se a cláusula supletiva prevista no art. 1º da Lei de Introdução às Normas do Direito Brasileiro, que prevê que a lei entra em vigor em todo o país quarenta e cinco dias depois de oficialmente publicada, embora possa ser discutida judicialmente a observância do princípio da razoabilidade, em relação ao período de *vacatio legis,* se for considerado insuficiente no caso concreto.

O fato de ter sido previsto que a lei terá efeito imediato não impede que excepcionalmente lhe possa ser atribuído efetivo retroativo, que possa alcançar fatos que surgiram no passado. Deveras, as únicas limitações em relação ao efeito retroativo da lei estão vinculadas ao respeito ao direito adquirido, ao ato jurídico perfeito e à coisa julgada, que serão posteriormente analisados de maneira particularizada e pormenorizada. Aliás, o próprio texto constitucional brasileiro dispõe que a lei não prejudicará o direito adquirido, o ato jurídico perfeito e a coisa julgada (art. 5º, XXXVI, da CF), considerando esses institutos direitos fundamentais que não podem ser abolidos sequer por meio de emenda constitucional (art. 60, § 4º, IV, da CF). Portanto, nada impede que a lei tenha caráter retroativo, bastando, para tanto, que a previsão seja justificável no caso concreto (razoabilidade) e que respeite o direito adquirido, o ato jurídico perfeito e a coisa julgada. Neste sentido, o texto constitucional prevê que a lei penal não retroagirá, salvo para beneficiar o réu (art. 5º, XL). No mesmo sentido, o Código Penal estabelece que "ninguém pode ser punido por fato que a lei posterior deixa de considerar crime [*abolitio criminis*], cessando em virtude dela a execução e os efeitos penais da sentença condenatória" e prevê que "a lei posterior, que de qualquer modo favorecer o agente, aplica-se aos fatos anteriores [retroatividade benéfica], ainda que decididos por sentença condenatória transitada em julgado"; (art. 2º) e o Código Tributário Nacional prevê que a lei aplica-se a ato ou fato pretérito quando se tratar de ato não definitivamente julgado em que deixe de defini-lo como infração (I), deixe de tratá-lo como contrário a qualquer exigência de ação ou omissão, desde que não tenha sido fraudulento e não tenha implicado em falta de pagamento de tributo (II) e quando lhe comine penalidade menos severa do que a prevista na lei vigente ao tempo da sua prática (III). Portanto, a garantia da irretroatividade muitas vezes é mitigada, a fim de que essa postura traga benefícios às pessoas físicas e jurídicas em suas relações com o Estado.

7.2. RETROATIVIDADE DA LEI

A manifestação da retroatividade da lei é classificada doutrinariamente em máxima, média e mínima, conforme a maior ou menor gravidade da situação em relação à necessidade de tutela da segurança jurídica.

A retroatividade máxima é a que ofende o direito adquirido, o ato jurídico perfeito e a coisa julgada. Neste caso, uma relação ou situação que já se encontrava consolidada é modificada por uma lei superveniente. Essa circunstância não é aceita em nosso ordenamento jurídico, uma vez que a Constituição Federal protege o direito adquirido, o ato jurídico perfeito e a coisa julgada, atribuindo-lhes, inclusive, o enquadramento como direitos fundamentais e cláusulas pétreas, como anteriormente lembrado. Na realidade, a garantia de intangibilidade das relações e situações jurídicas encontra duas importantes exceções. A primeira exceção diz respeito ao poder constituinte originário, uma vez que é considerado incondicionado, ilimitado e insubordinado, o que lhe permite criar livremente o ordenamento jurídico do Estado. A segunda exceção está relacionada às situações de ofensa a alguns direitos fundamentais dos seres humanos, como o direito de não ser torturado. Neste caso, é possível afastar, ao menos em tese, leis que tenham concedido anistia ou afastado por qualquer motivo a punibilidade se a conduta praticada representou a prática de um crime contra a humanidade. É importante observar que nem todos concordam com as exceções arroladas, sustentando, em especial, que existem limites mesmo para o poder constituinte originário e que a estabilidade das relações jurídicas impede que se possa reviver o passado, trazendo intranquilidade social.

A retroatividade média, por sua vez, surge quando a lei nova disciplina os efeitos pendentes de atos, fatos ou negócios jurídicos que se manifestaram quando em vigor a lei antiga. Neste sentido, se estava em vigor, a lei antiga, quando surgiu uma obrigação de pagar, que era imediatamente exigível, mas será apenas cumprida quando já estiver em vigor a lei nova, caso tenha sido prevista alguma alteração em relação à matéria, como a diminuição da taxa de juros para prestações em atraso, a lei nova será aplicável.

No que se refere à retroatividade mínima, advém quando a lei nova alcança unicamente os efeitos jurídicos de fatos, atos ou negócios jurídicos que haviam sido celebrados ou realizados sob a égide de outra lei, mas que se manifestaram após o advento da lei nova (efeitos futuros de fatos passados), como ocorreu com as prestações que eram firmadas em número de salários mínimos antes da Constituição de 1988, que, após o seu advento, tiveram que deixar de lado essa forma de indexação, por ser expressamente vedada (art. 7º, IV, da CF).

A necessidade de observância do paralelismo de formas impõe, pelo menos em tese, que o afastamento da garantia da irretroatividade máxima da lei encontre suporte no texto constitucional. Em outras palavras, como a Constituição veda que a aplicação retroativa da lei importe em ofensa ao direito adquirido, ao ato jurídico perfeito e à coisa julgada, somente o próprio legislador constituinte originário poderia admitir a atenuação ou eliminação da garantia. Entretanto, é comum que seja adotado o seguinte entendimento: como a garantia existe, em especial, para a proteção das pessoas em relação ao Estado, é possível que seja deixada de lado quando trouxer benefício às pessoas. Essa discussão se coloca, por exemplo, em relação à desaposentação, em que se busca a desconstituição de um ato jurídico perfeito, válido nos aspectos formais e materiais, a fim de que o segurado receba posteriormente uma aposentadoria num valor superior. Todavia, essa posição é, no mínimo, extremamente discutível, uma vez que o Estado, assim como as demais pessoas jurídicas, também é titular de direitos, inclusive direitos fundamentais.

Aproveitando o ensejo, lembramos que o fato de uma lei excepcional ou temporária ser aplicada após o decurso do prazo de sua vigência não representa necessariamente aplicação retroativa, como bem coloca o art. 3º do Código Penal brasileiro: "A lei excepcional ou temporária, embora decorrido o período de sua duração ou cessadas as circunstâncias que a determinaram, aplica-se ao fato praticado durante sua vigência". No entanto, é importante atentar para o fato de que a lei excepcional ou temporária somente alcança os fatos que ocorreram no período em que estava em vigor.

A regra, portanto, é que a lei discipline apenas os acontecimentos que ocorram após o seu advento (irretroatividade), não alcançando os fatos que ocorreram no passado (*lex prospicit, non respicit*). Com efeito, não há sentido em que a lei se dirija ao passado, já que uma de suas principais funções é direcionar a conduta humana a fim de que se compatibilize com o interesse da sociedade e do Estado. Deveras, se o fato se situa no passado, obviamente, não há como dizer que a lei teve qualquer interferência no comportamento humano.

Como a regra é que as leis produzam efeitos apenas para o futuro, é importante que a atribuição de efeito retroativo seja expressamente mencionada, embora a falta de referência não impeça que, por via interpretativa, se conclua que a lei alcança fatos pretéritos. Em suma, o ideal é que a lei preveja, em seu próprio texto, quando terá aplicação retroativa. Entretanto, a falta de indicação não impede que o intérprete possa chegar a essa conclusão, uma vez que a norma jurídica não se confunde com o texto da lei, como assentado em outra passagem.

7.3. LEIS INTERPRETATIVAS E IRRETROATIVIDADE DAS LEIS

As discussões que abrangem a aplicação retroativa da lei alcançam também as leis interpretativas, como anteriormente apontado. As leis interpretativas são as que simplesmente apontam qual o sentido e o alcance que devem ser atribuídos a um texto jurídico em vigor. Por se considerar tradicionalmente que não introduzem inovações no ordenamento jurídico, mas apenas esclarecem o sentido de um texto pré--existente, não são consideradas leis retroativas, como previsto no art. 106 do Código Tributário Nacional, que dispõe que a lei aplica-se a ato ou fato pretérito quando seja expressamente interpretativa, excluída a aplicação de penalidade à infração dos dispositivos interpretados.

A postura descrita requer, porém, que se aceite que as leis interpretativas são leis meramente declaratórias e, consequentemente, que em seu bojo está ausente a criação ou inovação jurídica, como apontado pelo Conselheiro Joaquim Ribas (1977, p. 150):

> As leis interpretativas ou declaratórias também aplicam-se a fatos pretéritos, visto que nada inovam do estado anterior do direito, e apenas no caso de divergência de opiniões fixam o verdadeiro sentido que lhes deve dar; aplicando, pois, a lei interpretada, no seu verdadeiro sentido, qualquer que fosse, aliás, a inteligência que anteriormente ele lhe dava.

Entretanto, a conclusão de que uma lei é meramente interpretativa não pode decorrer simplesmente do fato de o legislador ter atribuído a uma lei essa denominação. De fato, é fundamental que seja aferido o caso concreto para que se conclua se há ou não algum âmbito de criação, de inovação, o que impedirá a aplicação da lei nova, por violar o princípio da irretroatividade. O que não pode ser feito, por óbvio, é aceitar simplesmente a previsão legislativa de que se trata de uma lei meramente interpretativa, o aspecto formal, ou dizer, genericamente, que não existem leis meramente interpretativas, já que se o Poder Executivo pode expedir decretos e regulamentos para a fiel execução das leis (art. 84, IV, da CF), o mesmo pode ocorrer com o Poder Legislativo através das leis interpretativas. Da mesma forma, não concordamos com a alegação de Eduardo Espinola (1977, p. 171) de que "na realidade, a lei *denominada interpretativa* é uma lei nova de caráter retroativo, porque se destina a dar uma interpretação com força obrigatória a conteúdo da lei interpretada", uma vez que essa situação também se manifesta quando a interpretação realizada pelo Poder Judiciário é vinculante.

Também é importante recordar, quanto à aplicação retroativa da lei, que durante muito tempo se defendeu que as leis de ordem pública devem ser aplicadas retroativamente, uma vez que os interesses individuais não podem se sobrepor aos interesses sociais, o mesmo valendo para as hipóteses em que estejam em disputa os próprios interesses do Estado. Essa postura, porém, perdeu força, uma vez que a tutela dos interesses sociais e do próprio Estado não pode levar à eliminação dos interesses individuais. Ademais, a proteção ao direito adquirido, ao ato jurídico perfeito e à coisa julgada decorre do próprio texto constitucional. Por derradeiro, deve ser lembrado que a segurança jurídica é um dos direitos fundamentais assegurados aos seres humanos e às pessoas jurídicas e, por isso, não pode ser deixada de lado.

7.4. OUTRAS QUESTÕES IMPORTANTES RELACIONADAS À APLICAÇÃO DA LEI

Um aspecto importante, anteriormente já abordado, é que a lei somente produz efeitos, a princípio, durante o período em que está em vigor. Desse modo, é possível identificar o nascimento, a vigência e a extinção da norma, a fim de definir sua eficácia no tempo e, consequentemente, garantir a segurança jurídica.

É imperioso recordar ainda que a lei pode ter efeito imediato ou diferido. O efeito é considerado diferido (retardado ou protelado) quando não coincide com a data de publicação da lei. Sendo assim, a lei passa a produzir efeitos em um momento posterior ao de sua publicação, que pode ter sido definido no seu próprio corpo ou em algum texto que a ela se refira. Não havendo menção à data em que a lei entra em vigor, utiliza-se a regra supletiva, já estudada, que prevê que vigorará quarenta e cinco dias depois de oficialmente publicada.

7.5. APLICAÇÃO DA LEI NO TEMPO

Sintetizando o que foi colocado a respeito da aplicação da lei no tempo, podemos aduzir, inicialmente, que a lei nova somente se aplica, a princípio, aos fatos pendentes (*facta pendentia*), que são os fatos objetos de tutela pelo direito (fatos jurídicos), mas ainda não estão completos, não se podendo falar, assim, em direito adquirido, em ato jurídico perfeito ou em coisa julgada, e aos fatos futuros (*facta futura*), que são os acontecimentos que ocorrerem após o seu advento. Nada impede, porém, que se tenha a aplicação retroativa da lei, desde que não represente ofensa ao direito adquirido, ao ato jurídico perfeito e à coisa julgada. Por fim, é importante, embora não seja imprescindível, que a aplicação retroativa da lei seja expressamente prevista pelo legislador, uma vez que representa uma situação excepcional e, deste modo, é importante que seja resguardada a segurança jurídica.

Em razão da importância da segurança jurídica, faremos considerações específicas a respeito do direito adquirido, do ato jurídico perfeito e da coisa julgada, a fim de que possam ser delimitados com maior precisão, uma vez que, embora o legislador os tenha definido, seu comportamento não afastou a necessidade de observações complementares.

> § 1°. Reputa-se ato jurídico perfeito o já consumado segundo a lei vigente ao tempo em que se efetuou.

Para que possamos compreender o que se entende por ato jurídico perfeito, e a razão de ser protegido pelo ordenamento jurídico, é preciso, primeiro, trabalhar com algumas noções básicas relacionadas à Teoria Geral do Direito.

Em primeiro lugar, é importante lembrar da distinção entre ato, negócio e fato jurídico. O ato jurídico consiste em toda manifestação de vontade que tenha o objetivo de produzir efeitos jurídicos. Quando o comportamento está relacionado à busca de efeitos jurídicos almejados pela(s) parte(s), surge o negócio jurídico, uma modalidade de ato jurídico. O elemento fundamental para identificá-lo é, portanto, o aspecto volitivo, a manifestação de vontade para a obtenção de efeitos jurídicos. O fato jurídico, por sua vez, é todo acontecimento que produza efeitos jurídicos sem que esteja presente o concurso da vontade humana.

No Código Civil de 1916, o legislador definiu o ato jurídico nos seguintes termos: "Todo o ato lícito, que tenha por fim imediato adquirir, resguardar, transferir, modificar ou extinguir direitos, se denomina ato jurídico" (art. 81). O atual Código Civil não define o que é ato jurídico e, além disso, utiliza a expressão negócio jurídico para expressar os atos volitivos que tenham o condão de produzir efeitos na esfera jurídica.

Transportando a definição de ato jurídico perfeito para a realidade, são exemplos de situações em que está presente, desde que tenham sido observadas todas as condições previstas pela ordem jurídica, especialmente a necessidade de que se tenha um objeto lícito, possível, determinado ou determinável, o ato tenha sido praticado por um agente capaz e tenha sido observada a forma prescrita ou não defesa em lei: a) formalização de um contrato de compra e venda; b) celebração do casamento; c) realização de uma doação; d) renúncia de herança; etc.

Quando um ato é praticado de acordo com o ordenamento jurídico, está apto para a produção de efeitos jurídicos. É por isso que se diz que se trata de um ato jurídico perfeito, já que o ato está consumado, aperfeiçoado, uma vez que seguiu às determinações jurídicas consideradas essenciais para que pudesse existir, ser válido e eficaz perante o Direito.

Como o ato praticado possui natureza jurídica, em sua realização devem ser utilizadas todas as normas que a ele se refiram. No caso, serão observadas as normas que estavam em vigor quando da prática do ato (*tempus regit actum*), havendo, assim, a conjugação de todos os elementos fáticos e jurídicos previstos pela ordem jurídica (LIMA, 1996, p. 193). Sendo assim, não é lógico aceitar que a superveniência de uma nova lei, que discipline diferentemente o assunto, conduza à revisão do que foi estatuído, afetando a estabilidade das relações jurídicas.

A discussão acerca do ato jurídico perfeito é extremamente importante quando um determinado ato jurídico é submetido, no tempo, à disciplina de duas ou mais normas. Todavia, a discussão a respeito da presença do ato jurídico perfeito também se coloca em relação aos atos jurídicos instantâneos, que são os que se submetem unicamente à disciplina jurídica de uma norma. É o que ocorre, por exemplo, quando é realizada uma compra e venda em que o consentimento, o pagamento e a entrega da coisa se efetuam em um mesmo dia. No entanto, quando a pactuação produz efeitos ao longo do tempo, a discussão acerca da presença do ato jurídico perfeito ganha mais intensidade. É o que ocorre, por exemplo, com o contrato de trabalho, que, em regra, produz efeitos ao longo do tempo, sendo inclusive considerado normalmente como sendo de prazo indeterminado.

A princípio, mesmo os efeitos futuros do ato jurídico observarão a lei que estava em vigor quando se formou, ficando, desta forma, imunes à lei posterior. No entanto, muitas vezes a lei nova alcança os efeitos jurídicos do ato jurídico praticado sob a égide de uma lei anterior. Essa situação ocorre quando surgem modificações legislativas relacionadas a matérias em que prepondera o interesse público, como na eventualidade de ocorrer a alteração do salário mínimo quando está em curso uma relação jurídica de trabalho. Da mesma forma, se o legislador aumentou a idade mínima para a aposentadoria, todas as relações jurídicas em curso serão atingidas pela mudança legislativa. A mudança, porém, somente operará a partir do advento da lei nova, abrangendo os efeitos futuros de situações ou relações jurídicas entabuladas no passado.

> **§ 2º.** Consideram-se adquiridos assim os direitos que o seu titular, ou alguém por ele, possa exercer, como aqueles cujo começo do exercício tenha termo pré-fixo, ou condição preestabelecida inalterável, a arbítrio de outrem.

Antes de qualquer coisa, é importante observar que a Lei de Introdução às Normas do Direito Brasileiro define direito adquirido, valendo-se, para tanto, das seguintes palavras: "consideram-se adquiridos os direitos que o seu titular, ou alguém por ele, possa exercer, [bem] como aqueles [direitos] cujo começo do exercício tenha termo pré-fixo, ou condição preestabelecida, inalterável a arbítrio de outrem".

A definição de direito adquirido adotada em nosso ordenamento jurídico baseia-se na doutrina do civilista italiano Carlo Francesco Gabba (1868, p. 190-1), que o definiu como um direito que é consequência de um fato idôneo a produzi-lo, em virtude da lei que estava em vigor ao tempo em que o fato veio a se realizar, mas cuja ocasião de fazê-lo valer não se apresentou antes do surgimento de uma lei nova em torno do mesmo assunto, e que, nos termos da lei, sob o império da qual aconteceu o fato de que se originou, começou imediatamente a fazer parte do patrimônio daquele que o adquiriu.

Gabba, por sua vez, utilizou como referência para a construção de sua definição de direito adquirido teoria de Fernand Lassale, que o concebeu, em 1861, na obra *Das System der erworbenen Reehte* (*O Sistema de aquisição de Direitos*). No entanto, a teoria de Gabba passou a ser a mais observada a respeito da irretroatividade das leis e, da mesma forma, a respeito dos direitos adquiridos.

Como para os defensores da irretroatividade da lei, a lei nova não pode atingir o direito adquirido, seus adeptos foram forçados a tecer considerações sobre o direito adquirido, a fim de que a irretroatividade ficasse clara, sendo que os principais aspectos abordados serão analisados na sequência.

7.6. DIREITOS CONGÊNITOS E DIREITOS ADQUIRIDOS

Antes de discorrer acerca dos direitos adquiridos, é essencial diferenciá-los dos direitos congênitos. Sendo assim, faremos considerações na sequência a respeito dos direitos congênitos, natos ou inerentes aos seres humanos, apontando o que serve para distingui-los dos direitos adquiridos.

Os direitos congênitos são os que decorrem da própria natureza humana e, por isso, são considerados inerentes aos homens, incumbindo ao Estado unicamente reconhecê-los (declará-los) e não criá-los (produzi-los), o que faz com que sejam tidos como direitos fundamentais.

Enquadram-se no rol de direitos inerentes ou natos aos seres humanos, em nossa ordem jurídica, os direitos à vida, à liberdade, à propriedade, o respeito à honra, a integridade física etc., que devem acompanhar todos os seres humanos, sendo desnecessário, de acordo com a concepção jusnaturalista, que sejam reconhecidos pelo Estado. Todavia, prevalece o entendimento de que para que sejam reconhecidos é necessário que estejam positivados, como previsto no art. 5º da Constituição Federal de 1988, que versa sobre os direitos e garantias fundamentais.

De maneira diversa, os direitos adquiridos são os que foram alcançados, obtidos por uma pessoa, em virtude da ocorrência de um ato jurídico – ato lícito que tenha como objetivo a aquisição, modificação ou extinção de um direito –, por ela praticado ou por um terceiro em seu benefício, decorrem de um fato jurídico, como a morte de uma pessoa de quem se enquadra como herdeiro necessário, ou estão vinculados a um negócio jurídico, como o contrato de trabalho.

Voltando à análise do direito adquirido, particularmente da definição legal, verifica-se que os direitos adquiridos podem ser divididos em: a) direitos que o seu titular possa exercer; b) direitos que possam ser exercidos por um terceiro em prol do titular; c) direitos sujeitos a termo; e d) direito sujeitos a condição.

O direito adquirido, com dito há pouco, pode decorrer de um ato, fato jurídico ou negócio jurídico, sendo exemplos das situações mencionadas, a obtenção do direito de propriedade de um imóvel em razão de um contrato de compra e venda, a aquisição de um bem em virtude de sucessão legítima ou testamentária e o direito à percepção do salário pelo empregado após ter trabalhado em determinado mês. Em todas as hipóteses descritas, um direito se incorporou ao patrimônio jurídico de uma pessoa, que pode imediatamente exercê-lo.

Da mesma forma, há direito adquirido, como visto anteriormente, quando o exercício de um direito esteja relacionado a um termo – evento futuro e certo – ou a uma condição – evento futuro e incerto –, que seja inalterável a arbítrio de outrem.

A fixação de um termo para o exercício de um direito impede que seja imediatamente exercido, mas não interfere em sua aquisição. De fato, o termo protrai o exercício, mas não a aquisição do direito, que se integra imediatamente ao patrimônio jurídico da pessoa. Por sinal, o mesmo entendimento abrange a condição, embora somente seja possível dizer que o direito, sujeito ao advento de uma condição, se integrou à esfera jurídica de uma pessoa quando o evento futuro e incerto não puder ser alterado por qualquer pessoa, sendo certa a sua ocorrência, embora incerto o momento em que se efetivará.

Há, portanto, as seguintes "espécies" de direitos adquiridos: a) os atuais, que são os que podem ser exercidos por seu titular ou por alguém em seu benefício; b) os sujeitos a termo, que se vinculam a um evento futuro e certo; e c) os vinculados a uma condição, que correspondem a um evento futuro e incerto, desde que pré-estabelecido e inalterável a arbítrio de outrem.

Em todas as hipóteses descritas, um direito se integrou ao patrimônio jurídico de uma pessoa e, consequentemente, terá que ser respeitado pelas leis que surjam futuramente e eventualmente disciplinem de maneira diferente o assunto ou matéria. Em suma, a sucessão de leis no tempo não afeta o direito que já se incorporou ao patrimônio jurídico de uma pessoa.

7.7. REQUISITOS PARA A IDENTIFICAÇÃO DO DIREITO ADQUIRIDO

Para que se possa falar em aquisição de um direito, é necessário que estejam presentes, no caso concreto, alguns requisitos, que são considerados essenciais para que possa ser identificado e, da mesma forma, exercido.

O primeiro requisito a ser observado na aferição da presença do direito adquirido é que tenha ocorrido um ato ou fato jurídico. Não basta, portanto, que tenha ocorrido um fato ou ato, sendo essencial, ainda, que tenha o condão de produzir consequências jurídicas.

Como segundo requisito, é preciso que o ato ou fato jurídico tenha levado a pessoa a adquirir um direito, que, desta forma, se integra ao seu patrimônio pessoal, à sua esfera jurídica.

Por fim, somente é possível afirmar que estamos perante um direito adquirido se ainda não foi exercido. De fato, a pessoa aprovada em um concurso público, no limite do número de vagas disponíveis, tem o direito adquirido à nomeação. Todavia, a partir do momento em que é nomeado, desaparece o direito que havia sido adquirido, uma vez que houve a sua consumação, efetivação ou implementação.

7.8. DIREITOS ATUAIS E FUTUROS

De acordo com a Lei de Introdução às Normas do Direito Brasileiro, um direito é considerado atual quando pode ser imediatamente exercido por seu titular, ou por alguém sem seu benefício. Tendo como referência a previsão legislativa acerca dos direitos adquiridos, podemos concluir que um direito adquirido é considerado atual quando não está sujeito a termo (advento de um evento futuro e certo) ou condição (advento de um evento futuro e incerto).

Em outras palavras, um direito é considerado atual quando, além de ter se incorporado ao patrimônio jurídico de uma pessoa, pode ser imediatamente exercido, por terem sido preenchidos todos os requisitos para sua aquisição e exercício.

Em oposição ao direito atual, o direito futuro é aquele cuja aquisição já se completou, mas ainda não pode ser exercido por estar sujeito a condição ou termo, embora possa ser tutelado se for ofendido ou ameaçado.

7.9. DIREITOS SUJEITOS A TERMO OU CONDIÇÃO

São também considerados como adquiridos, os direitos que estejam sujeitos a termo ou condição, embora não possam ser ainda exercidos pelo seu titular, como há pouco ressaltado.

O termo, como anteriormente mencionado, faz com que a aquisição de um direito fique condicionada a um evento futuro e certo. Na realidade, o direito é considerado adquirido, embora somente possa ser exercido após o advento do termo, como prevê o art. 131 do Código Civil brasileiro: "o termo inicial suspende o exercício, mas não a aquisição do direito". Portanto, o advento do termo (inicial ou suspensivo: *dies a quo*) interfere somente na eficácia do negócio jurídico e não em sua existência e validade.

O termo pode ser certo ou determinado, quando se reportar a uma data específica, ou incerto, quando embora sua ocorrência possa ser prevista, não se saiba ao certo quando ocorrerá.

No que se refere à condição, representa o fato de se subordinar o efeito de um negócio jurídico a um evento futuro e incerto (art. 121 do CC). Para que se possa falar na aquisição de um direito sujeito a condição, é preciso que seja suspensiva (suspende o exercício e não a aquisição do direito – art. 125 do CC) e não resolutiva (seu advento extingue o direito a que ela se opõe – art. 128 do CC). Deveras, se a condição for resolutiva, o seu implemento terá o condão de extinguir o direito, que desde o início da celebração do negócio jurídico podia ser exercido. Ademais, a presença de uma condição somente permite que se possa falar em direito adquirido se não puder ser alterada, a fim de que não se trate apenas de mera expectativa de direito.

7.10. DIREITO EVENTUAL E EXPECTATIVA DE DIREITO

Diferentemente do direito adquirido, o direito eventual e a expectativa de direito ficam submetidos a uma nova lei que venha a surgir, por não terem se incorporado ao patrimônio jurídico da pessoa.

A ausência de proteção jurídica decorre do fato de que o "direito eventual" é, pura e simplesmente, um direito que pode ser adquirido e, desta forma, passar a integrar o patrimônio jurídico de uma pessoa. Não há, porém, qualquer garantia de que o direito efetivamente integrará a esfera jurídica do sujeito, pois se relaciona a um evento que pode ou não ocorrer.

Quanto à expectativa de direito, está presente quando ainda não foram preenchidos todos os requisitos para se ter acesso a um direito, como ocorre com o direito à aposentadoria por tempo de contribuição, que requer um número mínimo de anos de contribuição, que podem não ter sidos atingidos até o presente momento. Deveras, somente quando estiverem presentes todos os requisitos (ou elementos) previstos pela ordem jurídica é que se poderá falar em direito adquirido. Antes, porém, existe, apenas e tão somente, mera expectativa de aquisição de um direito.

7.11. DIREITO ADQUIRIDO EM MATÉRIA DE ORDEM PÚBLICA

Durante muito tempo foi exposto o entendimento de que não há direito adquirido em matéria de ordem pública, por dizer respeito aos interesses essenciais do Estado e da sociedade. No entanto, a partir do momento em que o direito adquirido foi transplantado para o texto constitucional e considerado um direito fundamental, a discussão perdeu força.

No entanto, a discussão não pode ser considerada encerrada, uma vez que excepcionalmente, pode ser deixado de lado o direito adquirido se estiver presente um interesse superior. Um exemplo interessante nesse sentido é a Lei Imperial nº 3.353, de 13 de maio de 1888, "Lei Áurea", que declarou extinta a escravidão no Brasil. Na época em que a lei foi assinada, os escravos eram considerados objeto do direito de propriedade e o texto constitucional em vigor, a Constituição de 1824, assegurava, de maneira plena, o direito de propriedade (art. 179, XXII). Portanto, o interesse do Estado brasileiro e da sociedade no fim da escravidão levou à sua abolição, afastando, desta forma, o direito de propriedade a que estava sujeita.

A princípio, porém, o direito adquirido não pode ser desprezado. Com efeito, é preciso que esteja presente uma situação excepcionalíssima para que possa ser violado, já que integra o rol dos direitos e garantias fundamentais.

Entretanto, a proteção ao direito adquirido, ao menos em tese, não se sustenta em face do poder constituinte originário, como citado de passagem em outra oportunidade, uma vez que possui os seguintes atributos: a) originalidade (inicia, dá origem à ordem jurídica); b) insubordinação (não está subordinado a qualquer outro poder ou norma); e c) incondicionalidade (não está condicionado a qualquer outro poder ou norma).

Como exemplo da possibilidade de o texto constitucional desprezar o direito adquirido, o art. 17 do Ato das Disposições Constitucionais Transitórias prevê que:

Os vencimentos, a remuneração, as vantagens e os adicionais, bem como os proventos de aposentadoria que estejam sendo percebidos em desacordo com a Constituição serão imediatamente reduzidos aos limites dela decorrentes, não se admitindo, neste caso, invocação de direito adquirido ou percepção de excesso a qualquer título.

A discussão, neste caso, também não está pacificada, pois há também defensores do entendimento de que o poder constituinte, mesmo o originário, não pode ser arbitrário, que também está sujeito a limitações, sendo que os principais adeptos dessa posição são os seguidores do entendimento de que existe um direito superior ao direito do Estado, que comumente é denominado Direito natural.

7.12. PREVISÃO CONSTITUCIONAL A RESPEITO DO DIREITO ADQUIRIDO

Como citado em outras oportunidades, o direito adquirido é protegido pelo texto constitucional brasileiro, que a ele faz alusão no art. 5º, XXXVI, dotado da seguinte redação: "a lei não prejudicará o direito adquirido, o ato jurídico perfeito e a coisa julgada". O referido dispositivo integra o rol dos direitos e garantias fundamentais previstos pela Constituição Federal.

O fato de o direito adquirido ser previsto no texto constitucional impede que qualquer dos poderes do Estado, e, sobretudo, os particulares, possam desprezá-lo. Aliás, como ressalta o texto constitucional, sequer o legislador, que pode inovar o ordenamento jurídico, pode ofender o direito adquirido.

Na realidade, o texto constitucional ofereceu uma proteção imensa ao direito adquirido, já que o dispositivo que o assegurou, por integrar o rol de direitos e garantias fundamentais, não pode ser abolido (art. 60, § 4º, IV, da CF).

Ademais, a garantia de proteção ao direito adquirido projeta-se também em relação a direitos adquiridos fora do território nacional, desde que o reconhecimento em nosso país não represente ofensa à soberania nacional, à ordem pública e aos bons costumes, uma vez que todo direito regularmente adquirido deve ser reconhecido e protegido em todos os Estados (MAURY, 1949, p. 328), o que, por sinal, é observado pelo Direito Internacional. A propósito, como bem colocou Pontes de Miranda (1935, p. 257):

> Se, a cada fronteira, o conjunto de direitos de cada indivíduo tivesse de sofrer revisão, peneiramento, reexame, podendo ser deles ou em parte deles, despojado, o intercâmbio, a própria interpenetração das populações, fato normal da vida dos povos civilizados, seria impossível.

> **§ 3º.** Chama-se coisa julgada ou caso julgado a decisão judicial de que já não caiba recurso.

O dispositivo em apreço ressalta que há coisa julgada ou caso julgado quando uma decisão judicial não possa mais ser impugnada através de um recurso, meio previsto pelo sistema processual para impugná-la dentro da mesma relação jurídica processual, visando, sobretudo, à sua modificação.

A coisa julgada encontra também definição no art. 502 do novo Código de Processo Civil, que prevê que corresponde à eficácia que torna imutável e indiscutível a decisão que não está mais sujeita a qualquer recurso.

Da mesma forma, o inciso XXXVI do art. 5º da Constituição Federal faz menção à coisa julgada ao prever que não será prejudicada pelo advento de uma lei que lhe seja posterior e discipline o assunto por ela abrangido. Sendo assim, quando se produz coisa julgada em relação a uma decisão nem mesmo o legislador pode alterar o que foi estabelecido pelo Poder Judiciário, sob pena de ofensa ao princípio da separação de poderes. Aliás, a proteção à coisa julgada é inclusive uma cláusula pétrea no texto constitucional brasileiro (art. 60, § 4º, III, da CF).

Sob o aspecto doutrinário, a coisa julgada (*res judicata*) pode ser definida como a qualidade de uma sentença que se tendo tornado irretratável, por não haver contra ela mais qualquer recurso, firmou o direito de um dos litigantes para não admitir sobre a dissidência anterior qualquer outra oposição por parte do contendor vencido, ou de outrem que se sub-rogue em suas pretensões improcedentes (DE PLÁCIDO E SILVA, 1993, p. 452).

A existência da coisa julgada encontra duas justificativas básicas, uma de natureza material e a outra de natureza processual. A primeira delas, a justificativa material, é garantir a segurança jurídica. De fato, a partir do momento em que se prevê que uma relação jurídica não pode mais ser discutida, por haver em relação a ela uma manifestação considerada definitiva, é possível obter certeza e segurança a seu respeito. Sob o aspecto processual, a coisa julgada é importante por impedir que a relação jurídica seja novamente objeto de discussão, vedando, assim, a eternização dos conflitos e, consequentemente, uma nova manifestação do Poder Judiciário a respeito do assunto.

Para a formação da coisa julgada é necessário que: a) tenham se esgotado os recursos que poderiam modificar a decisão; b) não tenham sido utilizados; c) não foram conhecidos em virtude de serem intempestivos (apresentados fora do prazo), incabíveis (não eram os adequados para impugnar a decisão) ou não revestiram a forma prevista em lei (adequação); d) tenha havido desistência em relação ao recurso apresentado; ou e) a parte renunciou ao direito de recorrer.

A coisa julgada, porém, poderá ser total ou parcial, sendo que a primeira hipótese ocorre quando a decisão tornou-se integralmente imutável e indiscutível e a segunda, quando apenas uma parte da decisão transitou em julgado, uma vez que a parte remanescente foi objeto de impugnação. O que possibilita a coisa julgada parcial é o fato de que uma decisão judicial não precisa ser impugnada integralmente. Desse modo, a parte não impugnada ficará submetida à coisa julgada, enquanto que a remanescente não, já que em relação a ela, a relação jurídica processual ingressará em uma nova fase, a fase recursal, ou nela prosseguirá, o que impedirá a formação da coisa julgada, uma vez que a demanda, na parte impugnada, continua a ser objeto de discussão.

A formação da coisa julgada obstará que a relação jurídica material continue a ser discutida no mesmo processo (coisa julgada formal ou processual) ou mesmo em qualquer outro processo (coisa julgada material ou substancial). Há, assim, duas espécies de coisa julgada: a formal e a material.

Há coisa julgada formal (ou processual), quando a decisão proferida é imutável e indiscutível apenas dentro da relação jurídica processual em que foi proferida. Em outras palavras, a impossibilidade de mudança é um fenômeno meramente endoprocessual (interno ao processo em que foi proferida a decisão), uma vez que a matéria pode ser novamente objeto de discussão em outra relação jurídica processual por não ter sido analisado o mérito da demanda.

De forma diversa, quando há coisa julgada material (ou substancial), a relação jurídica material não pode mais ser objeto de discussão na mesma ou em outra relação jurídica processual. Em suma, não pode mais ser objeto de discussão judicial, uma vez que a coisa (matéria, assunto, demanda) já foi julgada e a decisão proferida produz efeitos dentro e fora da relação jurídica processual em que foi proferida, sendo que a segunda hipótese é representada pelo fato de que a demanda em que foi produzida não poderá ser novamente submetida ao Poder Judiciário. É sobre a segunda modalidade de coisa julgada – a material – que se refere a Lei de Introdução às Normas do Direito Brasileiro.

Para saber quando há coisa julgada formal ou material é bem simples, pois basta verificar se a decisão proferida apreciou ou não o mérito, que na sistemática do Código de Processo Civil corresponde, em regra, ao conflito, embora possa ser traduzido simplesmente como demanda apresentada. Deveras, quando a decisão proferida não apreciou o conflito – exemplo: extinguiu o processo (relação jurídica processual) em virtude da omissão do autor em praticar um ato que estava sob a sua responsabilidade – produz apenas coisa julgada formal, uma vez que apenas dentro da relação jurídica processual em que foi proferida não poderá mais ser discutida. Nada impede, porém, que seja objeto de discussão em outra relação jurídica processual (processo). Em sentido contrário, quando a decisão proferida analisou o conflito existente entre as partes, impedirá que seja novamente discutido em qualquer outra relação jurídica processual (processo). É apenas nesta última hipótese que se pode dizer, num sentido estrito, que há coisa julgada (que o caso, conflito está julgado), embora a coisa julgada, sob a ótica do direito processual, abranja as duas situações descritas.

A relação ou situação disciplinada pela decisão judicial que transitou em julgado está permanentemente sujeita ao que foi previsto pelo Poder Judiciário. No entanto, quando a decisão proferida envolver relação jurídica continuativa (relação jurídica que se desenvolve no tempo) e houver modificação do estado de fato ou de direito, o juiz poderá rever o que foi estabelecido na sentença, para compatibilizá-la com o novo quadro fático ou jurídico, conforme prevê, por exemplo, o art. 471 do em vigência e o art. 505, I, do novo Código de Processo Civil.[7] É o que ocorre quando se pede a revisão de pensão alimentícia, fixada em uma decisão judicial, em virtude da modificação das condições econômicas do responsável pelo seu pagamento.

Outro aspecto importante acerca da coisa julgada é que em alguns casos uma decisão judicial somente produzirá efeitos quando estiver presente, sendo vedada, assim, a antecipação dos efeitos da tutela, denominada no novo Código de Processo Civil de tutela provisória. São representativos da situação narrada os seguintes comandos do art. 15 da Constituição Federal, que versa sobre os direitos políticos: "c) é vedada a cassação de direitos políticos, cuja perda ou suspensão só se dará nos casos de: I – cancelamento da naturalização por sentença transitada em julgado; (...); III – condenação criminal transitada em julgado, enquanto durarem seus efeitos".

---

7. CPC/1973: "Art. 471. Nenhum juiz decidirá novamente as questões já decididas, relativas à mesma lide, salvo: I – se, tratando-se de relação jurídica continuativa, sobreveio modificação no estado de fato ou de direito; caso em que poderá a parte pedir a revisão do que foi estatuído na sentença; II – nos demais casos prescritos em lei.". • CPC/2015: "Art. 505. Nenhum juiz decidirá novamente as questões já decididas relativas à mesma lide, salvo: I – se, tratando-se de relação jurídica de trato continuado, sobreveio modificação no estado de fato ou de direito, caso em que poderá a parte pedir a revisão do que foi estatuído na sentença; II – nos demais casos prescritos em lei.".

Merece ser destacado também que a decisão judicial que se submeteu à coisa julgada pode ser revista quando houver um vício grave que a atinja e a situação esteja prevista em lei. Neste caso, o que se pretende é que a decisão judicial proferida seja desconstituída (*juízo rescindente*) e, se for o caso, julgado novamente o conflito (*juízo rescisório*) (COELHO, 2007, p. 458). Essa situação é representada pela utilização da ação rescisória (esfera civil e trabalhista) e da revisão criminal (esfera penal).

Há também algumas situações excepcionais em que o legislador afasta a possibilidade de apresentação de recurso contra uma decisão e a utilização da ação rescisória, hipótese que está presente, por exemplo, na ação proferida na ação declaratória de constitucionalidade ou de inconstitucionalidade de lei ou ato normativo (art. 26 da Lei nº 9.868, de 10 de novembro de 1999), fazendo com que a decisão proferida se torne imutável e indiscutível.

É possível ainda que a coisa julgada seja deixada de lado (relativização), quando um interesse superior estiver presente, como na eventualidade de a decisão proferida ter se fundado em lei ou ato normativo que tenha sido declarado inconstitucional pelo Supremo ou ter afastado a paternidade sem que o exame de DNA fosse realizado.

8 DIREITO INTERNACIONAL PRIVADO

A partir do art. 7º, a Lei de Introdução às Normas do Direito Brasileiro começa a dispor a respeito de conflitos normativos relacionados à aplicação da lei no espaço. Todavia, não se faz a análise da aplicação da norma no espaço físico (ou território) de um único Estado, mas de dois ou mais Estados, matéria afeta ao Direito Internacional Privado, ramo da ciência jurídica que cuida da aplicação da lei no espaço quando uma relação ou situação jurídica guarda vinculação com dois ou mais ordenamentos jurídicos, por força da presença de um fato misto, multinacional ou alienígena, também conhecido como elemento estrangeiro, como na hipótese de um contrato de compra e venda ser firmado no Brasil entre um chileno e um argentino, sendo que o bem objeto da relação jurídica está localizado no Uruguai.

De maneira sintética, o Direito Internacional Privado pode ser definido como o ramo do direito que disciplina as relações ou situações de natureza jurídica conexas (vinculadas, relacionadas, ligadas) com diferentes ordenamentos jurídicos, indicando qual deles disciplinará a matéria (VALLADÃO, 1968, p. 24).

O fato de se ressaltar que o conflito de leis deve estar relacionado a diferentes ordenamentos jurídicos tem o objetivo de deixar claro que o Direito Internacional Privado cuida apenas dos conflitos de leis internacionais que estejam relacionadas a diferentes entes soberanos (NIBOYET, 1938, p. 13), a fim de distingui-lo dos conflitos de leis no espaço de um mesmo Estado, sobretudo quando a competência para a disciplina de um assunto é considerada concorrente e, desta forma, pode ser disciplinado ao mesmo tempo pela União, pelos Estados e pelo Distrito Federal, por exemplo.

Portanto, é o fato de uma relação ou situação jurídica estar conectada a dois ou mais ordenamentos jurídicos que justifica a existência do Direito Internacional Privado, embora também verse sobre outros assuntos, como a homologação da sentença estrangeira e os requisitos para que um ato normativo, oriundo de outro Estado, possa ser considerado válido no território brasileiro.

8.1. FATO MISTO, MULTINACIONAL, ALIENÍGENA OU ESTRANGEIRO

Um fato é considerado misto, sob a ótica do Direito Internacional Privado, quando faz com que uma relação ou situação jurídica se vincule a dois ou mais ordenamentos jurídicos e, consequentemente, leve à discussão acerca do ordenamento jurídico que o disciplinará (conflito normativo).

Como exemplo de fato misto, complementando o que dissemos anteriormente, podemos citar o fato de um trabalhador ter sido contratado no Brasil por uma empresa alemã para prestar serviços no território francês, que também suscita discussão a respeito do ordenamento jurídico aplicável, uma vez que os três ordenamentos jurídicos – o brasileiro, o alemão e o francês – estão ligados à relação jurídica de trabalho e, por isso, podem, teoricamente, discipliná-la.

São exemplos de elementos de conexão "a nacionalidade, o domicílio, a residência dos interessados, a situação da coisa, a localização do nascimento ou do falecimento, da consumação do delito, da constituição do contrato ou do cumprimento da obrigação" (CASTRO, 2003, p. 197) etc., conforme verificaremos melhor ao analisar os dispositivos da Lei de Introdução às Normas do Direito Brasileiro que versam sobre o assunto.

Portanto, um fato enquadra-se como misto (multinacional ou alienígena) quando faz com que determinada relação ou situação jurídica se vincule a dois ou mais ordenamentos jurídicos e, desta forma, surja a seguinte indagação: qual ordenamento jurídico (o interno ou o estrangeiro) a disciplinará?

8.2. APLICAÇÃO DA LEI NO ESPAÇO

A regra é que cada Estado aplique em seu território o seu próprio Direito, uma vez que o exercício da atividade legislativa é um dos fatores que expressam a soberania ou supremacia do Estado. Deveras, comumente a lei produz efeitos apenas no território do respectivo Estado, não valendo além do correspondente espaço físico (*leges non valente ultra territorium*).

Todavia, em alguns casos, a lei de um Estado é dotada de extraterritorialidade, sendo aplicada também fora do seu território, ou o Estado permite que as leis de outro Estado possam ser aplicadas em seu território, originando conflitos entre normas de diferentes ordenamentos jurídicos, que, por sua vez, dão origem ao Direito Internacional Privado, que já foi inclusive definido como o ramo do Direito que procura estabelecer qual sistema jurídico de diferentes territórios (ou entes soberanos) deve ser utilizado para disciplinar um assunto que tenha conexão com mais de um ordenamento jurídico (NUSSBAUM, 1947, p. 7).

Os comandos do Direito Internacional Privado incidem, porém, apenas sobre "os conflitos entre leis que emanam de soberanias diferentes" (TENÓRIO, 1953, p. 10), como há pouco ressaltado, e não sobre os eventuais conflitos internos, como ocorre nos Estados federados, em que a competência legislativa é distribuída entre os diferentes entes federativos, já que os conflitos que envolvem as normas de um mesmo ordenamento jurídico devem ser por ele mesmo disciplinados.

8.3. MOTIVOS PARA A APLICAÇÃO DE OUTRO ORDENAMENTO JURÍDICO

Para a doutrina clássica, a aplicação do direito de um Estado em outro está relacionada à conveniência e à utilidade (*ex comitate, ob reciprocam utilitatem*), uma vez que os habitantes dos diferentes Estados mantêm múltiplas relações com os de outros, tendo especialmente interesse em negócios celebrados ou em bens situados no exterior, o que impõe que os Estados reconheçam a validade dos atos e negócios celebrados no exterior, a fim de que seus habitantes possam gozar de uma proteção semelhante (FOELIX, 1860, p. 16-7).

Outro argumento constantemente apresentado para justificar o uso do direito estrangeiro é que uma razão superior de justiça impõe que os Estados, quando suas leis são insuficientes ou inadequadas, utilizem outro ordenamento jurídico considerado mais adequado (BEVILÁQUA, 1944, p. 97). Entretanto, esse argumento é frágil, uma vez que para que a justiça efetivamente prevalecesse "seria necessário fazer o cotejo em concreto dos diferentes ordenamentos jurídicos relacionados à situação apreciada, o que não ocorre na prática" (COELHO; COELHO, 2011, p. 12), uma vez que quando o legislador estabelece a aplicação do direito estrangeiro não verifica, previamente, se é o mais adequado para a disciplina do caso concreto.

Também se aponta que a aplicação do direito estrangeiro pode estar baseada em tratados, acordos ou convenções internacionais, ganhando, assim, caráter obrigatório para os participantes da avença. Neste caso, é o próprio Estado que, limitando sua soberania, utiliza espontaneamente o direito estrangeiro.

É comum que se afirme, ainda, que a existência do Direito Internacional Privado está intimamente relacionada ao fato de que as normas dos diferentes ordenamentos jurídicos são diferentes por força de razões históricas, econômicas, políticas, econômicas, sociais e, além disso, os comandos jurídicos são elaborados não apenas para atender às necessidades dos seus destinatários, mas também de acordo com a orientação e o interesse dos participantes da atividade legislativa (BEVILÁQUA, 1944, p. 16), o que impõe que, em caso de conflito, se aponte qual o direito que deve prevalecer. De fato, se todos os ordenamentos jurídicos adotassem as mesmas normas e as interpretassem de maneira idêntica, não existiriam conflitos normativos e, desta forma, não haveria qualquer motivo para que um ramo do direito buscasse solucioná-los.

Sem entrar no mérito das posturas descritas, o que é indiscutível, sem dúvida, é que se todos os Estados aplicassem o seu próprio direito não se justificaria a existência do Direito Internacional Privado, uma vez que todas as relações e situações jurídicas, independentemente de suas peculiaridades, ficariam submetidas à mesma disciplina jurídica. É por isso que se costuma dizer que a "grande conquista do Direito Internacional Privado é a aplicação do direito estrangeiro sempre que a relação jurídica tiver maior conexão com outro sistema jurídico do que com o do foro" (DOLINGER, 1996, p. 241), embora isso nem sempre ocorra, pois o legislador dos diferentes Estados não está obrigado a adotar esse comportamento, o que faz com que deixe de lado, em muitos casos, a conexão existente, embora profunda.

8.4. O DIREITO INTERNACIONAL PRIVADO E A MITIGAÇÃO DA SOBERANIA

Somente surge a discussão acerca do ordenamento jurídico aplicável – direito interno ou estrangeiro – em razão da mitigação da soberania. Deveras, se fosse adotada a visão tradicional a respeito da soberania, que a considera o poder absoluto exercido pelo Estado em seu território, não haveria como ser aceita a aplicação do direito estrangeiro, já que nenhum Estado estaria obrigado a admitir os efeitos e a aplicação de uma lei estrangeira em seu território (BUENO, 1863, p. 17), salvo se houvesse se comprometido na esfera internacional através de um tratado.

Com efeito, se todos os Estados aplicassem o seu próprio direito a todas as pessoas, relações, bens e situações que guardassem também vinculação com outros ordenamentos jurídicos, não existiria o Direito Internacional Privado, uma vez que não haveria, sob o aspecto jurídico, os conflitos de leis no espaço, já que se baseiam na possibilidade de aplicação, ao menos em tese, de normas de dois ou mais ordenamentos jurídicos. Portanto, a mitigação ou relativização da soberania é o principal fundamento jurídico para a existência do Direito Internacional Privado.

Entretanto, ao atribuir efeitos às leis estrangeiras ou utilizá-las em seu território, o Estado "não se despe de sua soberania e independência [mas age] sim pelo sentimento e força da razão e da justiça" (BUENO, 1863, p. 19).

Por outro lado, jamais um Estado poderia aceitar que em seu território fosse feita sempre a aplicação do direito estrangeiro, ou mesmo que essa aplicação se desse em caráter preponderante, pois estaria abdicando de sua soberania.

Sendo assim, podemos chegar a duas conclusões. A primeira é que por força da relativização da soberania, os Estados podem permitir que o direito estrangeiro seja aplicado em seu território e o seu ordenamento jurídico, da mesma forma, é dotado, em algumas hipóteses, de extraterritorialidade. A segunda conclusão é que não é possível que um Estado abdique, por completo, de seu ordenamento jurídico, já que a soberania ou supremacia do Estado manifesta-se por meio das atividades legislativa, executiva e judiciária e a primeira estaria sendo anulada.

Por fim, é importante observar, complementando o que foi colocado há pouco, que o respeito a atos normativos oriundos de outros ordenamentos jurídicos, inclusive os emanados de decisões judiciais, não afetam a soberania do Estado quando não se impõe pela força, mas decorrem da própria vontade do Estado que os executa (ARRIOLA, 1868, p. 7).

8.5. UTILIZAÇÃO DAS NORMAS DE DIREITO INTERNACIONAL PRIVADO

Como exposto anteriormente, as normas de Direito Internacional Privado são responsáveis pela solução dos conflitos de leis no espaço quando uma relação ou situação jurídica guarda vinculação com dois ou mais ordenamentos jurídicos. Além disso, aponta as demais hipóteses em que se fará a aplicação do direito estrangeiro no território nacional, de maneira direta ou indireta, como na hipótese de reconhecimento da validade de uma sentença estrangeira.

No que se refere ao surgimento das situações de conexão, decorre de dois fatores básicos. O primeiro é o deslocamento físico das pessoas, tendo contato com diferentes ordenamentos jurídicos, que se baseia em múltiplos fatores, como os de natureza política, religiosa, econômica, científica, cultural e recreativa (CARDOSO, 1942, p. 16). O segundo fator são os relacionamentos mantidos por meio de diferentes meios de comunicação, como a Internet, que não demandam um deslocamento espacial.

Em outras palavras, para que surjam os conflitos normativos, é preciso que tenha se manifestado uma relação ou situação jurídica, como a abertura de uma sucessão e, ao menos em tese, seja possível a incidência, no caso concreto, de normas de diferentes ordenamentos jurídicos (FULGENCIO, 1962, p. 25).

A presença das normas de Direito Internacional Privado, no que se refere ao conflito normativo, somente se manifesta, porém, se a conexão (ou vinculação) da relação ou situação com outro ordenamento jurídico for considerada juridicamente relevante. De fato, pode ser que o legislador deixe de se referir a uma relação ou situação em que está presente o elemento de conexão por considerá-lo irrelevante ou insignificante, não tenha visualizado a relação ou situação ou tenha entendido melhor não discipliná-la.

Em todas as situações descritas, em que não há qualquer comando de Direito Internacional Privado, a relação ou situação jurídica será, pelo menos em tese, disciplinada pelo direito interno, pois a aplicação do direito estrangeiro, por ser uma situação excepcional, deve ser expressamente determinada ou ser extraída indiscutivelmente do caso concreto.

8.6. NATUREZA DO DIREITO INTERNACIONAL PRIVADO

Embora o Direito Internacional Privado apresente em sua denominação a palavra privado, grande parte da doutrina menciona que, em realidade, possui natureza pública, uma vez que dispõe, em especial, sobre a aplicação da ordem jurídica estatal, matéria eminentemente de ordem pública.

Os defensores do entendimento de que corresponde a um dos ramos do Direito Privado, por sua vez, aduzem que suas normas jurídicas incidem sobre relações jurídicas de natureza privada.

Como o elemento utilizado como suporte para a distinção entre o direito público e o privado é o interesse preponderante que o ramo do direito disciplina, é correta a crítica ao enquadramento do Direito Internacional Privado no âmbito do Direito Privado, tendo em vista que a principal matéria incluída em seu campo de incidência é o conflito normativo, assunto que, indiscutivelmente, está intimamente relacionado ao interesse público. Sendo assim, consideramos correta a afirmação de que o Direito Internacional Privado é privado apenas em sua denominação.

Da mesma forma, é discutível se o Direito Internacional Privado integra o Direito Interno ou o Direito Internacional. Se formos trabalhar apenas com a sua denominação, chegaremos à conclusão de que corresponde a um dos ramos do Direito Internacional. Todavia, como a maioria dos comandos jurídicos que o integram, surgem da atividade legislativa estatal (ou interna) é equivocado enquadrá-lo como um dos ramos do Direito Internacional.

Com a ampliação das hipóteses em que os conflitos normativos são solucionados por meio de comandos que surgem na esfera internacional, será possível, futuramente, dizer que o Direito Internacional Privado é um ramo eclético ou misto do Direito, sendo parte de suas normas decorrentes da atividade legislativa estatal e a outra parte de acordos, tratados ou convenções firmadas na esfera internacional.

8.7. OBRIGATORIEDADE DAS NORMAS DE DIREITO INTERNACIONAL PRIVADO

Quando o legislador prevê a aplicação do direito estrangeiro, sua utilização não pode ser deixada de lado, uma vez que passa a ser dotado de caráter vinculativo. De fato, a opção pela utilização do direito estrangeiro importa, consequentemente, no afastamento do direito interno e a vontade do legislador, a quem incumbe definir o Direito aplicável, não pode ser desprezada pelos juízes e demais operadores jurídicos.

A opção pelo uso do direito estrangeiro produz dois efeitos, sendo um negativo e o outro positivo. O efeito negativo é o afastamento do direito interno. O positivo é a obrigatoriedade de utilização do direito estrangeiro para disciplinar a matéria ou assunto indicado pelo legislador.

A aplicação do direito estrangeiro, quando prevista, deve ser efetivada de ofício (*ex officio*), o que afasta a necessidade de invocação, já que incumbe ao juiz aplicar o direito ao caso concreto (*iura novit curia*).

Existe, porém, uma segunda posição a respeito da aplicação do direito estrangeiro, a qual defende que consiste em um mero fato e, desta forma, deve ser levado ao conhecimento do juiz para que possa ser considerado (*narra mihi factum, dabo tibi ius*); que, todavia, não é observada, embora o sistema jurídico brasileiro preveja que o juiz pode determinar, à parte, que invocou o direito estrangeiro, que comprove o seu teor e a sua vigência.

8.8. RAZÃO DA INCLUSÃO DE COMANDOS DE DIREITO INTERNACIONAL PRIVADO NA LEI DE INTRODUÇÃO ÀS NORMAS DO DIREITO BRASILEIRO

Como visto na primeira parte da exposição, que abrangeu os arts. 1º ao 6º da Lei de Introdução às Normas do Direito Brasileiro, o legislador decidiu elaborar um texto específico para dispor a respeito da aplicação das normas jurídicas. Na primeira parte, discorreu, em especial, sobre: a) a aplicação da lei no tempo e no espaço; b) o afastamento de lacunas; c) a interpretação e a aplicação das normas jurídicas; e d) a proteção ao direito adquirido, ao ato jurídico perfeito e à coisa julgada.

Ocorre que no âmbito da aplicação da norma situa-se também a utilização do ordenamento jurídico estatal, uma vez que pode deixar de alcançar a todos os fenômenos jurídicos que ocorrem no território do respectivo Estado (limitação espacial da aplicação), ser dotado de extraterritorialidade (ampliação espacial da aplicação) ou admitir que determinados assuntos possam ser disciplinados pelo direito estrangeiro (reconhecimento da validade e eficácia de atos normativos emanados de outro ordenamento jurídico). Sendo assim, agiu corretamente o legislador ao incluir comandos relacionados ao Direito Internacional Privado na Lei de Introdução às Normas do Direito Brasileiro.

8.9. A LEI DE INTRODUÇÃO ÀS NORMAS DO DIREITO BRASILEIRO E A SOLUÇÃO DE CONFLITOS NORMATIVOS

A Lei de Introdução às Normas do Direito Brasileiro não consegue solucionar todos os conflitos de leis no espaço (ou conflitos normativos entre diferentes ordenamentos jurídicos). Na realidade, consiste apenas em um dos textos utilizados para a solução dos conflitos normativos. Com efeito, há outros comandos jurídicos que versam sobre a aplicação do direito estrangeiro e mesmo sobre a extraterritorialidade da lei brasileira, de que são exemplos os dispositivos que versam sobre a "competência" internacional da Justiça brasileira, constantes do novo Código de Processo Civil, a previsão de aplicação extraterritorial da lei penal e os comandos em matéria trabalhista que preveem a aplicação da lei mais favorável ao trabalhador quando é transferido para o exterior.

Em suma, os comandos jurídicos que existem na Lei de Introdução às Normas do Direito Brasileiro, a respeito dos conflitos normativos entre diferentes ordenamentos jurídicos, que integram o Direito Internacional Privado, são apenas uma parte dos comandos existentes a respeito do assunto, embora sejam os mais importantes pelo seu grau de abrangência.

9 PERSONALIDADE, NOME, CAPACIDADE E DIREITOS DE FAMÍLIA

> **Art. 7º.** A lei do país em que domiciliada a pessoa determina as regras sobre o começo e o fim da personalidade, o nome, a capacidade e os direitos de família.

De acordo com a Lei de Introdução às Normas do Direito Brasileiro, o ordenamento jurídico (conjunto de normas) do Estado em que a pessoa está domiciliada estabelecerá as regras sobre o começo e o fim da sua personalidade, sobre o seu nome, a sua capacidade e os sobre os direitos de família que lhe são aplicáveis.

Para a compreensão do dispositivo transcrito é preciso, inicialmente, definir o que se entende por domicílio, sendo imperioso ressaltar, de imediato, que o dispositivo em exame abrange apenas a pessoa física, uma vez que faz referência ao fato de que a lei domiciliar será a responsável pela disciplina dos direitos de família. Portanto, deixaremos de lado a análise do domicílio da pessoa jurídica.

Quanto ao domicílio da pessoa física, em sua definição, são comumente considerados dois elementos: a) o objetivo e b) o subjetivo. O elemento objetivo é representado pelo fato de se residir em determinado local e o subjetivo pelo intento de permanecer no local, tornando-o o centro de suas atividades. Esse modelo foi seguido no ordenamento jurídico brasileiro, que aludiu ao domicílio nos seguintes termos: "O domicílio da pessoa natural é o local onde ela estabelece a sua residência com ânimo definitivo". O quadro descrito, por sinal, reflete o entendimento doutrinário dominante e o modelo seguido pela grande maioria dos ordenamentos jurídicos (ESPINOLA; ESPINOLA FILHO, 1999, p. 434).

Não sendo possível a definição do domicílio, em virtude do fato de que não há um lugar em que a pessoa se estabelece com ânimo definitivo, será preciso utilizar outros critérios para a sua fixação, como coloca o Código Civil Brasileiro: a) a pessoa natural que possua diversas residências, onde alternadamente viva, sem considerar qualquer uma delas seu domicílio, será tida como domiciliada em qualquer uma das residências (art. 70); e b) a pessoa natural que não tenha residência habitual será considerada domiciliada no lugar onde for encontrada (art. 73). Ademais, existe a figura do domicílio necessário (art. 76 do CC), que compreende o incapaz (o seu domicílio é o do seu representante ou assistente), o servidor público (está domiciliado no lugar em que exercer permanentemente suas funções), o militar (seu domicílio é o lugar onde servir), o marítimo (o seu domicílio é o mesmo do local em que o navio estiver matriculado) e o preso (está domiciliado no lugar em que cumpre a sentença).

Para a aplicação do comando jurídico que está sendo examinado – a lei domiciliar disciplina o nome, a capacidade, a personalidade e os direitos de família – será fundamental apontar também qual Estado ficará responsável pela definição de domicílio (qualificação), uma vez que um Estado pode considerar, por exemplo, que o domicílio é o local onde a pessoa se estabelece com ânimo definitivo, como colocado pelo ordenamento jurídico brasileiro, e outro que o domicílio é simplesmente o local escolhido pela pessoa como o centro de suas atividades.

A qualificação (ou definição) do que venha a ser domicílio deve utilizar, como referência, o ordenamento jurídico brasileiro quanto às relações e situações jurídicas que aqui se manifestem, já que, não havendo menção em sentido contrário, utiliza-se o direito interno e não o estrangeiro.

9.1. A IMPORTÂNCIA DA DEFINIÇÃO DO ORDENAMENTO JURÍDICO QUE SERÁ UTILIZADO

A definição do ordenamento jurídico que será utilizado para definir a personalidade, o nome, a capacidade e os direitos de família, assim como outras situações em que uma relação ou situação guarda vinculação com dois ou mais ordenamentos jurídicos, está relacionada ao fato de que o tratamento normativo das diferentes matérias ou assuntos não é o mesmo nos diferentes Estados, como anteriormente mencionado.

A diversidade pode estar presente, por exemplo, na definição da capacidade (ou aptidão) de uma pessoa para a prática de atos jurídicos. A propósito, o art. 104 do Código Civil brasileiro prevê que um dos requisitos para a validade de um negócio jurídico é a capacidade das partes. Sendo assim, se for realizado um contrato de compra e venda no território brasileiro, a capacidade dos contratantes será aferida utilizando-se como referência a lei do país em que estiverem domiciliadas. Desta forma, se um dos contratantes não estiver domiciliado no Brasil, em que a capacidade plena é adquirida aos dezoito anos (art. 5º, *caput*, do CC), teremos que verificar o que dispõe a lei do Estado em que está domiciliado a respeito da sua capacidade, a fim de que possamos dizer se o negócio jurídico realizado é ou não válido.

9.2. CRITÉRIOS MAIS COMUNS NA DEFINIÇÃO DA LEI APLICÁVEL PARA DEFINIR A PERSONALIDADE, O NOME, A CAPACIDADE E OS DIREITOS DE FAMÍLIA

Na definição da lei aplicável para definir a personalidade, o nome, a capacidade e os direitos de família, são adotados, comumente, dois critérios: a) a lei do Estado em que a pessoa está domiciliada e b) a lei do Estado de nacionalidade da pessoa.

Em prol da utilização da *lei domiciliar* figuram, em especial, os seguintes argumentos: a) o domicílio consiste na sede jurídica das pessoas, sejam elas físicas ou jurídicas; b) é muito mais fácil identificar o local em que a pessoa está domiciliada do que a sua nacionalidade; c) os Estados que receberam um grande número de imigrantes teriam que levar em consideração leis de diferentes nacionalidades, que, muitas vezes, estariam em conflito com o meio social; e d) o país de origem da pessoa pode possuir diferentes sistemas legislativos, o que impede a identificação de uma lei nacional (ESPINOLA; ESPINOLA FILHO, 1999, p. 415-8).

Na realidade, há outro argumento, não mencionado anteriormente, que também justifica a utilização da lei domiciliar. Trata-se da necessidade de se garantir a ordem pública, uma vez que as questões abrangidas no âmbito da personalidade, quando consideradas em sentido amplo, ligam-se diretamente ao interesse dos diferentes Estados por estarem relacionadas aos direitos fundamentais.

Nada impede, porém, que seja adotada, como lei pessoal, a lei do Estado de nacionalidade do indivíduo, como faz, por exemplo, o Código Civil português no art. 31º, com algumas pequenas restrições que afastam o critério. Aliás, a antiga Lei de Introdução às Normas do Direito Brasileiro, cujos comandos figuravam em caráter introdutório ao Código Civil anterior (Lei nº 3.071, de 1º de janeiro de 1916), previa que "A lei nacional da pessoa determina a capacidade civil, os direitos de família, as relações pessoais dos cônjuges e o regime dos bens no casamento, sendo lícito quanto a este a opção pela lei brasileira" (art. 8).

O que levou à modificação do critério utilizado – substituição da nacionalidade pelo domicílio – foi a necessidade de garantir a soberania nacional, como ressaltado na seguinte passagem (AMORIM; OLIVEIRA JÚNIOR, 2014, p. 45):

> O Brasil adota, hoje, o domicílio como elemento de conexão. Anteriormente seguia a nacionalidade. Entretanto, veio a 2ª Guerra Mundial e os países do Eixo – Alemanha, Itália e Japão – tinham muitos dos seus súditos domiciliados no Brasil.
>
> Vários navios brasileiros foram torpedeados em nossas costas e isto concorreu não só para que o Brasil declarasse guerra àquelas nações, como também para que os ânimos dos brasileiros se exaltassem a ponto de serem ocasionados vários distúrbios internos com quebra-quebras de estabelecimento comerciais pertencentes a italianos, alemães e japoneses.
>
> Em razão disso, se o Brasil tomasse como base o elemento de conexão nacionalidade, teria de aplicar aqui leis italianas, alemães e japonesas nas demandas em que pessoas dessas nacionalidades fossem envolvidas.

Por sinal, a utilização da nacionalidade, como elemento determinante na definição da lei aplicável, oferece uma maior segurança jurídica, uma vez que o domicílio pode ser facilmente modificado, embora não devamos esquecer, também, que uma pessoa pode não ter qualquer nacionalidade (apátrida) ou possuir várias nacionalidades (polipatrídia), o que faz com que tenhamos problemas também na utilização da nacionalidade.

No momento, porém, não nos resta alternativa a não ser observar ao que está previsto na Lei de Introdução às Normas do Direito Brasileiro, uma vez que se trata de uma determinação legislativa e, consequentemente, dotada de caráter vinculativo.

9.3. PERSONALIDADE

Os direitos da personalidade são os direitos considerados inerentes às pessoas, o que faz com que sejam identificados como direitos essenciais, fundamentais, básicos, elementares de todos os seres humanos.

A personalidade, por sua vez, é a atribuição, a uma pessoa, da qualidade de sujeito de direito, permitindo, desta forma, que possa adquirir direitos e contrair obrigações. Para o Código Civil brasileiro, toda pessoa tem aptidão para adquirir direitos e deveres na ordem civil (art. 1º). Na realidade, os direitos da personalidade não se projetam apenas na esfera civil, mas em todos os ramos do ordenamento jurídico, sobretudo pelo fato de que se encontram também protegidos pelo texto constitucional.

A Constituição Federal, por sinal, reconhece, dentre outros, os seguintes direitos da personalidade: a) respeito à dignidade (art. 1º, III); b) proteção à vida (art. 5º, *caput*); c) defesa da liberdade (art. 5º, *caput*); d) tratamento igualitário (art. 5º, *caput*); e) segurança (art. 5º, *caput*); f) manifestação do pensamento (art. 5º, IV); g) intimidade, privacidade, honra e imagem (art. 5º, X); h) direito à informação (art. 5º, XXXIII); etc.

De acordo com o Código Civil, a personalidade civil da pessoa física inicia-se a partir do nascimento com vida, embora a lei proteja, desde a concepção, os direitos do nascituro (art. 2º). Com a morte desaparece a personalidade, pois põe fim à existência da pessoa natural (art. 6º do CC).

É interessante notar ainda que o Código Civil brasileiro dispõe, em um capítulo específico, sobre os direitos da personalidade, no qual consta, por exemplo, que consistem em direitos intransmissíveis e irrenunciáveis, que não podem sofrer sequer limitação voluntária por serem indisponíveis (art. 11), que podem ser defendidos quando estão sendo ameaçados ou já foram lesionados (art. 12, *caput*), que é defesa a disposição do próprio corpo quando importar em diminuição permanente da integridade física ou ferir os bons costumes, salvo por exigência médica (art. 13), que todas as pessoas tem direito ao nome, nele compreendidos o prenome e o sobrenome e à sua proteção (arts. 16, 17 e 18) e que a vida privada das pessoas é inviolável (art. 21).

Diante dos termos da Lei de Introdução às Leis do Direito Brasileiro, o começo e o fim da personalidade são disciplinados pela lei do Estado em que a pessoa está domiciliada. Desse modo, se estiver domiciliada no Brasil, a sua personalidade, por exemplo, começa do nascimento com vida, mas a lei põe a salvo, desde a concepção, os direitos do nascituro (art. 2º do CC). Da mesma forma, é o ordenamento jurídico brasileiro que definirá quando cessará a personalidade da pessoa que está domiciliada no Brasil. Aliás, mencionamos anteriormente que o Código Civil brasileiro dispõe que a morte coloca fim à personalidade.

No entanto, apenas as questões descritas devem ficar submetidas à lei do país em que a pessoa está domiciliada, uma vez que os direitos da personalidade estão relacionados ao interesse público e, desta forma, interessa aos Estados aplicar a sua própria lei (lei local) na disciplina do assunto, sendo indiferente a nacionalidade e o domicílio da pessoa.

Ainda em relação à personalidade, é importante observar que, se eventualmente uma pessoa for privada de personalidade por um Estado, deve se submeter à *lex fori* (lei do local em que se encontre), uma vez que é inadmissível que existam seres humanos sem personalidade, o mesmo ocorrendo no caso de restrição ou ampliação desmedida (FERREIRA, 1957, p. 30-1).

9.4. NOME

Embora faça parte dos direitos da personalidade, a proteção ao nome foi expressamente mencionada pela Lei de Introdução às Normas do Direito Brasileiro como estando submetida também à lei do país em que a pessoa está domiciliada, como se fosse um elemento distinto.

O nome é considerado um dos direitos da personalidade por servir para distinguir, individualizar as pessoas no âmbito familiar e social. A palavra deriva do latim *gnoscere*, que significa conhecer. É por isso que se afirma que o nome é o principal elemento de identificação civil de uma pessoa, acompanhando-a durante toda a sua vida, embora possa ser modificado,[8] e inclusive possibilita que seja lembrada mesmo após a sua morte.

Existem vários fatores que servem para caracterizar a proteção oferecida ao nome, dentre os quais figuram: a) a sua obrigatoriedade, por se tratar de direito inerente às pessoas; b) a sua exclusividade, por se tratar de um elemento de identificação, individualização das pessoas; c) a sua imprescritibilidade, pois a proteção ao nome não desaparece, mesmo que não esteja sendo exercitada; d) seu caráter absoluto, por ser oponível contra todas as demais pessoas físicas e jurídicas, inclusive o Estado (eficácia horizontal e vertical dos direitos fundamentais); e) o fato de não poder ser alienado, transferido ou renunciado, por ser um direito fundamental; f) a vitaliciedade, que decorre do fato de acompanhar a pessoa por toda a sua vida; etc.

O entendimento de que o nome integra o rol dos direitos da personalidade, anteriormente mencionado, figura expressamente no Código Civil brasileiro, que dedicou especificamente ao assunto os seguintes dispositivos: a) art. 16. Toda pessoa tem direito ao nome, nele compreendidos o prenome e o sobrenome; b) art. 17. O nome da pessoa não pode ser empregado por outrem em publicações ou representações que a exponham ao desprezo público, ainda quando não haja intenção difamatória; c) art. 18. Sem autorização, não se pode usar o nome alheio em propaganda comercial; e d) art. 19. O pseudônimo adotado para atividades lícitas goza da proteção que se dá ao nome.

A primeira menção feita pelo Código Civil a respeito do nome diz respeito à sua composição, que deve ser formada pelo prenome e pelo sobrenome. Os dois elemen-

---

8. Lei nº 6.015, de 31 de dezembro de 1973 (Lei de Registros Públicos): "Art. 57. Qualquer alteração posterior de nome, somente por exceção e motivadamente, após audiência do Ministério Público, será permitida por sentença do juiz a que estiver sujeito o registro, arquivando-se o mandado e publicando-se a alteração pela imprensa.".

tos, em conjunto, servem para a individualização da pessoa, sendo, por isso, obrigatórios, como ressalta também a Lei de Registros Públicos (Lei nº 6.015/1973), ao prever que no assento do nascimento deverá contar, dentre outros requisitos, o nome e o prenome que foram postos à criança (art. 54), que, a princípio, são atribuídos pelos pais, embora existam também outros legitimados (art. 52).

O prenome, como a própria palavra indica, é o primeiro nome atribuído à pessoa, podendo ser simples (Fábio, Rafael, Fernanda, Paula, Lucas, Gilson etc.) ou composto (Pedro Paulo, Marco Antônio, Débora Regina, Ana Paula etc.). Para garantir a dignidade humana, é essencial que o nome atribuído à pessoa não a exponha ao ridículo, a vexame, a constrangimento. Por sinal, se essa circunstância estiver presente no caso concreto, o oficial do registro civil deverá se recusar a fazer o registro (art. 55, parágrafo único, da Lei nº 6.015/1973).

É interessante observar que nada impede que os filhos tenham o mesmo prenome. Todavia, para que possam ser diferenciados é essencial que sejam inscritos com duplo prenome ou nome completo diverso (art. 63, parágrafo único, da Lei nº 6.015/1973).

No entanto, para facilitar a identificação da pessoa deve ser colocado também o sobrenome, que serve atualmente para indicar a origem, a descendência da pessoa, embora historicamente tenha servido também para indicar outros aspectos, como o seu local de nascimento.

O sobrenome é também conhecido como nome de família, patronímico ou cognome, vindo logo depois do prenome. Pode ser formado pelo nome da família dos pais, da mãe ou do pai. Assim como ocorre com o prenome, pode ser também simples (Alves, Araújo, Pereira, Soares) ou composto (Garcia Sanches, Rodrigues Alves, Silva Jardim, Martins Fontes etc.).

Também é comum a utilização do agnome, elemento associado ao nome completo para diferenciá-lo, em especial, do nome de parentes – como ocorre com os seguintes elementos: Filho, Neto, Júnior, Segundo, Sobrinho – e, eventualmente, do apelido (alcunha ou cognome), como ocorreu com o ex-Presidente da República Luiz Inácio da Silva, que acrescentou, ao seu nome, o apelido Lula, passando a se chamar Luiz Inácio Lula da Silva.

Por fim, é interessante observar que o Código Civil brasileiro também vedou que o nome da pessoa possa ser empregado em publicações ou representações que a exponham a desprezo público, mesmo não havendo intenção (art. 17), que sem autorização o nome de uma pessoa não pode ser usado em propaganda comercial (art. 18) e que o pseudônimo ou nome fictício, quando adotado para o desempenho de uma atividade lícita, goza da mesma proteção oferecida ao nome (art. 19).

9.5. CAPACIDADE

Capacidade é a aptidão para exercer pessoalmente os atos da vida civil ou, como diz o Código Civil português (art. 67º), a possibilidade de ser sujeito de qualquer relação jurídica, salvo disposição em sentido contrário.

A capacidade está relacionada à manifestação da vontade.

Sob a ótica jurídica, a pessoa pode ser considerada plenamente capaz, relativamente capaz ou absolutamente incapaz. No ordenamento jurídico brasileiro, a capacidade plena, no aspecto etário, é alcançada quando a pessoa completa dezoito anos (art. 5º, *caput*, do CC). Os maiores de dezesseis e menores de dezoito anos são considerados relativamente capazes (art. 4º do CC) e os menores de dezesseis anos são tidos como absolutamente incapazes (art. 3º do CC).

A ausência de capacidade pode também estar relacionada a enfermidade, doença mental, causa transitória que impeça a pessoa de exprimir a sua vontade, embriaguez habitual, vício em tóxicos e à prodigalidade (arts. 3º e 4º do CC).

A incapacidade cessa pela emancipação; se o menor tiver dezesseis anos completos, pelo casamento, pelo exercício de emprego público efetivo, pela colação de grau em curso de nível superior e pelo exercício de atividade civil ou comercial ou existência de relação de emprego, desde que o menor tenha pelo menos dezesseis anos completos e economia própria (art. 5º do CC).

Os critérios descritos, porém, são, apenas e tão somente, os previstos pelo sistema jurídico pátrio. Desse modo, somente serão utilizados para a definição da capacidade de uma pessoa se estiver aqui domiciliada. Consequentemente, se formos aferir se uma pessoa que participou de uma relação jurídica, como a compra e venda, é dotada de capacidade levaremos em consideração a lei do Estado em que está domiciliada.

A propósito, o Código Civil brasileiro dispõe que a validade do negócio jurídico requer a observância dos seguintes requisitos: agente capaz, objeto lícito, possível, determinado ou determinável e forma prescrita ou não vedada pela lei (art. 104 do CC).

Apenas excepcionalmente, com a intenção de proteger a boa-fé de terceiros, é que se faz a aplicação da lei do local em que a obrigação foi contraída e não a lei do local em que se encontra domiciliada. Por sinal, caminha neste sentido, o Código Civil brasileiro quando prevê que "o menor, entre dezesseis e dezoito anos, não pode, para eximir-se de uma obrigação, invocar a sua idade se dolosamente a ocultou quando inquirido pela outra parte, ou se, no ato de obrigar-se, declarou-se maior" (art. 180), embora o intento almejado tenha sido impedir que o menor possa se valer de sua própria torpeza, expressa num comportamento contraditório (*venire contra factum proprium*).

9.6. DIREITOS DE FAMÍLIA

Os direitos de família também estão sujeitos, em sua disciplina jurídica, à lei do Estado em que a pessoa estiver domiciliada. Sendo assim, é importante observar que o direito de família abrange, em especial, os seguintes temas, tendo-se como referência os arts. 1.511 a 1.783 do Código Civil brasileiro: a) casamento; b) dissolução da sociedade e do vínculo conjugal; c) proteção da pessoa dos filhos; d) relações de parentesco; e) filiação; f) reconhecimento dos filhos; g) adoção; h) poder familiar;

i) regime de bens entre os cônjuges; j) usufruto e administração de bens de filhos menores; k) alimentos; l) bem de família; m) união estável; e n) tutela e curatela.

Ademais, não pode ser esquecido que a proteção à família figurou expressamente no texto constitucional, notadamente no seu art. 226, dotado da seguinte redação:

> Art. 226. A família, base da sociedade, tem especial proteção do Estado.
> § 1º. O casamento é civil e gratuita a celebração.
> § 2º. O casamento religioso tem efeito civil, nos termos da lei.
> § 3º. Para efeito da proteção do Estado, é reconhecida a união estável entre o homem e a mulher como entidade familiar, devendo a lei facilitar sua conversão em casamento.
> § 4º. Entende-se, também, como entidade familiar a comunidade formada por qualquer dos pais e seus descendentes.
> § 5º. Os direitos e deveres referentes à sociedade conjugal são exercidos igualmente pelo homem e pela mulher.
> § 6º. O casamento civil pode ser dissolvido pelo divórcio.
> § 7º. Fundado nos princípios da dignidade da pessoa humana e da paternidade responsável, o planejamento familiar é livre decisão do casal, competindo ao Estado propiciar recursos educacionais e científicos para o exercício desse direito, vedada qualquer forma coercitiva por parte de instituições oficiais ou privadas.
> § 8º. O Estado assegurará a assistência à família na pessoa de cada um dos que a integram, criando mecanismos para coibir a violência no âmbito de suas relações.

Para o afastamento do ordenamento jurídico brasileiro, na esfera do direito de família, é necessário que fique clara a permanência transitória, efêmera, da pessoa no território nacional e, desta forma, tenha o seu domicílio em outro país, pois, do contrário, a necessidade de observância da ordem pública levará à aplicação do direito interno, sobretudo em alguns temas considerados mais relevantes, como a prestação de alimentos.

Portanto, pode ser que, no caso concreto, seja plenamente justificável o afastamento do direito estrangeiro definido como o responsável pela disciplina jurídica do assunto por ferir a ordem pública, notadamente os dispositivos de natureza constitucional.

9.7. ESTADO DA PESSOA

O estado da pessoa representa a sua posição, situação, nível ou enquadramento perante o ordenamento jurídico. O estado abrange, por exemplo, as seguintes situações: nacional ou estrangeiro, capaz ou incapaz, maior ou menor de idade, filho, cônjuge. Juridicamente, o "estado jurídico da pessoa exprime a sua condição jurídica geral, como sujeito de direito" (ESPINOLA; ESPINOLA FILHO, 1999, p. 21). Sendo assim, o estado da pessoa relaciona-se com os direitos da personalidade e com a capacidade e, consequentemente, fica também submetido, em sua disciplina jurídica, à lei do Estado em que a pessoa está domiciliada.

O Estado, posição ou situação jurídica da pessoa, pode decorrer do elemento volitivo ou de previsão legal, além de se relacionar ao aspecto biológico (ou físico), quando é denominado originário.

No contexto do estado originário de uma pessoa, sobretudo o decorrente do nascimento, figuram, por exemplo, a sua menoridade (maior ou menor), a sua capacidade (plena, relativa ou absoluta), o seu estado civil (solteiro, casado, divorciado etc.) e o seu sexo (masculino ou feminino) (ESPINOLA; ESPINOLA FILHO, 1999, p. 28).

O enquadramento das pessoas em diferentes situações ou posições, sob a ótica jurídica, o denominado *status* (ou estado), é um comportamento comum dos operadores jurídicos, sendo que em alguns casos adquire, inclusive, um caráter discriminatório.

No Direito romano, por exemplo, as pessoas eram enquadradas quanto à sua liberdade (*status libertatis*), o fato de serem ou não cidadãos romanos (*status civitatis*) e a sua posição no âmbito familiar (*status familiae*).

Utilizando como referência o direito de família, o estado abrange, por exemplo, "o conjunto de elementos, direitos e obrigações oriundos das relações de parentesco e seus efeitos entre pessoas a título de casamento, separação, divórcio, filiação ou legitimação" (GARCEZ, 1999, p. 105).

Diante do que foi exposto, afigura-se indiscutível que o estado da pessoa, por estar relacionado aos direitos da personalidade, também fica submetido à lei do país em que está domiciliada.

> **§ 1°.** Realizando-se o casamento no Brasil, será aplicada a lei brasileira quanto aos impedimentos dirimentes e às formalidades da celebração.

Todas as vezes que um casamento for celebrado no Brasil, será obrigatória a observância dos impedimentos dirimentes e das formalidades relacionadas à sua celebração, que são considerados matérias de ordem pública. Há, assim, uma ruptura com a regra, representada pelo entendimento de que as questões familiares, consideradas num sentido amplo, devem ser disciplinadas pela lei do Estado em que a pessoa está domiciliada.

Os impedimentos mencionados no dispositivo que estão sendo analisados são obstáculos impostos pela ordem jurídica para a celebração do casamento entre determinadas pessoas, podendo ser, quanto à sua essência, de natureza física, moral ou legal.

São, portanto, impedimentos matrimoniais que se forem desrespeitados farão com que o casamento realizado seja considerado nulo. Aliás, são chamados de impedimentos em virtude do fato de que impedem, obstam a formação do vínculo matrimonial. É por isso que o legislador, ao tratar do tema (art. 1.521 do CC), deixou expressamente consignado que o vínculo matrimonial não pode ser formado entre determinadas pessoas.

Num sentido amplo, os impedimentos para a formação do vínculo matrimonial, segundo uma antiga maneira de classificá-los, podem ser: a) dirimentes (dirimir = encerrar, extinguir, terminar etc.) e b) proibitivos (proibido = vedado, não autorizado etc.).

Os dirimentes, que são os que nos interessam no momento, provocam a nulidade do casamento se não forem observados. Os proibitivos são os que, uma vez desrespeitados, provocam a anulação do casamento.

Os impedimentos dirimentes são classificados em absolutos ou relativos. Os absolutos são os que impedem que a pessoa possa contrair o vínculo matrimonial com quem quer que seja (exemplo: pessoa já casada) e os relativos a impedem de contrair o vínculo apenas com determinadas pessoas (exemplo: casamento de ascendente com descendente) (DE PLÁCIDO E SILVA, 1993, p. 418).

À luz do Código Civil brasileiro, são considerados impedimentos dirimentes ou absolutos os que estão previstos no art. 1.521, dotado da seguinte redação:

Art. 1.521. Não podem casar:

I – os ascendentes com os descendentes, seja o parentesco natural ou civil;

II – os afins em linha reta;

III – o adotante com quem foi cônjuge do adotado e o adotado com quem o foi do adotante;

IV – os irmãos, unilaterais ou bilaterais, e demais colaterais, até o terceiro grau inclusive;

V – o adotado com o filho do adotante;

VI – as pessoas casadas;

VII – o cônjuge sobrevivente com o condenado por homicídio ou tentativa de homicídio contra o seu consorte.

Os diferentes impedimentos descritos estão, pela ordem, relacionados aos seguintes fatores: a) parentesco (incisos I, II, III, IV e V); b) impossibilidade de se contrair, sendo casado, um novo casamento (inciso VI) e c) evitar que a pessoa que matou ou tentou matar alguém possa se casar com o cônjuge da vítima (inciso VII).

Ainda no que se refere aos impedimentos apontados, cumpre observar que o Código Civil brasileiro estabelece que, se não forem observados, o casamento será nulo e a mesma consequência decorrerá do casamento que foi contraído pelo enfermo mental sem o necessário discernimento para os atos da vida civil, podendo a declaração de nulidade ser requerida por qualquer interessado ou pelo Ministério Público (art. 1.549).

Em virtude da importância dos impedimentos listados, são considerados de ordem pública e, por isso, devem ser observados no território naciona,l mesmo que o casamento seja realizado no consulado ou embaixada do país de nacionalidade dos nubentes. A propósito, o enquadramento dos impedimentos descritos como sendo de ordem pública decorre do fato de que visam a "assegurar a organização, conservação e ordem social, respeitar a opinião pública e o sentimento nacional, atender à moralidade e bons costumes do povo brasileiro" (ESPINOLA; ESPINOLA FILHO, 1999, p. 155).

No que se refere às formalidades de celebração do casamento, outra hipótese em que é obrigatória a observância do ordenamento jurídico brasileiro, consistem em preceitos de ordem pública que preveem como o casamento deve ser realizado para que seja considerado válido no território nacional.

Acerca das formalidades, é importante observar que o legislador não as especificou, o que permite concluir que devem ser observadas as formalidades intrínsecas e extrínsecas previstas.

As formalidades intrínsecas são as que se referem aos requisitos indispensáveis para a validade do ato, como a capacidade, o consentimento, ou se referem a atos preliminares e indispensáveis, como a autorização paterna para o homem e a mulher com dezesseis anos de idade contraírem o vínculo por não serem absolutamente capazes (DE PLÁCIDO E SILVA, 1993, p. 317).

As formalidades extrínsecas, por sua vez, podem ser quanto à forma *ad solemmitatem* (são da essência do ato) ou *ad probationem* (servem para a prova do ato), sendo enquadradas ainda como preliminares, atuais, solenes, essenciais e posteriores. As preliminares são as que antecedem à prática do casamento, como a habilitação. As atuais são as que indicam quais são os requisitos que o legislador considera, no momento, indispensáveis para a formação do vínculo matrimonial. As solenes são as que impõe determinados requisitos para a validade do ato, como a necessidade de ser realizado com as portas abertas. As essenciais representam as formalidades que devem ser obrigatoriamente seguidas para a validade do casamento, como a manifestação de vontade dos nubentes. Por fim, as posteriores são as que devem ser observadas após a prática do ato, como o registro civil do casamento (DE PLÁCIDO E SILVA, 1993, p. 317-8).

São exemplos de formalidades extrínsecas relacionadas à celebração do casamento: publicidade, necessidade de que seja realizado com as portas abertas, presença de pelo menos duas testemunhas e celebração do casamento no dia, hora e lugar previamente designados (arts. 1.533 e 1.534 do CC).

> **§ 2°.** O casamento de estrangeiros poderá celebrar-se perante autoridades diplomáticas ou consulares do país de ambos os nubentes.

De acordo com a Lei de Introdução às Normas do Direito Brasileiro, o casamento de estrangeiros, em nosso país, poderá celebrar-se perante as autoridades diplomáticas ou consulares do país de ambos os nubentes.

Para um melhor entendimento do dispositivo é importante observar, inicialmente que, juridicamente, se enquadra como estrangeiro quem não possua a nacionalidade brasileira ou a tenha perdido após a sua naturalização. Como o estrangeiro se opõe juridicamente ao brasileiro, é possível também identificá-lo analisando quem se enquadra como brasileiro de acordo com o texto constitucional (art. 12 da CF). De fato, as pessoas são enquadradas como nacionais ou como estrangeiras, consoante possuam ou não a nacionalidade brasileira. No caso, é indiferente que se trate de brasileiro nato ou naturalizado, uma vez que nas duas hipóteses é realizado o enquadramento como nacional.

Para que o casamento de estrangeiros possa ser celebrado em uma repartição diplomática ou consular e ser considerado válido, é necessário que ambos os nubentes (pessoas que vão se casar) possuam a nacionalidade do Estado (país) a que está vinculada a repartição diplomática ou consular, como colocou expressamente a Lei nº 3.238, de 1º de agosto de 1957, ao alterar a redação do § 2º do art. 7º da Lei de Introdução às Normas do Direito Brasileiro, que antes não previa essa exigência. Sendo assim, é possível, por exemplo, que dois americanos contraiam o vínculo matrimonial perante a autoridade diplomática ou consular do respectivo Estado e o matrimônio também seja considerado válido no Brasil.

As funções das autoridades diplomáticas estão definidas no art. 3º da Convenção de Viena sobre Relações Diplomáticas. Dentre as funções que lhe são conferidas destacam-se as seguintes: a) representação de um Estado perante outro; b) defesa dos interesses de um Estado e de seus nacionais; c) realização de negociações em nome de um Estado; d) informar o Estado que representa das condições e da evolução dos acontecimentos no Estado em que atua; e e) promover relações amistosas e desenvolver as relações econômicas, científicas e culturais entre o Estado que representa e o Estado em que exerce suas funções.

Quanto às autoridades consulares, suas funções estão definidas no art. 5º da Convenção de Viena sobre Relações Consulares, consistindo, basicamente: a) na proteção dos interesses do Estado que representa e de seus nacionais; b) no fomento de relações comerciais, econômicas, culturais e científicas; c) na prestação de informações comerciais, econômicas, culturais e científicas acerca do Estado em que exercem suas funções; d) na expedição de passaporte e documentos de viagem; e) na prestação de ajuda e assistência aos nacionais; f) no exercício da função de notário e oficial de registro civil; g) no resguardo dos interesses dos nacionais do Estado que representa; etc.

Em poucas palavras, é possível dizer que, enquanto as autoridades diplomáticas representam os interesses de um Estado perante outro, as autoridades consulares tutelam os interesses dos nacionais e das empresas do Estado representado no Estado em que atuam.

Ao aduzir que o casamento poderá ser celebrado perante autoridades diplomáticas ou consulares do país de ambos os nubentes o legislador prevê que a celebração do casamento, embora realizada no Brasil, seguirá a lei do Estado de nacionalidade dos nubentes, salvo quanto aos impedimentos dirimentes e formalidades de celebração, que seguem ao ordenamento jurídico brasileiro por serem matérias de ordem pública.

É indiferente para que se faça a aplicação do dispositivo o local em que os nubentes estão domiciliados. Aliás, sequer precisam estar domiciliados no Brasil, uma vez que quem afere se o casamento deve ser realizado ou não é a autoridade que o celebrará.

Uma questão importante relacionada à celebração do casamento perante as autoridades diplomáticas ou consulares diz respeito à seguinte indagação: a autorização para a celebração do casamento abrange também o processo de habilitação (formalidades preliminares)?

Tendo como referência a Convenção de Direito Internacional Privado de Havana, mais conhecida como Código de Bustamante, e o Código Civil brasileiro de 1916, Eduardo Espinola e Eduardo Espinola Filho (1999, p. 190) faziam a seguinte distinção quanto à aplicação do dispositivo em apreço: a) formalidades preliminares do casamento: direito brasileiro; b) capacidade matrimonial: lei do domicílio do nubente; c) impedimentos dirimentes e formalidades de celebração do casamento: direito brasileiro; e d) celebração: lei do Estado dos nubentes se for realizado perante autoridades diplomáticas ou consulares do respectivo país.

Não há nenhuma ressalva, atualmente, à classificação apresentada, que, consequentemente, é plenamente compatível com o Código Civil atual e, em especial, com a previsão da Lei de Introdução às Normas do Direito Brasileiro de que as formalidades de celebração do casamento seguem ao direito brasileiro. É importante observar, em especial, que a realização do processo de habilitação perante o oficial do registro civil brasileiro é fundamental para que possa ser aferido, por exemplo, se os impedimentos dirimentes estão sendo observados.

No entanto, será necessário que seja feita também a habilitação perante a representação diplomática ou consular responsável pela celebração do casamento, embora esse tema não interesse diretamente ao nosso ordenamento jurídico, pois incumbe ao Estado que celebrará o vínculo discipliná-lo.

Ao apontar que o casamento poderá ser celebrado no Brasil, perante a autoridade diplomática ou consular do país de nacionalidade dos nubentes, o legislador está dizendo, implicitamente, que além de produzir efeitos no Estado de origem dos nubentes, o vínculo também será considerado válido no Brasil, assim como em outros Estados que o reconhecerem.

É importante observar ainda que o legislador não condicionou a aplicabilidade do dispositivo que está sendo analisado à reciprocidade, como previsto no Código Civil português, que prevê que:

> **Art. 51º.** O casamento de dois estrangeiros em Portugal pode ser celebrado segundo a forma prescrita na lei nacional de qualquer dos contratantes, perante os respectivos agentes diplomáticos ou consulares, desde que igual competência seja reconhecida por essa lei aos agentes diplomáticos e consulares portugueses.

> **§ 3º.** Tendo os nubentes domicílio diverso, regerá os casos de invalidade do matrimônio a lei do primeiro domicílio conjugal.

Quando os nubentes (pessoas que vão se casar) possuírem domicílio diverso, os casos de invalidade do vínculo matrimonial serão aferidos de acordo com a lei do primeiro domicílio conjugal. Caso possuam o mesmo domicílio conjugal, os casos de invalidade do matrimônio seguirão a lei do respectivo Estado. Portanto, mais uma vez, o legislador se manteve fiel ao entendimento de que as questões de natureza familiar devem ser submetidas à lei do Estado que os interessados estão domiciliados, embora essa opção, na situação em apreço, possa conduzir à aplicação de um ordenamento jurídico que não guarda qualquer relação com o que o vínculo foi celebrado e com o que os nubentes estavam domiciliados.

Quanto às hipóteses de invalidade do casamento, abrangem as situações em que o casamento é considerado nulo ou anulável, sendo que as duas situações podem ser exemplificadas através das seguintes hipóteses, extraídas do Código Civil Brasileiro:

a) vínculo é considerado nulo: casamento contraído por enfermo mental sem o necessário discernimento para os atos da vida civil ou por infringência de impedimento (art. 1.548 do CC); b) casamento é anulável: um dos contraentes não completou a idade mínima para casar, houve vício de vontade, a autoridade que o celebrou era incompetente etc. (art. 1.550 do CC).

Utilizando ainda como referência o ordenamento jurídico brasileiro, temos, no Código Civil pátrio, a previsão das seguintes hipóteses de invalidade do casamento:

a) art. 1.548. É nulo o casamento contraído: I – pelo enfermo mental sem o necessário discernimento para os atos da vida civil; II – por infringência de impedimento;

b) art. 1.550. É anulável o casamento: I – de quem não completou a idade mínima para casar; II – do menor em idade núbil, quando não autorizado por seu representante legal; III – por vício da vontade, nos termos dos arts. 1.556[9] e 1.558[10]; IV – do incapaz de consentir ou manifestar, de modo inequívoco, o consentimento; V – realizado pelo mandatário, sem que ele ou o outro contraente soubesse da revogação do mandato, e não sobrevindo coabitação entre os cônjuges; VI – por incompetência da autoridade celebrante. Parágrafo único. Equipara-se à revogação a invalidade do mandato judicialmente decretada.

Na verdade, para se saber ao certo quando o casamento será considerado nulo ou anulável, será necessário levar em consideração a lei do país em que os cônjuges tiverem o seu primeiro domicílio em comum (domicílio conjugal), uma vez que os diferentes ordenamentos jurídicos podem oferecer um tratamento jurídico distinto para o assunto.

Da mesma forma, a lei do Estado que disciplinar os casos de invalidade do casamento cuidará dos efeitos jurídicos e da extensão do reconhecimento da nulidade ou da anulação do vínculo (ESPINOLA; ESPINOLA FILHO, 1999, p. 215).

---

9. "Art. 1.556. O casamento pode ser anulado por vício da vontade, se houve por parte de um dos nubentes, ao consentir, erro essencial quanto à pessoa do outro."

10. "Art. 1.558. É anulável o casamento em virtude de coação, quando o consentimento de um ou de ambos os cônjuges houver sido captado mediante fundado temor de mal considerável e iminente para a vida, a saúde e a honra, sua ou de seus familiares."

Um aspecto interessante da previsão legislativa é o fato de que as situações de invalidade do vínculo matrimonial podem se manifestar antes da existência do domicílio conjugal, mas mesmo assim serão disciplinadas pela lei do Estado em que se manifestar o primeiro domicílio conjugal, como ressaltado na seguinte passagem:

> (...) decidiu o legislador que, ainda que reconhecida a antecedência do fenômeno da invalidade ao próprio estabelecimento do domicílio conjugal, em caso de divergência do domicílio dos nubentes, seja, mesmo, aplicável a lei do primeiro domicílio conjugal, disposição que, por sua ilogicidade, tem de ser decorrência de norma expressa, uma opção política do legislador (FRANCISCO, 2005, p. 98).

Por fim, não pode ser esquecido que a disposição que está sendo analisada acerca da invalidade é aplicável também à união estável, por força da identidade de razão, que conduz ao uso de um mesmo dispositivo para o tratamento de assuntos semelhantes.

> **§ 4º.** O regime de bens, legal ou convencional, obedece à lei do país em que tiverem os nubentes domicílio, e, se este for diverso, a do primeiro domicílio conjugal.

Antes de qualquer coisa, é importante recordar que o regime de bens corresponde ao conjunto de regras e princípios que disciplinam a situação jurídica dos bens, entre os cônjuges, durante a vigência da sociedade conjugal, assim como em caso de encerramento do vínculo matrimonial.

O regime de bens pode ser definido pela lei (regime legal) ou ser fixado mediante acordo entre os nubentes (regime convencional). Nas duas hipóteses, passará a vigorar a partir da celebração do casamento. Aproveitando o ensejo, urge recordar que nubentes são as pessoas que pretendem se casar, que são popularmente conhecidos como noivos.

No ordenamento jurídico brasileiro, particularmente no Código Civil, vigoram, em síntese, as seguintes determinações a respeito do regime de bens entre os cônjuges: a) os nubentes podem definir o regime de bens (art. 1.639, *caput*); b) na falta de acordo quanto ao regime de bens vigorará o regime da comunhão parcial (art. 1.640, *caput*); c) em alguns casos, a adoção do regime da separação de bens é obrigatória (art. 1.641); d) há atos relacionados ao patrimônio que tanto o marido quanto a mulher podem praticar sem autorização do outro (art. 1.647); f) são apontados os requisitos para a validade do pacto antenupcial (arts. 1.653 a 1.657); e g) são descritos o regime da comunhão parcial (arts. 1.658 a 1.671) e universal (arts. 1.667 a 1.671).

Portanto, para definir o regime de bens, que surgirá em decorrência da formação do vínculo matrimonial, seja ele legal ou convencional, será observada a lei do Estado em que os nubentes estiverem domiciliados. Entretanto, se não forem domiciliados no mesmo Estado, será observada a lei do Estado em que tiverem o primeiro domicílio conjugal.

Por derradeiro, é importante observar que o comando em exame é aplicável também à união estável, embora não exista previsão expressa neste sentido, já que também está relacionada à constituição de uma família.

> **§ 5º.** O estrangeiro casado, que se naturalizar brasileiro, pode, mediante expressa anuência de seu cônjuge, requerer ao juiz, no ato de entrega do decreto de naturalização, se apostile ao mesmo a adoção do regime de comunhão parcial de bens, respeitados os direitos de terceiros e dada esta adoção ao competente registro.

Como visto anteriormente, o legislador estabeleceu que o regime de bens obedece à lei do Estado em que os nubentes tiverem domicílio e, se for diverso o domicílio, ao ordenamento jurídico do primeiro domicílio conjugal. No entanto, o legislador permitiu que o estrangeiro casado que se naturalizar brasileiro, havendo anuência do seu cônjuge, requeira ao juiz, no ato da expedição do decreto de naturalização, que seja apostilada a sua opção pela adoção do regime de comunhão parcial de bens em vigor no ordenamento jurídico brasileiro, respeitados os direitos de terceiros e comunicado o órgão registral competente. Desse modo, a mudança de nacionalidade possibilitará, ao adquirente da nacionalidade brasileira, alterar também o seu regime de bens.

Para a modificação do registro de bens, conforme a situação apresentada, é preciso que o estrangeiro esteja domiciliado ou resida no território nacional (ESPINOLA; ESPINOLA FILHO, 1999, p. 281), situação que está implícita na previsão legislativa.

Até o advento do atual Código Civil brasileiro, essa era a última hipótese em que se admitia a mudança de regime de bens (FRANCISCO, 2005, p. 99). O Código Civil em vigor, porém, admite que a modificação do regime de bens possa ocorrer em outras situações, pois dispõe, genericamente, ser admissível a alteração do regime de bens se houver pedido motivado de ambos os cônjuges, a pretensão for acolhida em juízo e forem ressalvados os direitos de terceiros (art. 1.639, § 2º).

A opção pela nacionalidade brasileira deverá ser registrada em um cartório de registro civil de pessoas naturais, sendo que a atribuição está a cargo do cartório da residência do optante ou de seus pais se residir no território nacional. Ao contrário, se o optante residir fora do território nacional, o registro far-se-á no Distrito Federal (art. 29, § 2º, da Lei nº 6.015, de 31 de dezembro de 1973).

De acordo com a Lei de Introdução às Normas do Direito Brasileiro, a modificação do regime de bens não poderá ser efetuada em prejuízo de terceiro, como coloca também expressamente o Código Civil português em situação semelhante[11].

---

11. "Art. 54º (Modificações do regime de bens). 1. Aos cônjuges é permitido modificar o regime de bens, legal ou convencional, se a tal forem autorizados por lei competente (...). 2. A nova convenção em caso nenhum terá efeito retroactivo em prejuízo de terceiro."

> **§ 6º.** O divórcio realizado no estrangeiro, se um ou ambos os cônjuges forem brasileiros, só será reconhecido no Brasil depois de 1 (um) ano da data da sentença, salvo se houver sido antecedida de separação judicial por igual prazo, caso em que a homologação produzirá efeito imediato, obedecidas as condições estabelecidas para a eficácia das sentenças estrangeiras no país. O Superior Tribunal de Justiça, na forma de seu regimento interno, poderá reexaminar, a requerimento do interessado, decisões já proferidas em pedidos de homologação de sentenças estrangeiras de divórcio de brasileiros, a fim de que passem a produzir todos os efeitos legais.

Em primeiro lugar, é importante lembrar que o divórcio é um mecanismo jurídico que permite a dissolução do vínculo matrimonial, pondo fim à sociedade conjugal e aos direitos e obrigações decorrentes do casamento, salvo no que diz respeito aos filhos.

No ordenamento jurídico brasileiro, o divórcio é disciplinado pelo texto constitucional e, em especial, pelo Código Civil, quando discorre a respeito do casamento civil e de sua dissolução.

A previsão de homologação da sentença estrangeira que ponha fim ao vínculo matrimonial de cônjuges brasileiros, de ambos ou de um deles, somente passou a ser possível em nosso país com o advento da Emenda Constitucional nº 9, de 28 de junho de 1977, que modificou a Constituição brasileira de 1967, permitindo a dissolução do vínculo matrimonial, e da Lei nº 6.515, de 26 de dezembro de 1977, que disciplinou a dissolução da sociedade conjugal e do casamento, incluindo o § 6º ao art. 7º da Lei de Introdução às Normas do Direito Brasileiro, dotado da seguinte redação:

> O divórcio realizado no estrangeiro, se um ou ambos os cônjuges forem brasileiros, só será reconhecido no Brasil depois de três anos da data da sentença, salvo se houver sido antecedida de separação judicial por igual prazo, caso em que a homologação produzirá efeito imediato, obedecidas as condições estabelecidas para a eficácia das sentenças estrangeiras no País. O Supremo Tribunal Federal, na forma de seu regimento interno, poderá reexaminar, a requerimento do interessado, decisões já proferidas em pedidos de homologação de sentenças estrangeiras de divórcio de brasileiros, a fim de que passem a produzir todos os efeitos legais.

A previsão da Lei de Introdução estava relacionada ao fato de que a Lei nº 6.515, de 26 de dezembro de 1977, previa, em sua redação originária, que:

> **Art. 25.** A conversão em divórcio da separação judicial dos cônjuges, existente há mais de três anos, contada da data da decisão ou da que concedeu a medida cautelar correspondente (art. 8º), será decretada por sentença, da qual não constará referência à causa que a determinou.

Com o advento da Constituição Federal de 1988 houve, porém, uma modificação no tempo necessário para a dissolução do casamento civil pelo divórcio, tendo sido consignado em seu texto o seguinte: "O casamento civil pode ser dissolvido pelo divórcio, após prévia separação judicial por mais de um ano nos casos expressos em lei, ou comprovada separação de fato por mais de dois anos" (art. 226, § 6º).

Em virtude da modificação implementada pelo texto constitucional, a Lei nº 12.036, de 1º de outubro de 2009, alterou o § 6º do art. 7º da Lei de Introdução às Normas do Direito Brasileiro para que previsse também que é possível a homologação das sentenças estrangeiras que tivessem reconhecido o divórcio de brasileiros depois de um ano da data da sentença, salvo se tivesse sido antecedida de separação judicial por igual prazo.

A propósito, o autor do projeto de lei que deu origem à Lei nº 12.036, de 2009, Deputado Fernando Coruja, apresentou como justificativa para a alteração do dispositivo que está sendo examinado a necessidade de compatibilizá-lo com o texto constitucional, que previa, na ocasião, que o divórcio poderia ocorrer após prévia separação judicial por mais de um ano.

Ocorre que o texto constitucional sofreu outra modificação através da Emenda Constitucional nº 66, de 13 de julho de 2010, passando a contar com a seguinte redação: "O casamento civil pode ser dissolvido pelo divórcio" (art. 226, § 6º).

Com a alteração efetuada no texto constitucional, passou a ser desnecessária a prévia separação judicial por mais de um ano ou a separação de fato por mais de dois anos para a dissolução do vínculo matrimonial.

Em suma, eliminou-se a necessidade de que o divórcio seja antecedido pela separação judicial e, consequentemente, a necessidade de um prazo mínimo para a sua efetivação, bastando, portanto, que um dos cônjuges ou ambos queiram colocar fim ao vínculo matrimonial, independentemente do tempo de duração do casamento.

Em razão da modificação do texto constitucional, não mais subsiste a primeira parte do § 6º do art. 7º da Lei de Introdução às Normas do Direito Brasileiro, que dispõe que o divórcio realizado no estrangeiro, quando envolver brasileiros, só será reconhecido no Brasil depois de 1 (um) ano da data da sentença, salvo se houver sido antecedida de separação judicial por igual prazo, pois não é mais possível exigir um tempo mínimo para a dissolução do vínculo matrimonial.

Por fim, é importante ressaltar que o reconhecimento da dissolução do vínculo matrimonial de brasileiros no exterior se submete ao ordenamento jurídico brasileiro por se enquadrar no contexto da ordem pública.

> **§ 7º.** Salvo o caso de abandono, o domicílio do chefe da família estende-se ao outro cônjuge e aos filhos não emancipados, e o do tutor ou curador aos incapazes sob sua guarda.

Embora integre formalmente o texto da Lei de Introdução às Normas do Direito Brasileiro, a previsão de que o domicílio do chefe da família estende-se ao outro cônjuge não foi recepcionada pelo texto constitucional, uma vez que consagra, em seu bojo, a igualdade de direitos entre homens e mulheres (art. 5º, I). Sendo assim, desde o advento da Constituição Federal de 1988, foi afastada a previsão do Código Civil de que o marido era o chefe da sociedade conjugal, função que exercia com a colaboração da mulher, competindo-lhe fixar o domicílio da família (art. 233, III, do CC/1916). De fato, se homens e mulheres são iguais não havia qualquer sentido em que a chefia da sociedade conjugal fosse exercida pelo homem, sendo a mulher sua mera colaboradora.

No Código Civil atual, o domicílio da família, que continua a existir, uma vez que um dos deveres de ambos os cônjuges é a vida em comum, no domicílio conjugal (art. 1.566, II), é escolhido por ambos os cônjuges, sendo permitida a ausência para atender a encargos públicos, ao exercício de profissão ou interesse particular relevante (art. 1.569).

Diante do exposto, reiteramos que não mais subsiste a previsão de que o domicílio escolhido pelo marido estende-se a sua esposa, uma vez que o domicílio conjugal deve ser escolhido de comum acordo pelos cônjuges.

No que se refere aos filhos não emancipados, que são os filhos considerados juridicamente incapazes – incapacidade absoluta ou relativa –, o seu domicílio é o do seu representante ou assistente (art. 76 do CC). Portanto, o domicílio do menor, a princípio, é o dos seus pais, caso não estejam separados ou divorciados e, obviamente, estejam vivos. Desta forma, como o domicílio da família é fixado em conjunto pelos cônjuges, não há que se falar que o domicílio do chefe da família estende-se aos seus filhos. Ademais, se os representantes legais ou assistentes do menor não forem os seus pais, não haverá também a vinculação mencionada no dispositivo.

A referência ao fato de que o domicílio dos incapazes sob guarda é o do seu tutor ou curador está em consonância com a ordem jurídica brasileira, especialmente com o Código Civil, uma vez que o domicílio do incapaz é o do seu representante legal.

Por fim, é importante observar que o abandono da família ocorre quando um dos cônjuges deixa de assumir sua responsabilidade pelos encargos familiares, deixando, em especial, de "concorrer, na proporção de seus bens e dos rendimentos do trabalho, para o sustento da família e a educação dos filhos" (art. 1.568 do CC), uma vez que pode ocorrer também o abandono afetivo.

> § 8º. Quando a pessoa não tiver domicílio, considerar-se-á domiciliada no lugar de sua residência ou naquele em que se encontre.

Não sendo possível determinar o domicílio de uma pessoa, uma vez que não reside em qualquer lugar com ânimo definitivo, será considerada domiciliada no lugar onde está situada a sua residência ou naquele em que se encontre.

Há, no caso, a adoção de um critério supletivo para a fixação do domicílio, uma vez que, a princípio, é a própria pessoa que estabelece qual será o seu domicílio ao residir em determinado local com ânimo definitivo. Por sinal, o critério previsto pela Lei de Introdução às Normas do Direito Brasileiro guarda relação com o que estava previsto nos arts. 32[12] e 33[13] do Código Civil de 1916 (Lei nº 3.071, de 1º de janeiro de 1916) e, da mesma forma, é semelhante ao que se encontra previsto nos arts. 71[14] e 73[15] do Código Civil atual (Lei nº 10.406, de 10 de janeiro de 2002).

A necessidade de definição do domicílio está relacionada, em especial, ao fato de que permite a localização da pessoa, por representar o seu centro de direitos e obrigações, e possibilita que se defina a lei que lhe é aplicável, o que ocorre em relação ao direito interno (exemplo: pagamento de IPVA) e ao direito internacional privado (exemplo: o domicílio da pessoa disciplina a sua capacidade).

---

12. "Art. 32. Se, porém, a pessoa natural tiver diversas residências onde alternadamente viva, ou vários centros de ocupações habituais, considerar-se-á domicílio seu qualquer destes ou daquelas."
13. "Art. 33. Ter-se-á por domicílio da pessoa natural, que não tenha residência habitual (art. 32), ou empregue a vida em viagens, sem ponto central de negócios, o lugar onde for encontrada."
14. "Art. 71. Se, porém, a pessoa natural tiver diversas residências, onde, alternadamente, viva, considerar-se-á domicílio seu qualquer delas."
15. "Art. 73. Ter-se-á por domicílio da pessoa natural, que não tenha residência habitual, o lugar onde for encontrada."

10 BENS E RELAÇÕES JURÍDICAS QUE OS ENVOLVAM

> **Art. 8º.** Para qualificar os bens e regular as relações a eles concernentes, aplicar-se-á a lei do país em que estiverem situados.

A previsão de que para qualificar os bens e regular as relações a eles concernentes aplicar-se-á a lei do Estado em que estiverem situados traduz um comando jurídico que incide, ao mesmo tempo, sobre os bens imóveis e móveis, já que a natureza do bem, ao menos a princípio, não interfere na definição do ordenamento jurídico que disciplinará as relações jurídicas que o envolverem, pois o mais importante é a sua localização espacial, embora existam algumas exceções relacionadas aos bens móveis, como será posteriormente explicitado.

A adoção desse critério unificado encontra fundamento no fato de que "a propriedade se subordina aos imperativos da ordem pública do Estado, como expressão da sociedade política, sem que, entretanto, ela fique em sua formação e regulação, dominada pelos preceitos territoriais" (TENÓRIO, 1953, p. 354).

Dito de outra forma, se a propriedade de um bem móvel foi adquirida nos Estados Unidos, é em relação a esse ordenamento jurídico que deve ser aferida a validade do ato de aquisição do domínio ou propriedade do bem. No entanto, quando o bem se desloca no espaço, tendo contato com o território de outro Estado, passa a se subordinar ao respectivo ordenamento jurídico.

Por ser indiferente na definição da disciplina jurídica a que os bens estão submetidos se pertencem a nacionais ou estrangeiros, pois se leva em consideração a natureza da coisa e a sua localização física e não o estado (ou situação jurídica) da pessoa, o conjunto de normas que versam sobre o assunto recebem o nome de estatuto real por dispor sobre coisas (CALVO, 1868, p. 276).

10.1. DEFINIÇÃO DE BENS E DISTINÇÃO ENTRE OS IMÓVEIS E OS MÓVEIS

Como a previsão legislativa que está sendo apreciada recai sobre bens imóveis e móveis, é importante, inicialmente, definir o que são bens e, em seguida, recordar a distinção entre os bens imóveis e móveis. Na definição de Deocleciano Torrieri Guimarães (2010, p. 141), os bens representam o

> conjunto de coisas que, tendo um valor apreciável, formam o patrimônio ou a riqueza de uma pessoa, física ou jurídica, de direito privado ou público, como móveis, imóveis, semoventes, valores, ações, direitos etc. Tudo o que é suscetível de utilização ou valor, servindo de elemento para formar o acervo econômico e objeto de direito. Para o Dir., bem é coisa que tem valor econômico ou moral, não importando, para alguns autores, que seja corpóreo ou incorpóreo.

No que se refere à distinção entre bens imóveis e móveis, os bens imóveis são representados pelo solo e por tudo o que nele se incorporar de maneira natural ou artificial (art. 79 do CC). A situação descrita, porém, diz respeito apenas aos bens imóveis por natureza, uma vez que há também os bens imóveis por determinação legal, que compreendem os direitos reais sobre imóveis e as ações que os asseguram e o direito à sucessão aberta (art. 80 do CC). Os bens móveis, por sua vez, são os bens suscetíveis de movimento próprio ou de remoção por força alheia, sem que ocorra alteração da sua substância ou destinação econômico-social (art. 82). No entanto, assim como ocorre com os bens imóveis, há bens móveis por determinação legal, assim representados: I – as energias que tenham valor econômico; II – os direitos reais sobre objetos móveis e as ações correspondentes; III – os direitos pessoais de caráter patrimonial e as respectivas ações (art. 83 do CC).

10.2. DISCIPLINA DAS RELAÇÕES QUE ENVOLVAM OS BENS

Após tratarmos da classificação dos bens em móveis e imóveis, é necessário apontar o que significa dizer que serão disciplinados pela lei do Estado em que estiverem situados. Para tanto, é fundamental discorrer inicialmente sobre o que significa estar o bem situado em determinado Estado.

No caso concreto, situado significa estar localizado, se encontrar. Em outras palavras, é a lei do Estado em que o bem se encontrar – localização física – que disciplinará as relações jurídicas que o envolverem.

Em realidade, a lei do Estado de situação ou localização do bem (*lex rei sitae*) disciplinará não apenas as relações jurídicas (vínculos disciplinados pelo Direito que envolvem pelo menos duas pessoas) que o envolverem, mas também as situações jurídicas (posicionamento, enquadramento, estado) que lhe digam respeito.

A propósito, são exemplos de relações jurídicas concernentes ou relacionadas aos bens: compra e venda, usufruto, comunhão, doação, locação, uso, comodato, usucapião, posse e ações possessórias, servidões prediais e direito de superfície.

No campo das situações jurídicas que englobam um bem, figuram, por exemplo, o seu enquadramento como público ou privado, móvel ou imóvel, fungível ou consumível, singular e coletivo, principal ou acessório. Por sinal, quando a Lei de Introdução às Normas do Direito Brasileiro afirma que para qualificar (individualizar, definir, classificar) os bens será levada em consideração a lei do Estado em que estiverem situados, está trabalhando na esfera das situações jurídicas.

No que se refere à qualificação dos bens, além de classificá-los em móveis e imóveis, podemos falar também em bens fungíveis e consumíveis, divisíveis, singulares e coletivos, principais e acessórios, públicos e privados etc.

Como a qualificação dos bens e a definição da lei que será aplicável para discipliná-los são situações que não se confundem, é possível que a lei qualificadora seja de um sistema jurídico e a lei que disciplinará a matéria seja de outro. No entanto, em se tratando de bens, móveis e imóveis, o legislador brasileiro ressaltou expressamente que serão qualificados e disciplinados pela lei do Estado em que estiverem situados.

> § 1º. Aplicar-se-á a lei do país em que for domiciliado o proprietário, quanto aos bens móveis que ele trouxer ou se destinarem a transporte para outros lugares.

Deixando de lado o entendimento de que os bens são disciplinados pela lei do Estado em que estiverem situados, a Lei de Introdução às Normas do Direito Brasileiro prevê que a lei do país em que for domiciliado o proprietário (*lex loci domicilii*) disciplinará as relações jurídicas que envolverem os bens móveis que ele trouxer consigo ou se destinarem a transporte para outros lugares.

Diante da previsão legislativa, é importante recordar que o domicílio da pessoa natural, de acordo com o ordenamento jurídico pátrio, é o local onde ela estabelece a sua residência com ânimo definitivo (art. 70 do CC), sendo que a pessoa natural que tiver diversas residências, onde alternadamente viva, será considerada domiciliada em qualquer uma delas (art. 71 do CC).

Quanto à previsão normativa que está sendo estudada, como dito inicialmente, prevê duas exceções à regra de que os bens móveis são disciplinados pela lei do Estado em que estiverem situados, sendo a primeira referente aos bens que o proprietário trouxer e a segunda aos bens que se destinarem a transporte para outros lugares.

Há, portanto, o seguinte quadro ou moldura normativa: a regra é que os bens sejam disciplinados pela lei do Estado em que estiverem situados (*lex rei situae*), porém quanto aos bens móveis sem localização permanente, pelo fato de que se deslocam no espaço, entrando em contato com diferentes ordenamentos jurídicos, o legislador prevê que serão disciplinados pela lei do Estado em que estiver domiciliado o seu proprietário, o que fará, por exemplo, que os atos e contratos que incidam sobre eles se submetam à lei do Estado em que o seu proprietário está domiciliado (CALVO, 1868, p. 277).

Tendo em vista as duas exceções expressamente previstas pelo legislador, surge inicialmente a seguinte indagação: o que são bens que o proprietário trouxer?

Os bens que o proprietário trouxer consigo e que estão representados na previsão normativa são os de uso pessoal ou profissional, que compõe a bagagem de uma pessoa, como os produtos de higiene pessoal e um equipamento de informática que seja utilizado para o trabalho.

A propósito, a antiga Lei de Introdução às Normas do Direito Brasileiro – que era denominada Lei de Introdução ao Código Civil –, que, na verdade, era um texto introdutório ao Código Civil anterior, de 1916, como anteriormente salientado, disciplinava o assunto prevendo que ficariam sob a lei pessoal do proprietário – atualmente trabalhamos com a lei domiciliar – os bens móveis de uso pessoal, outros bens que o acompanhassem e os destinados a transporte para outros lugares (art. 10).

Mas o que justifica o afastamento do entendimento de que a lei do Estado em que a pessoa estiver domiciliada disciplinará as relações jurídicas que envolverem os bens móveis que trouxer consigo?

Com bem apontado por Eduardo Espinola e Eduardo Espinola Filho (1999, p. 345), o fato de os bens móveis poderem se deslocar no espaço, particularmente a bagagem de um viajante, entrando em contato, às vezes num mesmo dia, com diferentes ordenamentos jurídicos, fez com que o legislador prevesse que o bem ficaria submetido à lei pessoal do proprietário (*mobilia sequuntur personam*), que em nosso sistema jurídico é representado pela lei domiciliar.

A observância da lei domiciliar decorre do fato de que o bem mantém um contato apenas temporário e transitório com o espaço físico de um Estado por se tratar de um bem que se desloca no espaço por ser móvel.

O mesmo entendimento é aplicável em se tratando de bens que se destinarem a transporte para outros lugares, uma vez que o deslocamento físico do bem poderia submetê-lo a diferentes ordenamentos jurídicos, inclusive em um único dia. Sendo assim, neste caso também é justificável que se utilize como referência o domicílio do proprietário se ficar claro que o bem está em circulação, sendo transitória a sua presença no território de um Estado.

10.3. NAVIOS, AERONAVES E BENS INCORPÓREOS

Acerca da aplicação da lei domiciliar, ocupa, também, lugar de destaque, a definição da lei aplicável aos navios e às aeronaves. Se formos seguir o que está colocado genericamente na Lei de Introdução às Normas do Direito Brasileiro, teremos que levar em consideração a lei do Estado em que se encontra o navio ou a aeronave. Entretanto, o fato de poderem manter contato com diferentes ordenamentos jurídicos fez com que se adotasse o entendimento de que, no caso dos navios, deve ser seguida a lei do pavilhão ou bandeira e das aeronaves, a lei do Estado em que está matriculada. Aliás, a dificuldade de localização dos navios e aeronaves é dupla, pois, em primeiro lugar, estão em constante movimento, sendo muitas vezes difícil estabelecer onde se encontram, e, em segundo lugar, costumam ficar a maior parte do tempo no alto-mar, não se sujeitando, assim, a qualquer lei territorial (BATIFFOL, 1955, p. 549).

No que se refere às aeronaves, o Código Brasileiro de Aeronáutica, que é representado pela Lei nº 7.565, de 19 de dezembro de 1986, prevê que a aeronave é considerada da nacionalidade do Estado em que esteja matriculada (art. 108). A propósito, a Convenção de Aviação Civil Internacional, firmada no ano de 1944, prevê que as aeronaves terão a nacionalidade do Estado em que estejam registradas (art. 17).

Quanto aos navios, que estão sujeitos à lei do pavilhão ou da bandeira, na ordem jurídica brasileira, poderão adquirir a nacionalidade brasileira, as embarcações que estiverem inscritas no Registro de Propriedade Marítima (art. 3º, I, da Lei nº 9.432, de 8 de janeiro de 1997). É por isso que se aponta que o registro da propriedade da embarcação lhe confere nacionalidade brasileira (art. 2º da Lei nº 7.652, de 3 de fevereiro de 1988).

Portanto, no caso de aeronaves e navios, a sua situação jurídica é disciplinada pela lei do Estado em que estiverem registrados, sendo indiferentes os locais por onde possam circular ou se encontrar. Desse modo, se uma aeronave, por exemplo, estiver matriculada no Brasil, será o nosso ordenamento jurídico que versará sobre a aquisição da propriedade, o registro da propriedade, o registro de direitos reais e de outros ônus que gravem as aeronaves, o cancelamento dos registros etc.

O entendimento que vigora em relação aos navios e aeronaves deve ser observado também em relação a outros bens sujeitos a um regime de matrícula ou registro, como os automóveis, caminhões e motocicletas, desde que estejam se deslocando constantemente no espaço.

Por fim, merecem ser tecidas algumas considerações a respeito dos bens incorpóreos, uma vez que, por não possuírem existência física, não estarem materializados, não se enquadram estritamente na tipificação do *caput* do art. 8º da Lei de Introdução às Normas do Direito Brasileiro, que prevê que deve ser aplicável a lei do Estado em que se encontrar o bem, como ocorre com o direito autoral e o direito de crédito.

De fato, mesmo que os bens incorpóreos sejam classificados pelo Direito como bens móveis, ou mesmo imóveis, como ocorre com os direitos autorais, considerados bens móveis pelo legislador brasileiro (art. 3º, Lei nº 9.610, de 19 de fevereiro de 1998), o problema não desaparece, tendo em vista não ser possível atrelá-los a um espaço físico certo e determinado.

Em razão do exposto, é necessário utilizar como referência outros comandos normativos para que se possa chegar à lei aplicável no caso de bens incorpóreos. É o que ocorre, por exemplo, quando são utilizados como referência os comandos presentes na Convenção de Direito Internacional Privado de Havana, de 1928, mais conhecida como Código de Bustamante, que a respeito da lei aplicável para disciplinar as relações jurídicas que envolvam os bens trouxe os seguintes comandos: a) art. 105. Os bens, seja qual for a sua classe, ficam submetidos à lei do lugar [em que estiverem situados]; b) art. 106. Para os efeitos do artigo anterior, ter-se-á em conta, quanto aos bens móveis corpóreos e títulos representativos de créditos de qualquer classe, o lugar da situação ordinária ou normal; c) art. 107. A situação dos créditos determina-se pelo lugar onde se devem tornar efetivos, e, no caso de não estar fixado, pelo domicílio do devedor; d) art. 108. A propriedade industrial e intelectual e os demais direitos análogos, de natureza econômica, que autorizam o exercício de certas atividades concedidas pela lei, consideram-se situados onde se tiverem registrado oficialmente; e) art. 109. As concessões reputam-se situadas onde houverem sido legalmente obtidas; f) art. 110. Em falta de toda e qualquer regra e, além disto, para os casos não previstos neste Código, entender-se-á que os bens móveis de toda classe estão situados no domicílio do seu proprietário, ou, na falta deste, no do possuidor; g) art. 111. Excetuam-se do disposto no artigo anterior as coisas dadas em penhor, que se consideram situadas no domicílio da pessoa em cuja posse tenham sido colocadas; h) art. 112. Aplicar-se-á sempre a lei territorial para se distinguir entre os bens móveis e imóveis, sem prejuízo dos direitos adquiridos por terceiros; e i) art. 113. À mesma lei territorial, sujeitam-se as demais classificações e qualificações jurídicas dos bens.

A única restrição que deve ser efetuada, em relação à aplicação do Código de Bustamante, diz respeito ao fato de que submeteu à lei do lugar em que estiverem situados todos os bens, independentemente de sua classe, enquanto que a Lei de Introdução às Normas do Direito Brasileiro, em texto posterior, prevê que será aplicada a lei do Estado em que estiver domiciliado o proprietário em relação aos bens móveis que ele trouxer consigo ou se destinarem a transporte para outros lugares (art. 8º, § 1º).

> § 2º. O penhor regula-se pela lei do domicílio que tiver a pessoa, em cuja posse se encontre a coisa apenhada.

Consoante a Lei de Introdução às Normas do Direito Brasileiro, o penhor é disciplinado pela lei do Estado em que estiver domiciliada a pessoa que estiver na posse da coisa oferecida como garantia para o cumprimento de uma obrigação.

A propósito, o penhor consiste em "um *pacto adjeto* ou *obrigação acessória*, em virtude da qual o *devedor* entrega uma coisa móvel sua ou de outrem (que o autoriza a dá-la em garantia), para nela ser cumprida a *obrigação principal*, quando não resgatada a dívida" (DE PLÁCIDO E SILVA, 1993, p. 342).

O penhor comumente se concretiza mediante a transferência efetiva da posse pelo devedor ao credor ou alguém que o represente. No entanto, em se tratando de penhor rural, industrial, mercantil e de veículos, as coisas oferecidas em garantia continuam em poder do devedor, a quem incumbe guardá-las e conservá-las (art. 1.431 do CC).

Portanto, é indiferente que tenha sido transferida a posse da coisa dada em garantia (penhor regular) para que o comando da Lei de Introdução às Normas do

Direito Brasileiro tenha aplicação, já que mesmo não havendo a transferência (penhor irregular) será observado o ordenamento jurídico em que estiver domiciliada a pessoa em cuja posse estiver a coisa empenhada. Da mesma forma, é indiferente se o penhor é legal ou contratual para que se tenha a incidência do comando jurídico.

O que justifica a adoção da lei do domicílio do possuidor da coisa empenhada é a necessidade de evitar que eventuais deslocamentos da coisa no espaço possam atrapalhar a efetivação da garantia (FRANCISCO, 2005, p. 112).

11
DISCIPLINAS DAS OBRIGAÇÕES

> **Art. 9º.** Para qualificar e reger as obrigações, aplicar-se-á a lei do país em que se constituírem.

Estabelece a Lei de Introdução às Normas do Direito Brasileiro que na qualificação e regência das obrigações será utilizada a lei do Estado em que se constituírem (*locus regit actum*).

A qualificação de uma obrigação está relacionada à sua definição, apontando-se, por exemplo, sua modalidade (dar, fazer ou não fazer), seu objeto (simples ou alternativa), sua essência (divisível ou indivisível), a possibilidade de transmissão (transmissível ou intransmissível), os requisitos para a sua formação e para a sua validade, quando ocorre o seu adimplemento e a sua extinção.

Quanto à regência, refere-se à disciplina jurídica da matéria, ao conjunto de comandos jurídicos que lhe são aplicáveis, que podem estar relacionados a diferentes áreas do ordenamento jurídico de um Estado, como a civil e a trabalhista, dependendo do tratamento jurídico que lhe tenha sido conferido.

No que se refere à obrigação em si, corresponde ao vínculo de caráter transitório que se estabelece entre duas ou mais pessoas, em que uma delas se compromete a oferecer uma prestação à outra, que pode ser de dar, de fazer ou de não fazer.

Sendo a obrigação contraída no exterior, a sua forma – exemplo: requisitos para a sua validade, como a capacidade dos agentes, a licitude do objeto e a necessidade ou não de observância de uma forma específica – e a sua substância – dar, fazer, não fazer; de meio ou de resultado; civil ou natural; simples, condicional, a termo ou modal; de execução instantânea, diferida ou sucessiva; principal ou acessória etc., – observarão a lei do local (*locus regit actum*), mesmo existindo eventual contradição com o ordenamento jurídico brasileiro.

Ademais, a análise de eventuais vícios que possam atingir a formação da obrigação, como os de consentimento, caso do erro, do dolo e da coação, também se faz com base na lei do Estado em que se constituiu a obrigação.

Somente poderá ser afastada a disciplina jurídica do Estado em que se constituiu a obrigação se importar em ofensa à soberania nacional, à ordem pública e aos bons costumes, como previsto no art. 17 da Lei de Introdução às Normas do Direito Brasileiro e melhor explicitado no Código de Bustamante, que alude, por exemplo, às seguintes situações de ofensa à ordem pública: a) imposição de pactos, cláusulas e condições contrárias às leis, à moral e à ordem pública (art. 175); e b) presença de disposições que se referem à causa ilícita nos contratos (art. 179).

A previsão de que será utilizada a lei do Estado em que se constituiu a obrigação é extremamente interessante quando a obrigação se torna inválida, quando disciplinada pelo ordenamento jurídico brasileiro, como ocorre com as dívidas de jogo ou aposta.

Com efeito, o Código Civil brasileiro prevê que as dívidas de jogo ou aposta não obrigam a pagamento, salvo em se tratando de jogos e apostas legalmente permitidos (art. 814). Ademais, estatui não ser possível exigir o reembolso do que se emprestou para que se realizasse um jogo ou aposta (art. 815).

A situação, porém, é diferente em vários Estados, como o americano, que permitem jogos que consideramos inadmissíveis, como os realizados em cassinos. No entanto, como a validade da obrigação leva em consideração a lei do Estado em que foi constituída, é possível que uma dívida de jogo ou aposta realizada fora do território nacional possa ser aqui exigida se for válida de acordo com o ordenamento jurídico em que se constituiu, como ressaltado na seguinte decisão da Corte Especial do Superior Tribunal de Justiça a respeito de sentença estrangeira que versava sobre dívida de jogo:

> CARTA ROGATÓRIA – CITAÇÃO – AÇÃO DE COBRANÇA DE DÍVIDA DE JOGO CONTRAÍDA NO EXTERIOR – *EXEQUATUR* – POSSIBILIDADE. Não ofende a soberania do Brasil ou a ordem pública conceder *exequatur* para citar alguém a se defender contra cobrança de dívida de jogo contraída e exigida em Estado estrangeiro, onde tais pretensões são lícitas. (AgRg na CR nº 3.198/US, Rel. Min. Humberto Gomes de Barros, Corte Especial, j. em 30.6.2008, *DJe* de 11.9.2008)

Encerrando, é importante observar que se a obrigação for condicional também se submete à lei do Estado em que se constituiu, sendo indiferente o local em que a condição tenha se manifestado (ESPINOLA; ESPINOLA FILHO, 1999, p. 423), já que a condição está relacionada à eficácia e não à existência da obrigação.

11.1. OBRIGAÇÕES DECORRENTES DE ATOS ILÍCITOS

Quando a obrigação decorre de um ato ilícito, será disciplinada pela lei do Estado em que o ato ilícito tenha sido cometido e, desta forma, ao menos em tese, o dano (ou prejuízo) tenha se manifestado, uma vez que a Lei de Introdução às Normas do Direito Brasileiro se refere apenas às obrigações de natureza contratual, aos negócios jurídicos, quando aduz que serão disciplinadas pela lei do Estado em que se constituírem.

De fato, o que é relevante na identificação de uma obrigação decorrente de ato ilícito é o local em que o ato danoso tenha sido praticado. No entanto, não podemos também desprezar o local em que a conduta produziu efeitos. Sendo assim, discordamos do entendimento adotado pelo art. 45º do Código Civil português, a respeito da responsabilidade extracontratual, que possui os seguintes contornos:

A responsabilidade civil extracontratual fundada, quer em acto ilícito, quer no risco ou em qualquer conduta lícita, é regulada pela lei do Estado onde ocorreu a principal actividade causadora do prejuízo; em caso de responsabilidade por omissão, é aplicável a lei do lugar onde o responsável deveria ter agido.

Deveras, temos que considerar também o resultado produzido e não apenas a conduta do agente causador para que se possa definir o ordenamento jurídico aplicável na disciplina das obrigações decorrentes de atos ilícitos.

A necessidade de se levar em consideração o ordenamento jurídico do Estado em que o dano ocorreu ganha força atualmente com a possibilidade de que o dano tenha sido causado à distância, através de meios como a internet.

Da mesma forma, em matéria de acidente do trabalho, é irrelevante o local em que o vínculo ou obrigação de natureza trabalhista tenha se constituído, e mesmo que se trate de trabalhadores estrangeiros, pois as normas trabalhistas, por estarem relacionadas à ordem pública, são dotadas de natureza territorial, o que impõe a aplicação da lei do local do acidente.

Portanto, quando se aponta que deve haver a aplicação da lei do lugar em que o ato ilícito foi cometido (*lex loci delicti comissi*) é preciso considerar que a expressão abrange também o local em que o ato produziu efeitos.

11.2. AUTONOMIA DA VONTADE E DEFINIÇÃO DA LEI APLICÁVEL

É possível que as partes, por meio de um acordo de vontades, definam o direito – interno ou estrangeiro – que disciplinará uma obrigação, afastando-se, assim, a previsão legislativa de que é regida pela lei do Estado em que se constituir?

Durante muito tempo essa matéria suscitou inúmeras discussões, sobretudo em matéria comercial, especialmente quando se tratava de avença firmada entre empresas de diferentes países, embora existissem acordos internacionais acolhendo o elemento volitivo, como é o caso da Convenção Interamericana sobre Direito Aplicável aos Contratos Internacionais, de 1994, que teve o Brasil como um dos signatários, cujo art. 7º prevê que:

> O contrato rege-se pelo direito escolhido pelas partes. O acordo das partes sobre esta escolha deve ser expresso ou, em caso de inexistência de acordo expresso, depreender-se de forma evidente da conduta das partes e das cláusulas contratuais, consideradas em seu conjunto. Essa escolha poderá referir-se à totalidade do contrato ou a uma parte do mesmo.

A aceitação da autonomia privada importa em considerá-la apta a gerar o elemento de conexão (ou elemento estrangeiro), com a submissão da disciplina da relação jurídica ao ordenamento jurídico escolhido pelas partes, como expressamente reconhecido pelo Código Civil português: "As obrigações provenientes de negócio jurídico, assim como a própria substância dele, são reguladas pela lei que os respectivos sujeitos tiverem designado ou houverem tido em vista" (art. 41º).

Com o advento da Lei nº 9.307, de 23 de setembro de 1996, que disciplina a arbitragem no Brasil, passou-se a reconhecer, expressamente, no ordenamento jurídico brasileiro, a possibilidade de escolha do direito aplicável para a solução de uma demanda, uma vez que referida lei estabeleceu que as partes poderão utilizá-la escolhendo livremente as regras de direito que serão seguidas desde que não haja violação aos bons costumes e à ordem pública (art. 2º, § 1º). Ademais, essa lei estabeleceu ser possível também que a arbitragem se realize com base nos princípios gerais de direito, nos usos e costumes e nas regras internacionais de comércio (art. 2º, § 2º), salvo em se tratando de administração pública direta e indireta, em que a arbitragem será sempre de direito (art. 2º, § 3º).

Ora, se as partes podem escolher os comandos jurídicos que serão utilizados na arbitragem, inclusive podendo fazer opção pelos que regem o comércio internacional, é inexorável concluir que essas normas foram utilizadas na disciplina da relação jurídica, pois não há nenhum sentido em se ter a solução de uma demanda com base em regras e princípios diferentes dos que foram utilizados em seu regramento.

No entanto, para que se possa fazer a escolha do ordenamento jurídico que será aplicável é preciso observar dois requisitos básicos colocados pela Lei de Arbitragem: a capacidade dos pactuantes e o fato de o negócio jurídico versar sobre direitos patrimoniais disponíveis (art. 1º).

Portanto, a Lei de Arbitragem trouxe, em seu bojo, a possibilidade de que seja afastada, por um acordo de vontades, a previsão da Lei de Introdução às Normas do Direito Brasileiro de que a obrigação é regida pela lei do Estado em que se constituiu.

Para que a presença do elemento volitivo possa se manifestar na esfera do Direito Internacional Privado, é necessário que sejam tomados alguns cuidados, especialmente para se impedir a utilização fraudulenta de um ordenamento jurídico. Neste sentido, o Código Civil português aponta que:

> A designação ou referência das partes [quanto à lei reguladora das obrigações provenientes de negócios jurídicos] só pode, todavia, recair sobre lei cuja aplicabilidade corresponda a um interesse sério dos declarantes ou esteja em conexão com algum dos elementos do negócio jurídico atendíveis no domínio do direito internacional privado (art. 41º, § 2º).

> **§ 1º.** Destinando-se a obrigação a ser executada no Brasil e dependendo de forma essencial, será esta observada, admitidas as peculiaridades da lei estrangeira quanto aos requisitos extrínsecos do ato.

Como anteriormente salientado, a obrigação é um vínculo de natureza jurídica que impõe a um dos sujeitos, ou a ambos, qualificados como sujeito(s) passivo(s), o cumprimento de uma prestação de dar, fazer ou não fazer em prol da parte contrária ou de um terceiro, denominado sujeito ativo.

No que se refere ao cumprimento da obrigação, pode ser de execução (realização, efetivação ou implementação) instantânea, diferida ou de trato sucessivo, conforme o momento em que deve ser cumprida.

As obrigações instantâneas são as que a prestação imposta é cumprida logo após a sua constituição, como na hipótese de realização de um contrato de compra e venda em que logo após ser firmado o comprador entrega o valor acordado e o vendedor, por sua vez, entrega, logo na sequência, o bem.

Obrigações diferidas são aquelas em que se prevê sua execução num momento posterior, embora sua realização demande a prática de um único ato. Essa segunda hipótese pode ser exemplificada com a elaboração de um contrato de compra e venda nos Estados Unidos entre um americano e um brasileiro envolvendo a entrega de um bem localizado no Brasil.

Por fim, uma obrigação é considerada de trato sucessivo quando a sua efetivação requer a prática de vários atos pelo sujeito obrigado, que se prolongam no tempo, como na hipótese de uma pessoa ter se comprometido, no Chile, a efetuar o pagamento, no Brasil, em dez parcelas, de periodicidade mensal, do valor correspondente à aquisição de um bem imóvel.

Das três modalidades de formas de cumprimento de uma obrigação, interessam-nos apenas as diferidas e as de trato sucessivo, pois apenas nestes casos é possível que uma obrigação tenha sido constituída fora do Brasil, mas o tenha definido como local de sua execução, a fim de que se tenha a incidência do comando da Lei de Introdução às Normas do Direito Brasileiro, que estatui que se a obrigação for executada no Brasil, e depender de forma essencial, deverá ser observada, admitidas as peculiaridades da lei estrangeira quanto aos requisitos extrínsecos do ato.

11.3. LOCAL DE CUMPRIMENTO DE UMA OBRIGAÇÃO E LEI APLICÁVEL

O local de cumprimento de uma obrigação será o que for definido pelas partes, salvo se houver alguma previsão em sentido contrário que possua caráter vinculativo e, desta forma, seja de observância obrigatória.

Não havendo menção ao local de cumprimento de uma obrigação, será identificado a partir da natureza da obrigação. Quando se trata de uma prestação de dar que envolva a transferência de um bem imóvel, por exemplo, terá que ser realizada no país em que está situado, uma vez que não se efetiva com a mera tradição, sendo necessário o registro do título translativo no Registro de Imóveis, como coloca o art. 1.245 do Código Civil brasileiro.

A princípio, a disciplina jurídica da obrigação, assim como a forma como se dará a sua execução, observam a lei do país em que o vínculo jurídico se constituiu. Entretanto, a Lei de Introdução às Normas do Direito Brasileiro prevê que se o cumprimento da obrigação requerer a observância de uma forma essencial prevista no ordenamento jurídico brasileiro deverá ser observada, como no exemplo anteriormente citado, referente à transmissão de bens imóveis, embora sejam também admitidas as peculiaridades da lei estrangeira quanto aos requisitos extrínsecos do ato.

Diante do que está previsto na Lei de Introdução às Normas do Direito Brasileiro, é possível chegar à seguinte conclusão: os requisitos intrínsecos da obrigação observam a lei do Estado em que constituiu (*lex regit actum*), enquanto que os extrínsecos, quando forem essenciais, seguem o ordenamento jurídico brasileiro quando foi definido como sendo o local de cumprimento da obrigação (*lex loci executionis*).

Com essa distinção, o legislador brasileiro ressalta que a observância da forma, quando se coloca como da essência de um ato, é uma matéria afeta à ordem pública. Aliás, possivelmente, a referência que foi utilizada seja a previsão do direito interno de que um negócio jurídico é considerado nulo quando não revestir à forma prescrita em lei, que figura no art. 166, IV, do Código Civil atual e no anterior, que vigorava quando a Lei de Introdução às Normas do Direito Brasileiro foi elaborada, constava no art. 145, III.

Em relação aos requisitos extrínsecos do ato, que podem observar o direito estrangeiro, sua compreensão requer, primeiro, que se analise o que é requisito, como faremos na sequência.

11.4. REQUISITOS DE UMA OBRIGAÇÃO

Requisitos são condições impostas pelo ordenamento jurídico para que um ato, fato ou negócio jurídico exista (plano da existência), produza efeitos (plano da eficácia) e seja considerado válido (plano da validade).

Os requisitos podem estar relacionados à essência do ato (requisitos substanciais, básicos ou elementares) ou à sua forma (requisitos formais, legais). Os primeiros são considerados intrínsecos e os segundos extrínsecos ao ato.

A distinção entre as duas modalidades de requisitos recebeu de De Plácido e Silva (1993, p. 110) as seguintes considerações:

> Os requisitos fundamentais, ou pertinentes ao fundo, são os que devem vir com a própria coisa. São partes integrantes dela, que não podem mostrar-se sem eles. Fazem a individualidade da coisa. E se apresentam como partes intrínsecas ou inerentes dela.
>
> Assim, os requisitos fundamentais dizem-se, também, requisitos extrínsecos ou viscerais, porque sem eles as coisas não têm a vida jurídica, que se lhes queira atribuir nem podem produzir os efeitos legais desejados.
>
> Os requisitos formais constituem as formalidades ou condições prescritas pela lei para a forma do ato jurídico e respectiva eficácia jurídica. São, assim, condições que se cumprem depois, quando se executa o ato ou mesmo antes de sua execução. Por esta razão, dizem-se requisitos extrínsecos, pois que, atendendo à forma, regulam a exteriorização do ato.

Como exemplo do exposto, em se tratando de obrigação de dar, na modalidade pagar, temos a forma de demonstração da efetivação do pagamento e a previsão do lugar em que deve ser realizado como requisitos extrínsecos.

Todavia, como há pouco mencionado, não são todos os requisitos extrínsecos relacionados a uma obrigação que devem seguir o ordenamento jurídico brasileiro, mas somente os que são considerados essenciais, o que somente poderá ser respondido com a análise do caso concreto.

De qualquer forma, apenas para trazer outro exemplo, lembramos do pagamento do salário que, de acordo com a Consolidação das Leis do Trabalho, deve observar, dentre outros, os seguintes requisitos considerados da essência do ato: a) pagamento em moeda corrente; b) pagamento em dia útil e no local de trabalho, embora possa ser feito o depósito do valor correspondente em conta corrente; e c) somente podem ser efetuados os descontos previstos em lei, resultantes de adiantamentos ou previstos em convenção ou acordo coletivo de trabalho.

Portanto, os requisitos que forem essenciais para o cumprimento de uma obrigação devem ser observados quando o Brasil for o local de sua execução, mesmo que no local em que a obrigação foi constituída não vigorem determinações semelhantes, como expõe Pimenta Bueno (1863, p. 106):

> Se a lei pessoal ou estatuto real da situação do imóvel, ou a lei do lugar em que o ato deva ter sua execução, exigir uma forma especial, por exemplo, escritura pública ou insinuação [menção a situação ou condição que deva constar de documento público], embora a lei do lugar em que se passa o ato dispense isso, será necessário satisfazer tal exigência, (...).

Portanto, sem a observância dos requisitos essenciais previstos pelo sistema jurídico brasileiro para o cumprimento da obrigação não poderá ser validamente executada no território nacional.

> **§ 2º.** A obrigação resultante do contrato reputa-se constituída no lugar em que residir o proponente.

Para definir a lei que será aplicável para reger e qualificar uma obrigação considera-se que foi constituída no lugar em que residir o proponente (pessoa que formulou a proposta de contratação). Desse modo, se o proponente estiver domiciliado em Portugal, a obrigação será disciplinada pelo Direito português, tendo em vista que é o local de surgimento (ou constituição) da obrigação que define o direito aplicável.

O comando descrito pressupõe que se trate de uma obrigação contratual que foi firmada entre ausentes, como tais consideradas as pessoas que não se encontram em um mesmo local, como na hipótese de contratação através da Internet ou por telefone.

De fato, se os contratantes estiverem em um mesmo local quando o pacto – convenção ou ajuste – foi firmado não surge discussão a respeito da lei aplicável, uma vez que corresponderá à lei do local em que a avença foi realizada, desprezando-se qualquer elemento de conexão que pudesse se manifestar na relação jurídica, como o domicílio ou nacionalidade dos contratantes.

Embora a previsão normativa analisada não suscite maiores problemas para a sua compreensão, é importante tecer algumas considerações a respeito do contrato e do proponente, a fim de aclarar ainda mais o dispositivo.

O contrato é um negócio jurídico firmado entre duas ou mais pessoas, em que uma das partes ou ambas assume a obrigação de realizar uma prestação – de dar, de fazer ou de não fazer – em prol da outra.

Utilizando como suporte o Código Civil brasileiro, temos os seguintes exemplos de contratos nominados (ou tipificados) descritos pelo legislador: a) compra e venda; b) troca ou permuta; c) estimatório; d) doação; e) locação de coisas; f) empréstimo; g) prestação de serviços; h) empreitada; i) depósito; j) mandato; k) comissão; l) agência e distribuição; m) corretagem; n) transporte; e o) seguro.

O principal aspecto do contrato consiste no fato de gerar obrigações para um dos pactuantes ou para os dois, conforme anteriormente mencionado. É por isso que é considerado uma das fontes de obrigações.

Quanto ao proponente, corresponde à pessoa, física ou jurídica, que formulou a proposta de contratação. É também conhecido como ofertante ou solicitante, enquanto que o destinatário da proposta é denominado oblato.

A contratação ocorre quando o destinatário da proposta a aceita, surgindo, desta forma, um acordo de vontades, que gera um vínculo de natureza obrigacional entre os contratantes.

O vínculo existente entre as partes, especialmente a obrigação contratual, considerar-se-á concluída no local em que residir o proponente, sendo que a definição (ou qualificação) de residência deve utilizar como suporte o ordenamento jurídico brasileiro. Sendo assim, a residência exprime uma situação de fato, correspondendo ao local em que a pessoa se encontra, independentemente do *animus* ou intenção de permanecer.

Como exemplo da importância de se definir a lei aplicável para disciplinar o contrato, temos a seguinte decisão da 2ª Turma Recursal dos Juizados Especiais Cíveis e Criminais do Distrito Federal em recurso de apelação interposto contra decisão de Juizado Especial Cível referente aos autos do Processo ACJ 20140110137082, Rel. Antônio Fernandez da Luz, j. em 30.9.2014:

> JUIZADO ESPECIAL CÍVEL – DIREITO DO CONSUMIDOR – PRODUTO ADQUIRIDO NO EXTERIOR – AUSÊNCIA DE PARTICIPAÇÃO DE EMPRESA SEDIADA NO BRASIL – LEI DE INTRODUÇÃO AO DIREITO – REGÊNCIA DA LEI DO PAÍS EM QUE CONSTITUÍDA A OBRIGAÇÃO – GARANTIA RESTRITA AO PAÍS DE AQUISIÇÃO. (...). 5. Dispõe o art. 9 da Lei de Introdução ao Direito Brasileiro (Decreto-Lei nº 4.657/1942, com a redação dada pela Lei nº 12.376/2010) que as obrigações são qualificadas e regidas pela lei do país em que se constituírem. Quanto aos contratos, prossegue, o § 2º do mesmo dispositivo, que a obrigação resultante de contrato reputa-se constituída no lugar em que residir o proponente. 6. Diante destas disposições, tem-se que o contrato de adesão de compra e venda do aparelho eletrônico foi firmado nos Estados Unidos da América, sede da empresa vendedora e local do negócio jurídico. Portanto, eventuais obrigações de proceder ao reparo ou substituição do produto devem ser avaliadas à luz da legislação dos Estados Unidos da América e do Estado da Flórida, obedecendo, ainda, aos termos da garantia contratual do fornecedor. 7. Diferentemente do que consta da sentença recorrida, os termos de garantia de produtos eletrônicos NÃO asseguram a garantia em qualquer local do planeta, mas normalmente limitada a certa base territorial. No caso, o termo de garantia constante dos manuais apresentados pelo consumidor (fl. 56) não foram

traduzidos, ônus que lhe incumbia. No entanto, da leitura do texto em inglês constante da seção "Limited Warranty" no folheto apresentado pelo recorrido permite averiguar, em tradução informal, que consta expressa advertência de que *"This warranty is valid only in the United States and Canada"*, ou seja, "Esta garantia é válida apenas nos Estados Unidos da América e Canadá". Esta é a praxe do comércio global, devendo o consumidor se atentar ao fato de que produtos importados por seus próprios meios, sem interferência do importador sediado no Brasil, possuem garantia limitada ao país da compra, o que eventualmente acarretaria custos para o envio do produto à assistência técnica. 8. Portanto, como no presente caso a importação se deu sem participação da subsidiária brasileira, pois realizada diretamente pelo consumidor, a obrigação de reparar o defeito do produto cabe à empresa sediada no local da aquisição, devendo ser observada a expressa limitação da garantia ao território dos EUA e do Canadá constante do termo de garantia, cuja incidência não pode ser afastada sem o exame das leis locais, as quais não foram traduzidas nem tiveram sua vigência provadas nos presentes autos. 9. Além disso, não havendo ato ilícito, não há dever de reparar os eventuais danos morais sofridos pelo recorrido. 10. Recurso conhecido e provido para reformar a sentença e julgar improcedentes os pedidos. 11. Sem custas e sem honorários, ante o provimento do recurso.

É importante citar que há também decisões considerando que deve ser utilizada a lei do domicílio do consumidor ou a lei eventualmente pactuada entre as partes, desde que lhe seja mais favorável, possibilitando, assim, que a demanda possa ser apreciada pelo Poder Judiciário brasileiro.

Entretanto, somente há como proteger efetivamente o consumidor em juízo quando a contratação ocorre no exterior, pessoalmente ou por outro meio de comunicação, como a Internet, se a prestação de serviços ou fornecimento de bens, quanto à pessoa ou empresa que o realiza, possuir algum tipo de vinculação física com o território nacional, pois do contrário teremos o exercício da jurisdição (atividade cognitiva) sem a possibilidade de execução futura (atividade executiva), caso seja necessária, o que é repelido pela lógica e figura inclusive como um brocardo jurídico (*nulla cognitio sine executio*).

Como se pode verificar, a definição da lei que disciplinará uma obrigação contratual é extremamente importante na prática, uma vez que cada vez é maior o número de contratações envolvendo empresas estrangeiras, sobretudo através de meios eletrônicos.

12 LEI APLICÁVEL À SUCESSÃO

> **Art. 10.** A sucessão por morte ou por ausência obedece à lei do país em que domiciliado o defunto ou o desaparecido, qualquer que seja a natureza e a situação dos bens.

A sucessão por morte ou ausência é disciplinada pela lei do Estado em que o defunto ou desaparecido estava domiciliado, sendo indiferente a natureza (bem móvel ou imóvel, por exemplo) e o local em que os bens transmitidos estão situados.

A sucessão relatada no dispositivo corresponde à que decorre do falecimento de uma pessoa, obviamente física, que faz com que se dê a transmissão dos bens ou direitos que integravam o seu patrimônio para os seus herdeiros. Trata-se, em outras palavras, da sucessão hereditária, que é deflagrada a partir do momento em que ocorre a morte de uma pessoa ou é declarada a sua ausência.

Sob o aspecto jurídico, há duas situações em que se considera que uma pessoa faleceu: a morte natural e a presumida. A morte natural é a real, efetiva, constatada, enquanto que a presumida é a que decorre de previsão legal, não se sabendo se efetivamente a pessoa faleceu, embora existam indícios de que o evento ocorreu.

A morte presumida, a única que suscitada discussões, pode decorrer de declaração de ausência ou não, sendo que as duas situações estão expressamente previstas no Código Civil brasileiro.

A declaração de morte presumida sem declaração de ausência, a primeira situação descrita, ocorre nas seguintes hipóteses (art. 7º, incisos I e II, do CC): a) é extremamente provável a morte de quem estava em perigo de vida; e b) alguém, desaparecendo em campanha militar ou feito prisioneiro, não foi encontrado em até dois anos após o término da guerra.

Para a declaração de morte presumida sem declaração de ausência, que requer uma decisão judicial, é preciso que tenham sido esgotadas as buscas e as averiguações necessárias à localização da pessoa (art. 7º, parágrafo único, do CC).

No que se refere à declaração de morte por força de ausência, ocorre quando não se tem notícia do paradeiro de uma pessoa, estando a mesma em lugar incerto e não sabido, a ponto de se acreditar inclusive que pode ter falecido.

No sistema jurídico brasileiro, ocorre a declaração de ausência quando: a) uma pessoa desaparece do seu domicílio e dela não se tem notícia; e b) não deixou representante ou procurador a quem caiba administrar os seus bens ou o mandatário não queira ou não possa exercer ou continuar a exercer o mandato ou seus poderes forem insuficientes (arts. 22 e 23 do CC).

Em caso de ausência, um ano após a arrecadação dos bens ou em três, se o ausente deixou representante ou procurador, os interessados poderão requerer a declaração de ausência e a abertura provisória da sucessão (art. 26 do CC).

A sucessão definitiva, por sua vez, poderá ser requerida passados dez anos do trânsito em julgado da sentença de abertura da sucessão provisória ou se for provado que o ausente conta com oitenta anos ou mais de idade e que de cinco ou mais anos datam as últimas notícias a respeito dele (arts. 37 e 38 do CC).

De acordo com o Código Civil brasileiro (arts. 1.784 a 1.990), os seguintes assuntos estão relacionados à sucessão: a) quando e como se dará a sua abertura; b) participação ou não do cônjuge na sucessão; c) administração da herança; d) cessação do direito hereditário; e) responsabilidade patrimonial do herdeiro; f) herdeiros; g) ordem da vocação hereditária; h) aceitação e renúncia da herança; i) excluídos da sucessão; j) herança jacente; k) petição de herança; l) sucessão legítima e testamentária; m) sucessão testamentária; n) legados; o) deserdação; p) revogação do testamento; etc.

12.1. NATUREZA E SITUAÇÃO DOS BENS

Como a lei do país em que era domiciliado o defunto ou desaparecido disciplinará a sua sucessão, sendo indiferente a natureza e a situação dos bens, faremos na sequência algumas considerações sobre esses dois aspectos.

A natureza (ou essência) corresponde à identificação de como se enquadram os bens perante o Direito. Dentro desse contexto, os bens podem ser móveis ou imóveis, públicos ou privados, corpóreos ou incorpóreos, consumíveis ou inconsumíveis, fungíveis ou infungíveis etc.

Em suma, o que o legislador procura ressaltar, ao dizer que a sucessão abrangerá os bens de qualquer natureza, é que todos os bens que integravam o patrimônio do falecido ou desaparecido serão disciplinados pela lei do Estado em que estava domiciliado.

Quanto à situação dos bens, diz respeito ao local em que estão situados. Desse modo, todos os bens que integram o patrimônio do *de cujus* ou desaparecido, independentemente de sua localização física ou espacial, ficarão submetidos, no que se refere às regras sucessórias, à lei do país em que era domiciliado quando do seu falecimento.

12.2. OUTROS ASPECTOS RELACIONADOS À SUCESSÃO

Versando também sobre a sucessão, embora no aspecto processual, o novo Código de Processo Civil dispõe que compete à autoridade judiciária brasileira, com exclusão de qualquer outra, conhecer de ações referentes a imóveis situados no Brasil (art. 23, I).

Entretanto, embora as demandas que envolvam imóveis situados no Brasil sejam de competência do Poder Judiciário brasileiro, a sucessão observará ao que for previsto no direito material do Estado em que o *de cujus* ou desaparecido era domiciliado.

Na realidade, há uma única hipótese na qual é deixada de lado a aplicação do direito estrangeiro. Trata-se de previsão constitucional formulada nos seguintes termos: "a sucessão de bens de estrangeiros situados no País será regulada pela lei brasileira em benefício do cônjuge ou dos filhos brasileiros, sempre que não lhes seja mais favorável a lei pessoal do *de cujus*" (art. 5º, XXXI).

Todavia, como há um comando semelhante na Lei de Introdução às Normas do Direito Brasileiro, que será analisado na sequência, deixaremos de fazer considerações mais profundas a respeito da exceção.

No momento, é importante observar apenas que a previsão constitucional mencionada rompe com o sistema da unicidade e universalidade da sucessão, que impõe a presença de uma única lei para disciplinar a sucessão, por força de sua universalidade, representada pelo entendimento de que abrange todas as questões que digam respeito ao defunto ou desaparecido.

> § 1º. A sucessão de bens de estrangeiros, situados no País, será regulada pela lei brasileira em benefício do cônjuge ou dos filhos brasileiros, ou de quem os represente, sempre que não lhes seja mais favorável a lei pessoal do *de cujus*.

Rompendo com a ideia de que a sucessão obedece à lei do país em que o defunto ou desaparecido era domiciliado quando do seu óbito, a Lei de Introdução às Normas do Direito Brasileiro prevê, em relação aos bens situados no Brasil, que será aplicada a lei brasileira em benefício do cônjuge ou dos filhos brasileiros, sempre que não lhe seja mais favorável a lei do Estado em que o *de cujus* estava domiciliado.

O texto descrito foi incluído pela Lei nº 9.047, de 18 de maio de 1995, a fim de que a Lei de Introdução às Normas do Direito Brasileiro ficasse em consonância com o inciso XXXI do art. 5º da Constituição Federal, que prevê que "a sucessão de bens de estrangeiros situados no País será regulada pela lei brasileira em benefício do cônjuge ou dos filhos brasileiros, sempre que não lhes seja mais favorável a lei pessoal do *de cujus*".

Antes da alteração, o dispositivo possuía a seguinte redação: "a vocação para suceder em bens de estrangeiros situados no Brasil será regulada pela lei brasileira em benefício do cônjuge brasileiro e dos filhos do casal, sempre que não lhes seja mais favorável a lei do domicílio".

A alteração efetuada na Lei de Introdução às Normas do Direito Brasileiro, por força do advento do texto constitucional, está relacionada a duas modificações no texto anterior, que serão explicitadas a seguir.

A primeira modificação, que surgiu com o advento do texto constitucional, diz respeito à previsão de que a utilização do ordenamento jurídico brasileiro far-se-á em benefício do cônjuge, mesmo que não possua a nacionalidade brasileira.

Outra alteração está relacionada ao fato de que a aplicação do direito brasileiro somente ocorrerá, quanto aos filhos, quando forem brasileiros, sendo que anteriormente era irrelevante a sua nacionalidade.

A ruptura com o entendimento de que a sucessão, e, consequentemente, a maneira como se dará a transmissão dos bens, segue a lei do Estado em que o *de cujus* ou desaparecido estava domiciliado, quanto aos bens localizados no território nacional, serve, claramente, para proteger o seu ex-cônjuge e os filhos brasileiros.

A proteção oferecida integra o rol dos direitos e garantias fundamentais no texto constitucional brasileiro, o que demonstra, de plano, que se inclui no contexto da ordem pública, que, por sua natureza, exclui a aplicação do direito estrangeiro.

O tratamento diferenciado previsto, um verdadeiro privilégio, que beneficia apenas o cônjuge e os filhos brasileiros, justifica-se, juridicamente, por ser previsto pela Constituição, pois, se assim não fosse, seria inconstitucional por ferir o princípio da igualdade.

12.3. REQUISITOS PARA QUE OS BENS SITUADOS NO BRASIL FIQUEM SUJEITOS AO DIREITO BRASILEIRO

Para que os bens situados no Brasil fiquem submetidos à ordem jurídica brasileira, é preciso que sejam observados os seguintes requisitos:

a) *a sucessão deve dizer respeito a bens de estrangeiros*

Sob a ótica jurídica, é considerado estrangeiro quem não possui a nacionalidade brasileira, não sendo, portanto, brasileiro nato ou naturalizado.

b) *os bens devem estar situados no território nacional*

Somente os bens que estejam localizados no espaço físico brasileiro é que ficam submetidos à exceção prevista, uma vez que um Estado somente pode impor a observância de sua lei em seu território. Por outro lado, é indiferente que se trate de bem móvel ou imóvel, corpóreo ou incorpóreo.

c) *a aplicação da lei brasileira somente ocorrerá se trouxer benefício ao cônjuge ou aos filhos brasileiros*

Para que seja afastada a lei do Estado em que estava domiciliado o *de cujus* quando do seu falecimento, é preciso que surja uma situação favorável em prol do cônjuge ou dos filhos brasileiros. Não é preciso, porém, que a lei domiciliar beneficie ao mesmo tempo ao cônjuge e aos filhos brasileiros. De fato, se a lei brasileira for mais favorável ao cônjuge somente em relação a ele(a) será aplicável. O mesmo ocorrerá em relação aos filhos.

12.4. OUTRAS CONSIDERAÇÕES A RESPEITO DA PROTEÇÃO OFERTADA AO CÔNJUGE E AOS FILHOS BRASILEIROS

Para que se possa estabelecer qual é o ordenamento jurídico mais favorável, em matéria sucessória ao cônjuge ou aos filhos brasileiros, recomendamos seja utilizada a teoria do conglobamento, que prevê que o que for mais favorável no conjunto de normas – o direito interno ou o estrangeiro – será aplicado.

O tratamento diferenciado, por se tratar de exceção, apenas incide para beneficiar o cônjuge e os filhos brasileiros, tendo em vista que as exceções devem ser interpretadas restritivamente, embora a similitude das situações imponha a aplicação do comando também em relação ao companheiro ou companheira, seja a união estável heterossexual ou homossexual.

No caso dos filhos, em que se exige a nacionalidade brasileira para a observância da previsão da Lei de Introdução às Normas do Direito Brasileiro, é indiferente o fato de possuírem outras (dupla) ou várias (pluri) nacionalidades.

> **§ 2º.** A lei do domicílio do herdeiro ou legatário regula a capacidade para suceder.

Para aferir a capacidade para suceder, utiliza-se a lei do Estado em que se encontrava domiciliado o herdeiro ou legatário quando do falecimento ou desaparecimento do autor da herança. Aliás, embora não exista referência expressa à necessidade de observância da lei que estava em vigor, quando da ocorrência do fato gerador da sucessão (*tempus regit actum*), essa situação está implícita no texto, pois entendimento contrário possibilitaria ao herdeiro ou legatário alterar o domicílio e, desta forma, ter acesso a condições jurídicas mais favoráveis. Por sinal, o Código Civil brasileiro dispõe que a sucessão, e a legitimidade para suceder, aspecto que nos interessa no momento, serão disciplinadas pela lei que estava em vigor quando de sua abertura (art. 1.787).

A capacidade para suceder, aspecto central do dispositivo que está sendo analisado, consiste na aptidão (ou possibilidade) reconhecida pela ordem jurídica de um Estado, particularmente pelo seu direito sucessório, para que uma pessoa possa tornar-se herdeira ou legatária.

Vigoram, na ordem jurídica brasileira, basicamente, os seguintes requisitos acerca da capacidade para suceder: a) são legitimadas a suceder as pessoas nascidas ou já concebidas no momento da abertura da sucessão (art. 1.798 do CC); b) podem ser chamadas a suceder, na sucessão testamentária, os filhos, ainda não concebidos, de pessoas indicadas pelo testador, desde que vivas ao abrir-se a sucessão e as pessoas jurídicas (art. 1.799 do CC); c) há pessoas que não podem ser nomeadas herdeiras ou legatárias (art. 1.801 do CC); d) algumas pessoas são excluídas da sucessão, na qualidade de herdeiras ou legatárias, por indignidade (art. 1.814 do CC); etc.

12.5. ENQUADRAMENTO JURÍDICO COMO HERDEIRO OU LEGATÁRIO

O último aspecto do dispositivo – a lei do domicílio do herdeiro ou legatário disciplina a sua capacidade para suceder – que merece consideração particularizada é o enquadramento jurídico como herdeiro ou legatário. Por isso, teceremos algumas considerações sobre as duas situações, utilizando como referência, mais uma vez, o ordenamento jurídico brasileiro.

Herdeiro é a pessoa que terá direito à totalidade ou a parte de uma herança. A qualidade de herdeiro pode decorrer de sucessão legítima ou testamentária. Os herdeiros em decorrência de sucessão legítima são indicados expressamente pela lei (art. 1.828 do CC), que, por sinal, aponta que os descendentes, os ascendentes e o cônjuge são herdeiros necessários (art. 1.845 do CC), o que lhes assegura metade dos bens da herança (art. 1.846 do CC). Os herdeiros testamentários são os indicados por uma pessoa em seu testamento. Aliás, está previsto expressamente que qualquer pessoa pode dispor, por testamento, da totalidade ou de parte de bens para depois de sua morte (art. 1.857, *caput*, do CC).

O legatário, por sua vez, é a pessoa que recebe a totalidade, se não houver herdeiros necessários e essa for a vontade do testador, ou parte dos bens de uma pessoa por meio de um testamento.

Nos dois casos – herdeiro e legatário –, a capacidade para suceder levará em consideração a lei do Estado em que estavam domiciliados quando ocorreu o fato gerador da sucessão.

13 ENTES DE DIREITO PRIVADO E AQUISIÇÃO DE BENS POR ESTADOS ESTRANGEIROS

> **Art. 11.** As organizações destinadas a fins de interesse coletivo, como as sociedades e as fundações, obedecem à lei do Estado em que se constituírem.

De acordo com a Lei de Introdução às Normas do Direito Brasileiro, as organizações voltadas a fins de interesse coletivo são disciplinadas pela lei do Estado em que se constituírem.

Essa previsão legislativa está relacionada às pessoas jurídicas de direito privado que tenham sido criadas em outro Estado, como as sociedades, associações e fundações, e pretendam atuar também no território brasileiro.

Na realidade, é indiferente a denominação atribuída no exterior, bastando que se trate de uma pessoa jurídica de direito privado, já que as formas de sociedade, num sentido amplo, representam a conjugação de esforços e recursos para o atingimento de fins traçados pelos seus criadores ou instituidores, o que demonstra claramente que buscam à satisfação de interesses coletivos.

Como as organizações que almejam a tutela de interesses coletivos obedecem à lei do Estado em que se constituírem, uma sociedade empresarial que tenha sido criada na Argentina ficará sujeita à lei do referido Estado quanto à disciplina dos seus elementos constitutivos, como o uso de denominação ou firma, eventuais restrições quanto ao objeto, forma de integralização do capital, administração, criação de filiais, agências ou sucursais. Neste sentido, a Convenção Interamericana sobre Personalidade e Capacidade de Pessoas Jurídicas no Direito Internacional Privado, ratificada e promulgada pelo Estado brasileiro, prevê que:

> Art. 2º. A existência, a capacidade de ser titular de direitos e obrigações, o funcionamento, a dissolução e a fusão das pessoas jurídicas de caráter privado serão regidos pela lei do lugar de sua constituição. Entender-se-á por "lei do lugar de sua constituição" a do Estado Parte em que forem cumpridos os requisitos de forma e fundo necessários à criação das referidas pessoas.

Sendo assim, se a pessoa jurídica possuir uma filial no Brasil, essa unidade estará aqui domiciliada, mas se tratará de uma pessoa jurídica estrangeira, por possuir outra nacionalidade (ESPINOLA; ESPINOLA FILHO, 1999, p. 127).

Portanto, quando a Lei de Introdução às Normas do Direito Brasileiro aponta que a pessoa jurídica obedece à lei do Estado em que se constituir está, em última análise, atribuindo-lhe também a respectiva nacionalidade, ou simplesmente dizendo que se trata de uma pessoa jurídica estrangeira.

A propósito, o Código Civil brasileiro considera nacional a sociedade organizada de conformidade com a lei brasileira e que tenha no País a sede de sua administração (art. 1.126), o que permite que possamos diferenciar as sociedades nacionais das estrangeiras.

Diferente da previsão do direito brasileiro, o Código Civil português confere à pessoa coletiva estrangeira – esta é a denominação utilizada – a possibilidade de designar na convenção que a criou ou nos respectivos estatutos a sua lei pessoal, sendo que na falta de designação obedecerá à lei do país onde estiver a sede principal (art. 34º). A citação serve, porém, apenas para que fique consignado que o assunto pode ser disciplinado de uma maneira diversa da prevista no âmbito interno.

A pessoa jurídica estrangeira, que de acordo com o ordenamento jurídico brasileiro, obedece à lei do Estado em que se constituir, pode ser de natureza empresarial ou civil, mas sempre de direito privado, uma vez que as pessoas jurídicas de direito público estrangeiras, como as organizações internacionais, estão necessariamente submetidas ao direito internacional e não ao direito interno de um ou mais Estados específicos.

No que se refere às pessoas jurídicas de direito privado, recebem essa qualificação, na ordem jurídica brasileira, que nos serve unicamente como referência: a) as associações; b) as sociedades; c) as fundações; d) as organizações religiosas; e) os partidos políticos; e f) as empresas individuais de responsabilidade limitada, consoante o art. 44 do Código Civil.

> § 1º. Não poderão, entretanto, ter no Brasil filiais, agências ou estabelecimentos antes de serem os atos constitutivos aprovados pelo Governo brasileiro, ficando sujeitas à lei brasileira.

Embora as organizações voltadas à satisfação de interesses coletivos, como as sociedades, associações e fundações, obedeçam à lei do Estado em que se constituírem, se quiserem ter, no Brasil, filiais, agências, sucursais ou quaisquer outros estabelecimentos devem ter os seus atos constitutivos previamente aprovados pelo governo brasileiro. Além disso, quando passam a atuar no Brasil, ficam sujeitas à lei brasileira, o que ocorre, por exemplo, em matéria tributária, civil e trabalhista.

A necessidade de que a pessoa jurídica tenha os seus atos constitutivos aprovados pelo governo brasileiro consiste, na realidade, na obtenção de uma prévia autorização para funcionar, como previsto no Código Civil brasileiro (arts. 1.134 a 1.141). Em especial, merece ser citado o art. 1.134 do aludido dispositivo, que estabelece:

> **Art. 1.134.** A sociedade estrangeira, qualquer que seja o seu objeto, não pode, sem autorização do Poder Executivo, funcionar no País, ainda que por estabelecimentos subordinados, podendo, todavia, ressalvados os casos expressos em lei, ser acionista de sociedade anônima brasileira.
>
> § 1º. Ao requerimento de autorização devem juntar-se:
> I – prova de se achar a sociedade constituída conforme a lei de seu país;
> II – inteiro teor do contrato ou do estatuto;
> III – relação dos membros de todos os órgãos da administração da sociedade, com nome, nacionalidade, profissão, domicílio e, salvo quanto a ações ao portador, o valor da participação de cada um no capital da sociedade;
> IV – cópia do ato que autorizou o funcionamento no Brasil e fixou o capital destinado às operações no território nacional;
> V – prova de nomeação do representante no Brasil, com poderes expressos para aceitar as condições exigidas para a autorização;
> VI – último balanço.
>
> § 2º. Os documentos serão autenticados, de conformidade com a lei nacional da sociedade requerente, legalizados no consulado brasileiro da respectiva sede e acompanhados de tradução em vernáculo.

A autorização para funcionar deve ser solicitada ao Poder Executivo Federal, sendo que quando se tratar de pedidos de autorização para instalação de filial, agência, sucursal ou estabelecimento de sociedade mercantil estrangeira, o requerimento deve ser dirigido ao Ministro de Estado do Desenvolvimento, Indústria e Comércio Exterior e protocolizado no Departamento Nacional de Registro do Comércio – DNRC, que o examinará, sem prejuízo da competência de outros órgãos federais (art. 1º da Instrução Normativa nº 81, de 5 de janeiro de 1999, do Departamento Nacional do Registro do Comércio – DNRC).

A exemplo do que consta na Lei de Introdução às Normas do Direito Brasileiro, o Código Civil dispõe que a sociedade estrangeira, quando autorizada a funcionar no Brasil, ficará sujeitas às leis e aos tribunais brasileiros quanto aos atos ou operações aqui realizadas (art. 1.137, *caput*).

Ocorre que, além da aprovação dos atos constitutivos, às vezes a sociedade estrangeira precisa de uma verdadeira autorização para funcionar no Brasil, o que se dá também em alguns casos com a sociedade nacional. Essa situação abrange, por exemplo, as empresas que trabalham com a pesquisa e a lavra de recursos minerais (art. 176, § 1º, da CF), as companhias seguradoras, cuja autorização para funcionamento é dada pela Superintendência de Seguros Privados (SUSEP), entidade autárquica relacionada ao Ministério da Indústria e Comércio (arts. 35 e 36 do Decreto-Lei nº 73, de 21 de novembro de 1966) e as instituições financeiras, que somente podem funcionar no país quando previamente autorizadas pelo Banco Central do Brasil (art. 10, X, "a", Lei nº 4.595, de 31 de dezembro de 1964).

A imposição de uma prévia autorização para o funcionamento, conforme o tipo de atividade econômica realizada, encontra suporte no parágrafo único do art. 170 da Constituição Federal, que prevê ser "assegurado a todos o livre exercício de qualquer atividade econômica, independentemente de autorização de órgãos públicos, salvo nos casos previstos em lei".

Embora sejam impostos vários requisitos para que as organizações de caráter coletivo possam funcionar no Brasil, na prática, as exigências acabam muitas vezes sendo burladas em razão do comércio eletrônico, que afasta a necessidade de que a empresa possua uma estrutura física própria no território brasileiro. Além disso, em concorrências internacionais para a venda de bens ou prestação de serviços, essa exigência também é afastada (art. 23, § 3º, da Lei nº 8.666, de 21 de junho de 1993).

> § 2º. Os Governos estrangeiros, bem como as organizações de qualquer natureza, que eles tenham constituído, dirijam ou hajam investido de funções públicas, não poderão adquirir no Brasil bens imóveis ou suscetíveis de desapropriação.

Atendendo ao interesse nacional, particularmente à soberania nacional, o legislador estabeleceu que os Estados estrangeiros, assim como as organizações de qualquer natureza que tenham constituído, dirijam ou hajam investido de funções públicas, não poderão adquirir no Brasil bens imóveis ou suscetíveis de desapropriação.

Numa primeira leitura do dispositivo, chega-se à conclusão de que os Estados, e o mesmo vale para as Organizações Internacionais, não poderão adquirir qualquer bem imóvel no território brasileiro. Todavia, a proibição é excepcionada pela própria Lei de Introdução às Normas do Direito Brasileiro quando estabelece, no próximo parágrafo, que pode ser adquirida a sede das representações diplomáticas e consulares.

O que justifica a vedação em apreço – de aquisição de imóveis – é o fato de o território ser um dos elementos constitutivos do Estado, sendo o local (ou espaço) em que exerce a sua soberania (ou supremacia), e, desta forma, a posse de bens imóveis por Estados ou Organizações Internacionais poderia representar uma restrição ao seu poder, sobretudo se fossem adquiridas grandes áreas de terra pelos sujeitos do Direito Internacional.

Quanto aos bens suscetíveis de desapropriação, que podem ser móveis ou imóveis, corpóreos ou incorpóreos, a vedação à sua aquisição por Estados estrangeiros e Organizações Internacionais decorre do fato de que ficam sujeitos ao poder de *imperium* ou autoridade do Estado no seu território e, sendo assim, impede-se que outros sujeitos de Direito Internacional venham a adquiri-los, uma vez que desapareceria a possibilidade de transferência compulsória do bem para o Estado brasileiro, quando estivesse presente necessidade, utilidade pública ou interesse social, que justificasse a desapropriação.

O maior problema para que o dispositivo seja efetivado é que não é possível saber previamente quais são os bens que podem ser objeto de desapropriação, já que a necessidade ou utilidade pública e o interesse social são incertos (contingentes) e sofrem modificação no tempo e no espaço (variáveis). Deveras, somente quando a desapropriação possui natureza sancionatória (a propriedade urbana ou rural não está cumprindo sua função social – arts. 182 e 184 da CF) ou confiscatória (a propriedade urbana ou rural for utilizada para o cultivo de plantas psicotrópicas ou há a exploração de trabalho escravo – art. 243 da CF) é que se pode prever, com antecedência, a possibilidade de desapropriação.

> **§ 3º.** Os Governos estrangeiros podem adquirir a propriedade dos prédios necessários à sede dos representantes diplomáticos ou dos agentes consulares.

Prevê, a Lei de Introdução às Normas do Direito Brasileiro, que os Estados estrangeiros podem adquirir a propriedade dos prédios necessários à sede de sua representação diplomática ou consular no Brasil.

A previsão descrita é semelhante ao que consta na Convenção de Viena sobre Relações Diplomáticas, de 1961, dotada da seguinte redação: "o Estado acreditante deverá facilitar a aquisição em seu território, de acordo com suas leis, pelo Estado acreditado, dos locais necessários à Missão ou ajudá-lo a consegui-los de outra maneira" (artigo 21, 1).

Ademais, a Convenção de Viena sobre Relações Diplomáticas traz a seguinte definição de locais da Missão: "são os edifícios, ou parte dos edifícios, e terrenos anexos, seja quem for o seu proprietário, utilizados para as finalidades da Missão, inclusive a residência do Chefe da Missão" (artigo 1, "i").

Da mesma forma, a Convenção de Viena sobre Relações Consulares, de 1963, dispõe que "o Estado receptor deverá facilitar, de acordo com suas leis e regulamentos, a aquisição, em seu território, pelo Estado que envia, de acomodações necessárias à repartição consular, ou ajudá-lo a obter acomodações de outra maneira" (artigo 30º, 1).

Também há definição, na Convenção de Viena sobre Relações Consulares, sobre os locais consulares, que são apontados como sendo os "edifícios, ou parte dos edifícios, e terrenos anexos, que, qualquer que seja seu proprietário, sejam utilizados exclusivamente para as finalidades da repartição consular" (artigo 1º, 1, "j").

Portanto, as duas convenções mencionadas reconhecem, expressamente, a possibilidade de que um Estado venha a adquirir, em outro, os imóveis necessários para o desempenho das funções de representação consular e diplomática.

A previsão das convenções é mais ampla do que o que consta na Lei de Introdução às Normas do Direito Brasileiro, uma vez que esta última prevê apenas a possibilidade de aquisição do local em que está sediada a Missão diplomática ou consular.

No caso, como a Convenção de Viena sobre Relações Diplomáticas foi promulgada no Brasil pelo Decreto nº 56.435, de 8 de junho de 1965 e a Convenção de Viena sobre Relações Consulares foi promulgada através do Decreto nº 61.078, de 26 de julho de 1967, sendo dotadas do *status* de lei ordinária quando de sua incorporação, prevalecem sobre o que está previsto na Lei de Introdução às Normas do Direito Brasileiro. Sendo assim, é possível que os Estados estrangeiros venham a adquirir, no Brasil, todos os imóveis que sejam necessários ao desempenho das atividades de representação. Como exemplo do exposto, é possível que a repartição consular adquira um local para o Consulado-Geral, o Consulado, o Vice-Consulado e a Agência Consular.

Entretanto, é importante observar que a existência de outros órgãos de representação, além da sede da diplomacia ou do consulado, depende de consentimento expresso do Estado receptor, como previsto, por exemplo, na Convenção de Viena sobre Relações Diplomáticas (artigo 4, 5).

Os representantes diplomáticos e consulares mencionados no texto exercem, respectivamente, a representação diplomática (defesa dos interesses de um Estado perante outro) ou consular (defesa dos interesses dos habitantes ou empresas de um Estado perante outro).

As funções arroladas, porém, representam apenas o básico acerca das atribuições dos agentes diplomáticas e consulares. Sendo assim, para um estudo mais aprofundado recomendamos a leitura do artigo 3 da Convenção de Viena sobre Relações Diplomáticas e do artigo 5º da Convenção de Viena sobre Relações Consulares que descrevem as funções a cargo dos dois órgãos de representação.

14 COMPETÊNCIA DA JUSTIÇA BRASILEIRA

> **Art. 12.** É competente a autoridade judiciária brasileira, quando for o réu domiciliado no Brasil ou aqui tiver de ser cumprida a obrigação.

De acordo com a Lei de Introdução às Normas do Direito Brasileiro, quando o réu for domiciliado no Brasil ou aqui tiver que ser cumprida a obrigação, o Poder Judiciário brasileiro poderá exercer a atividade jurisdicional se for acionado.

A hipótese mencionada, no entanto, não é a única na qual a autoridade judiciária brasileira exercerá a atividade jurisdicional. De fato, o novo Código de Processo Civil arrola as seguintes hipóteses em que compete ao Poder Judiciário atuar quando estiver presente o elemento de conexão:

Art. 21. Compete à autoridade judiciária brasileira processar e julgar as ações em que:
I – o réu, qualquer que seja a sua nacionalidade, estiver domiciliado no Brasil;
II – no Brasil tiver de ser cumprida a obrigação;
III – o fundamento seja fato ocorrido ou ato praticado no Brasil.
Parágrafo único. Para o fim do disposto no inciso I, considera-se domiciliada no Brasil a pessoa jurídica estrangeira que nele tiver agência, filial ou sucursal.

Art. 22. Compete, ainda, à autoridade judiciária brasileira processar e julgar as ações:
I – de alimentos, quando:
a) o credor tiver domicílio ou residência no Brasil;
b) o réu mantiver vínculos no Brasil, tais como posse ou propriedade de bens, recebimento de renda ou obtenção de benefícios econômicos;
II – decorrentes de relações de consumo, quando o consumidor tiver domicílio ou residência no Brasil;
III – em que as partes, expressa ou tacitamente, se submeterem à jurisdição nacional.

Art. 23. Compete à autoridade judiciária brasileira, com exclusão de qualquer outra:
I – conhecer de ações relativas a imóveis situados no Brasil;
II – em matéria de sucessão hereditária, proceder à confirmação de testamento particular e ao inventário e à partilha de bens situados no Brasil, ainda que o autor da herança seja de nacionalidade estrangeira ou tenha domicílio fora do território nacional;
III – em divórcio, separação judicial ou dissolução de união estável, proceder à partilha de bens situados no Brasil, ainda que o titular seja de nacionalidade estrangeira ou tenha domicílio fora do território nacional.

Em relação às situações descritas, é importante observar que o exercício da jurisdição pelo Estado brasileiro pode se dar em caráter concorrente ou exclusivo, sendo que, na primeira hipótese, admite-se que o conflito possa ser solucionado também por outro Estado que esteja a ele relacionado e, na segunda hipótese, ao contrário, não se admite que o conflito possa ser solucionado por outro Estado, o que faz com que a decisão eventualmente proferida não seja homologada no Brasil.

Das situações descritas no novo Código de Processo Civil, as previstas nos arts. 21 e 22 estão relacionadas à jurisdição concorrente e a constante do art. 23 está vinculada à jurisdição exclusiva. A propósito, a "competência" para solucionar um conflito que se liga a dois ou mais ordenamentos jurídicos pode ser considerada concorrente ou exclusiva. Quando a competência é considerada concorrente, qualquer um dos Estados que esteja relacionada ao conflito poderá solucioná-lo. De maneira diversa, quando a competência é exclusiva apenas o Estado brasileiro poderá apreciá-lo. Quanto às situações mencionadas, é importante observar que o novo Código de Processo Civil é uma lei posterior (critério cronológico) e especial (critério da especialidade) em relação à Lei de Introdução às Normas do Direito Brasileiro, o que faz com que seus dispositivos prevaleçam.

No mesmo sentido, é importante recordar, apenas exemplificando, que a Constituição Federal, ao discorrer sobre a competência da Justiça do Trabalho (art. 114), também versou sobre Direito Internacional Privado ao estabelecer que lhe compete julgar os litígios que envolvam entes de direito público externo, o que serve também para demonstrar que a definição da competência dos órgãos jurisdicionais brasileiros não se limita ao quadro normativo colocado na Lei de Introdução às Normas do Direito Brasileiro.

Ainda em relação ao exercício da jurisdição, merecem destaque os seguintes comandos presentes no novo Código de Processo Civil, na parte referente ao exercício da jurisdição nacional e da cooperação internacional:

1°. O fato de estar em curso, no exterior, uma ação idêntica (mesmas partes, mesmo pedido e mesma causa de pedir) não induz litispendência e, desta forma, não obsta a que a autoridade judiciária brasileira conheça da mesma causa e das que lhe são conexas (art. 24, *caput*). Portanto, o fato de já existir um processo no exterior para a apreciação de uma demanda não impede que seja levada ao conhecimento do Poder Judiciário brasileiro para que a examine, uma vez que consideramos que a litispendência é um fenômeno interno, por ser aplicável apenas aos processos que estejam sendo analisados pelos órgãos jurisdicionais brasileiros. Na realidade, existe uma única hipótese na qual a litispendência pode ser reconhecida. Trata-se da existência de tratados internacionais e acordos bilaterais que disponham em sentido contrário ao previsto pelo novo Código de Processo Civil e estejam em vigor no Brasil (art. 24).

2°. O fato de estar em trâmite uma demanda perante um órgão jurisdicional brasileiro não impede a homologação de sentença estrangeira que verse sobre o mesmo litígio se o ato for exigido para que produza efeitos no Brasil. De fato, a homologação somente deixará de ser realizada, genericamente falando, quando a demanda for de competência exclusiva da Justiça brasileira ou existir uma decisão transitada em julgado, acerca da mesma demanda, no âmbito interno (art. 24, parágrafo único, do novo CPC).

3°. Nos contratos internacionais, pode ser utilizado o foro de eleição, atribuindo-se competência para o julgamento de uma demanda a um órgão estrangeiro, o que impedirá que a autoridade brasileira processe e julgue a ação se for arguida pelo réu na contestação (art. 25). A escolha do foro, porém, não terá validade se houver ofensa à competência exclusiva da justiça brasileira.

Diante da previsão do novo Código de Processo Civil, não há dúvida que o foro de eleição é admitido para a escolha do tribunal, estatal ou não, que solucionará um conflito envolvendo contratos internacionais, pois o fato de se relacionar a dois ou mais Estados ao mesmo tempo impõe uma solução diferenciada, sobretudo a possibilidade de que as partes venham a estabelecer mediante acordo quem solucionará eventual conflito. Por sinal, a Lei de Arbitragem (Lei n° 9.307, de 23 de setembro de 1996) estabelece que as partes interessadas podem submeter a solução dos seus litígios à arbitragem (art. 3º).

Entretanto, são os diferentes Estados que definirão como se operará a competência dos seus órgãos jurisdicionais e quando será aceito o exercício da atividade jurisdicional fora do seu território, já que as normas de natureza processual são dotadas de caráter público, uma vez que estão relacionadas a uma das funções essenciais do Estado. Com efeito, "sempre se entendeu que a cada Estado cabe organizar a sua justiça, definir a atribuição de seus tribunais, regular a forma e os termos do processo, definir a atribuição de seus tribunais e os recursos contra as mesmas" (ESPINOLA; ESPINOLA FILHO, 1999, p. 195).

O fato de o exercício da jurisdição ser definido pelo Estado, por se ligar à sua soberania (ou supremacia), não impede, contudo, que se aceite o foro de eleição e que mediante tratados e acordos internacionais possa ser disciplinado o exercício da jurisdição quando a demanda se vincular a dois ou mais ordenamentos jurídicos.

> § 1°. Só à autoridade judiciária brasileira compete conhecer das ações relativas a imóveis situados no Brasil.

De acordo com a Lei de Introdução às Normas do Direito Brasileio, a competência para conhecer de ações relativas a imóveis situados no Brasil é exclusiva da autoridade judiciária brasileira.

A previsão descrita é semelhante ao que está previsto no novo Código de Processo Civil, que dispõe que:

Art. 23. Compete à autoridade judiciária brasileira, com exclusão de qualquer outra:
I – conhecer de ações relativas a imóveis situados no Brasil;
II – em matéria de sucessão hereditária, proceder à confirmação de testamento particular, e ao inventário e à partilha de bens situados no Brasil, ainda que o autor da herança seja de nacionalidade estrangeira ou tenha domicílio fora do território nacional;
III – em divórcio, separação judicial ou dissolução de união estável, proceder à partilha de bens situados no Brasil, ainda que o titular seja de nacionalidade estrangeira ou tenha domicílio fora do território nacional.

Em todas as situações mencionadas, o exercício da atividade jurisdicional é considerado exclusivo da autoridade judiciária brasileira, o que serve para deixar claro que a hipótese prevista na Lei de Introdução às Normas do Direito Brasileiro possui caráter meramente exemplificativo.

É importante observar que, embora a definição do Estado que exercerá a atividade jurisdicional seja identificado como sendo um assunto relacionado ao conflito de competência, trata-se, na realidade, de questão afeta ao exercício da jurisdição, pois se procura definir qual o Estado que solucionará o conflito. Realmente, apenas após ser estabelecido o Estado que solucionará o conflito, exercendo a jurisdição, é que se poderá falar em competência. Aliás, a competência é definida, sob a ótica processual, como a delimitação da jurisdição, o que deixa claro que somente é possível falar em competência quando está presente a jurisdição.

Trabalhando especificamente com a previsão da Lei de Introdução às Normas do Direito Brasileiro, embora exista comando semelhante no novo Código de Processo Civil, é possível notar que a vinculação dos bens imóveis com o espaço físico (ou território) do Estado, sobre o qual exerce a sua soberania ou supremacia, fez com que se considere que a competência para conhecer os conflitos que estão a ele relacionados seja absoluta (ou exclusiva).

Pelo fato de a competência ser considerada exclusiva do Poder Judiciário brasileiro, uma eventual decisão proferida no exterior a respeito de um bem imóvel aqui localizado não poderá ser homologada pelo Superior Tribunal de Justiça e, consequentemente, não poderá ser executada em nosso país. O impedimento à produção de efeitos ocorrerá, da mesma forma, quando uma decisão estrangeira não precise ser homologada, pois o impedimento à execução da decisão está relacionada à ordem pública, que se aplica em relação a quaisquer atos, fatos ou negócios jurídicos emanados do exterior.

> **§ 2º.** A autoridade judiciária brasileira cumprirá, concedido o *exequatur* e segundo a forma estabelecida pela lei brasileira, as diligências deprecadas por autoridade estrangeira competente, observando a lei desta, quanto ao objeto das diligências.

Versando sobre a cooperação jurisdicional, na esfera internacional, a Lei de Introdução às Normas do Direito Brasileiro dispõe que as autoridades judiciárias brasileiras cumprirão as diligências que forem deprecadas pelas autoridades estrangeiras.

O cumprimento das diligências deprecadas está, porém, condicionada à concessão de *exequatur* às cartas rogatórias que tenham sido expedidas, conforme previsto no art. 105, I, "i", da Constituição Federal, que dispõe que compete ao Superior Tribunal de Justiça processar e julgar, em caráter originário, a homologação de sentenças estrangeiras e a concessão de *exequatur* às cartas rogatórias. Para tanto, o aludido tribunal verificará, por exemplo, se a diligência deprecada não ofende a soberania do Estado brasileiro, a ordem pública e se as providências solicitadas não estão relacionadas a processos de competência exclusiva do Poder Judiciário brasileiro.

O *exequatur* consiste na determinação emanada do Superior Tribunal de Justiça para que a carta rogatória seja executada, cumprida, observada, possibilitando, desta forma, que a diligência que havia sido deprecada (solicitada, pleiteada) possa ser executada no território nacional. Portanto, "o *exequatur* se mostra um reconhecimento ou uma revalidação à *carta rogatória* para que possa ser atendida regularmente e devolvida ao juiz *rogante*, depois de regularmente cumprida" (DE PLÁCIDO E SILVA, 1993, p. 243).

O cumprimento de diligências deprecadas somente é possível se não envolver a prática de atos que contrariem ou que produzam resultados incompatíveis com as normas fundamentais que regem o Estado brasileiro (art. 26, § 3º, do novo CPC).

14.1. PRÁTICA DOS ATOS DE COOPERAÇÃO JURÍDICA INTERNACIONAL

Para o desenvolvimento da cooperação internacional, serão observadas as determinações previstas em tratado internacional. Todavia, é possível também que a cooperação se manifeste mediante promessa de reciprocidade, exteriorizada por via diplomática, observadas as seguintes determinações: a) respeito às garantias do devido processo legal no Estado requerente; b) a igualdade de tratamento entre nacionais e estrangeiros, residentes ou não no Brasil, em relação ao acesso à justiça e à tramitação dos processos, assegurando-se assistência judiciária aos necessitados; c) publicidade processual, exceto nas hipóteses de sigilo previstas na legislação brasileira ou na do Estado requerente; d) existência de autoridade central para recepção e transmissão dos pedidos de cooperação; e e) espontaneidade na transmissão de informações a autoridades estrangeiras (art. 26, incisos I a V, do novo CPC).

Quando o procedimento de cumprimento da carta rogatória se desenvolver perante o Superior Tribunal de Justiça, conforme determinação constitucional, será considerado de jurisdição contenciosa e às partes serão asseguradas as garantias do devido processo legal (art. 36 do novo CPC). A propósito, a carta rogatória pode ser ativa ou passiva. No primeiro caso, é o Estado brasileiro que solicita a prática do ato processual (requerente) e na segunda, ao Estado brasileiro é pleiteada a prática do ato processual (requerido).

A defesa eventualmente apresentada contra o cumprimento da carta rogatória somente poderá dizer respeito ao atendimento dos requisitos para que o pronunciamento estrangeiro produza efeitos no Brasil, sendo vedada, portanto, a análise do mérito do pronunciamento judicial estrangeiro pela autoridade judiciária brasileira (art. 36, §§ 1º e 2º, do novo CPC).

Ainda em relação ao cumprimento da carta rogatória, ocupam lugar de destaque no procedimento a ser seguido pelo Poder Judiciário brasileiro, as seguintes determinações previstas na Resolução nº 9, de 4 de maio de 2005, do Superior Tribunal de Justiça, que trata em caráter excepcional do assunto até que seja incluído no regimento interno do Egrégio Tribunal: a) a concessão do *exequatur* a cartas rogatórias é atribuição do Presidente do Superior Tribunal de Justiça (art. 2º); b) não pode ser concedido *exequatur* à carta rogatória que ofenda a soberania nacional ou a ordem pública (art. 6º); c) as cartas rogatórias podem ter por objeto atos decisórios ou não (art. 7º, *caput*); d) a parte interessada será intimada para impugnar a carta rogatória (art. 8º, *caput*); e) a providência solicitada na carta rogatória poderá ser realizada sem a prévia oitiva da parte interessada quando sua intimação prévia puder resultar na ineficácia da cooperação internacional (art. 8º, parágrafo único); f) a defesa somente poderá versar sobre a autenticidade dos documentos juntados para instruir o pedido, a inteligência da decisão e a observância dos requisitos previstos para a prática do ato (art. 9º, *caput*); g) se houver impugnação às cartas rogatórias decisórias, o Presidente do Superior Tribunal de Justiça poderá distribuí-lo para julgamento pela Corte Especial (art. 9º, § 2º); h) se o requerido for revel ou incapaz, lhe será nomeado um curador especial (art. 9º, § 3º); i) o Ministério Público participará do processo de concessão do *exequatur* às cartas rogatórias, podendo impugnar o pedido no prazo de 10 (dez) dias (art. 10); j) contra as decisões proferidas pelo Presidente do Superior Tribunal de Justiça, nas cartas rogatórias, caberá agravo regimental (art. 11); k) a carta rogatória, depois de ordenado o seu cumprimento, será remetida ao Juízo Federal competente (art. 13, *caput*); l) podem ser opostos embargos, no prazo de 10 (dez) dias, em relação a quaisquer atos que sejam referentes ao cumprimento da carta rogatória perante o Juízo Federal competente, sendo os mesmos julgados pelo Presidente do Superior Tribunal de Justiça (art. 13, § 1º); m) da decisão do Presidente do Superior Tribunal de Justiça nos embargos cabe agravo regimental (art. 13, § 2º); e n) após o seu cumprimento, a carta rogatória será devolvida ao Presidente do Superior Tribunal de Justiça, no prazo máximo de 10 (dez) dias, e por este remetida, em igual prazo, por meio do Ministério da Justiça ou do Ministério das Relações Exteriores, à origem (art. 14).

15 PROVA DOS FATOS OCORRIDOS NO EXTERIOR

> **Art. 13.** A prova dos fatos ocorridos em país estrangeiro rege-se pela lei que nele vigorar, quanto ao ônus e aos meios de produzir-se, não admitindo os tribunais brasileiros provas que a lei brasileira desconheça.

Para provar um fato que ocorreu em outro país, utiliza-se a lei que nele vigorar, inclusive no que se refere ao ônus da prova, embora não sejam admitidas, em nosso país, provas que a lei brasileira desconheça.

A compreensão do comando descrito impõe, previamente, que se recorde que fatos, sob a ótica jurídica, são acontecimentos que levam à criação, modificação ou extinção de um direito, situação ou relação jurídica.

Por uma questão de lógica, a aferição da ocorrência ou não de um fato é realizada no local (espaço físico) em que teria supostamente ocorrido. Desse modo, se o fato ocorreu em outro país, a sua demonstração ou prova também ocorrerá naquele local.

A utilização da lei que está em vigor no Estado em que o fato ocorreu para a sua demonstração está vinculada ao entendimento de que as normas processuais são eminentemente territoriais, uma vez que estão relacionadas à ordem pública, como foi consignado inicialmente no art. 39 da *Magna Charta Libertatum*, texto inglês do século XIII, ao prever a utilização obrigatória da *Lei da Terra* (*lex fori*) para o exercício da atividade jurisdicional.

Portanto, é a lei do local em que o fato ocorreu (*lex loci actus*) que disciplinará como se dará a produção da prova e estabelecerá também as regras a respeito do ônus (ou encargo) de provar, apontando, por exemplo, o que deve ser provado pelo autor.

Também incumbirá ao ordenamento jurídico em que o fato ocorreu especificar as provas que podem ser utilizadas, embora as provas desconhecidas no Brasil não possam ser aqui usadas.

No contexto das provas desconhecidas no ordenamento jurídico brasileiro, que não podem ser aqui utilizadas, figuram as provas ilícitas e os meios de prova considerados moralmente ilegítimos.

Tradicionalmente, são consideradas provas ilícitas as que foram produzidas com ofensa a comandos essenciais do direito material, como ocorre em nosso ordenamento jurídico com o que garante a inviolabilidade do domicílio e com o que veda a interceptação telefônica sem autorização judicial. Entretanto, há também defensores do entendimento de que a ilicitude pode estar também vinculada ao desrespeito a preceitos fundamentais do direito processual, sobretudo na esfera penal, discussão que deixaremos de lado.

Versando sobre as provas ilícitas, a Constituição brasileira dispõe que são inadmissíveis, no processo, as provas obtidas por meios ilícitos (art. 5º, LVI), sendo que a previsão está inserida no contexto dos direitos e garantias fundamentais.

No que diz respeito aos meios de prova considerados moralmente ilegítimos, estão relacionados ao fato de que o legislador brasileiro especificou os meios de prova que considera admissíveis (meios legais), mas permitiu que fossem utilizados outros meios (atípicos ou inominados), desde que moralmente legítimos, para provar a verdade dos fatos em que se funda o pedido ou a defesa e influir eficazmente na convicção do juiz (art. 369 do novo CPC).

15.1. OUTRAS RESTRIÇÕES RELACIONADAS À PROVA

Além das restrições específicas apresentadas, existem também as genéricas, como as referentes à necessidade de observância da soberania nacional e da ordem pública para que um ato emanado de outro ordenamento jurídico possa produzir efeitos em nosso país.

Em especial, merece ser recordado que em matéria trabalhista e no âmbito do direito do consumidor existem diferentes comandos relacionados à teoria dinâmica do ônus da prova, que dispõem que o ônus da prova deve ser atribuído a quem estiver em melhores condições de provar, o que acaba resultando na inversão do ônus da prova quando considerado o encargo de provar. Por sinal, o novo CPC, encampando a teoria dinâmica do ônus da prova, prevê que nos casos previstos em lei ou diante das peculiaridades da causa, relacionadas à impossibilidade ou à excessiva dificuldade de cumprir o encargo de provar ou à maior facilidade de obtenção da prova do fato contrário, poderá, o juiz, atribuir o ônus da prova de modo diverso, desde que o faça por decisão fundamentada (art. 373, § 1º).

Portanto, é necessário tomar bastante cuidado ao se aferir se uma prova produzida em outro Estado deve ser admitida no território nacional e se as regras a respeito do ônus da prova que vigoram no local de sua produção não ferem a ordem pública do nosso país.

16 PROVA DO TEOR E DA VIGÊNCIA DA LEI ESTRANGEIRA

> **Art. 14.** Não conhecendo a lei estrangeira, poderá o juiz exigir de quem a invoca prova do texto e da vigência.

Todas as vezes que alguém invocar uma lei estrangeira, e a mesma não for de conhecimento do juiz, deve provar o seu texto e sua vigência, se houver determinação judicial nesse sentido.

A demonstração do teor e da vigência do comando normativo invocado pressupõe, portanto, que o juiz não o conheça, pois somente se houver provocação é que será necessária a demonstração. Nada impede, porém, que a parte, em sua manifestação, traga aos autos a prova do teor e da vigência da norma invocada para evitar discussões e garantir a celeridade processual.

Um comando semelhante ao descrito encontra-se presente no art. 376 do novo Código de Processo Civil, que prevê que "a parte que alegar direito municipal, estadual, estrangeiro ou consuetudinário provar-lhe-á o teor e a vigência, se assim o juiz determinar".

Na verdade, há somente uma diferença entre os textos descritos. Trata-se do fato de que a Lei de Introdução às Normas do Direito Brasileiro versa apenas a respeito da invocação da lei estrangeira, enquanto que o novo Código de Processo Civil menciona também a necessidade de prova do direito municipal, estadual ou consuetudinário (costumeiro).

O direito municipal, o estadual, o estrangeiro e o consuetudinário somente poderão ser invocados se forem obrigatórios no território nacional, à luz do caso concreto, já que do contrário não teria qualquer sentido o trabalho de comprovação do teor e da vigência das normas invocadas.

Como anteriormente mencionado, a Lei de Introdução às Normas do Direito Brasileiro, em sentido oposto ao dispositivo que está sendo analisado, estatui que ninguém se exime de cumprir a lei alegando que não a conheça (art. 3º). Em outras palavras, o desconhecimento da lei não serve como escusa para o seu descumprimento, mas se possibilita, contraditoriamente, que um juiz possa determinar a uma pessoa que comprove o texto e a vigência de uma norma, o que pressupõe, sob o aspecto lógico, que não a conheça.

Se não bastasse a contradição indicada no parágrafo anterior, é importante recordar ainda que a aplicação do direito estrangeiro se dará também de ofício e, neste caso, o próprio juiz terá que identificar o teor do direito aplicável ao caso concreto e, além disso, aferir se está produzindo efeitos.

Portanto, é, no mínimo, estranho o dispositivo, uma vez que sua interpretação literal permite concluir que a obrigação de que todos conheçam as normas jurídicas somente é aplicável ao direito interno, não sendo válido, portanto, em relação ao direito estrangeiro e, o que é mais absurdo, em relação ao direito municipal, estadual ou consuetudinário, se levarmos em consideração o que está previsto no novo Código de Processo Civil.

Quando a Lei de Introdução às Normas do Direito Brasileiro menciona que deve ser provado o teor e a vigência da lei estrangeira está, na realidade, fazendo menção ao Direito estrangeiro, que, obviamente, não se restringe apenas à lei. De fato, a lei é uma das espécies de normas, mas não a única existente.

16.1. TEOR E VIGÊNCIA DO DIREITO ESTRANGEIRO

Como a norma que está sendo examinada prevê que é necessário que quem invoca o direito estrangeiro demonstre o seu ter e a sua vigência, verificaremos qual o significado que essas duas determinações assumem.

A previsão de que é necessário demonstrar o teor da norma está relacionada à sua redação, ao aspecto literal, embora o juiz não fique vinculado ao texto da norma quando faz a sua interpretação e aplicação.

A respeito da demonstração do teor (ou conteúdo) do direito estrangeiro invocado, especialmente sobre a sua utilização e demonstração, constam as seguintes determinações no Código de Bustamante – aqui citado apenas para que tenhamos uma referência a respeito do assunto – ao dispor sobre *Regras Especiais sobre a Prova de Leis Estrangeiras*:

> Art. 408. Os juízes e tribunais e cada Estado contratante aplicarão de ofício, quando for o caso, as leis dos demais, sem prejuízo dos meios probatórios a que este capítulo se refere;
>
> Art. 409. A parte que invoque a aplicação do direito de qualquer Estado contratante em um dos outros, ou dela divirja, poderá justificar o texto legal, sua vigência e sentido mediante certidão, devidamente legalizada, de dois advogados em exercício no país de cuja legislação se trate;
>
> Art. 410. Na falta de prova ou se, por qualquer motivo, o juiz ou o tribunal a julgar insuficiente, um ou outro poderá solicitar de ofício pela via diplomática, antes de decidir, que o Estado, de cuja legislação se trate, forneça um relatório sobre o texto, vigência e sentido do direito aplicável;
>
> Art. 411. Cada Estado contratante se obriga a ministrar aos outros, no mais breve prazo possível, a informação a que o artigo anterior se refere e que deverá proceder de seu mais alto tribunal, ou de qualquer de suas câmaras ou seções, ou da procuradoria geral ou da Secretaria ou Ministério da Justiça.

Também será preciso demonstrar a vigência do direito estrangeiro, que corresponde ao fato de que possui caráter vinculante por não estar no período de *vacatio legis*, ter sido suspenso ou ter sido revogado, uma vez que a vigência corresponde ao período de tempo em que a norma está apta à produção de efeitos. Sendo assim, não é possível invocar uma norma estrangeira que não tenha mais vigência. É importante lembrar que as relações e situações jurídicas são disciplinadas pela norma que estava em vigor quando se manifestaram (*tempus regit actum*), sobretudo quando se procura aferir a vigência de uma norma.

16.2. CONHECIMENTO DO DIREITO ESTRANGEIRO PELO JUIZ

Diante da possibilidade de que o direito estrangeiro não seja levado ao conhecimento do juiz pela parte que o invocou, a doutrina aponta inúmeras soluções que podem ser adotadas, dentre as quais as seguintes:

> a) rejeição da demanda, pois, não provada a lei que fundamenta o pedido não deve ela ser provida; b) julgar de acordo com o direito provavelmente vigente; c) presunção de que a lei estrangeira é idêntica à lei nacional do foro; d) aplicar, por analogia, o direito mais próximo possível (numa pesquisa das afinidades étnico-jurídicas da legislação desejada e não localizada, com outros sistemas jurídicos de mais fácil localização) (DOLINGER, 1996, p. 249).

Hoje em dia, em virtude da utilização de meios de documentação eletrônica, é muito mais fácil demonstrar o teor de uma norma, uma vez que em sites oficiais os Estados incluem a sua legislação e, por isso, é muito mais simples ter acesso a ela, bastando, para tanto, que os intérpretes e aplicadores do direito deixem de lado a visão formal, como a alegação de que a extração de cópia de um site oficial não serve para comprovar o texto da norma.

Quando o legislador prevê a aplicação do direito estrangeiro o juiz não pode abandonar a sua determinação e, consequentemente, pode surgir a seguinte indagação: o que ocorrerá se a parte não comprovar o teor e a vigência do direito estrangeiro por ela invocado?

Acerca da indagação formulada é preciso lembrar, inicialmente, que não cabe ao juiz escolher entre aplicar o direito interno ou o direito estrangeiro, se já houve uma prévia escolha por parte do legislador, como ressaltam Eduardo Espinola e Eduardo Espinola Filho (1999, p. 279) na seguinte passagem:

> Da mesma forma que compete às autoridades nacionais aplicar o direito material interno, sem alegação e prova dos interessados, sempre que seja este direito competente, assim também lhes cabe o dever de aplicar *ex officio* a lei estrangeira, quando a esta se reporte a norma interna de direito internacional privado. Nem lhes é dado, em falta de alegação e prova das partes, aplicar, à escolha, o direito nacional ou estrangeiro, nem ainda aceder ao desejo, manifestado pelas partes, de se submeterem à lei nacional, quando a norma de aplicação atribua competência à lei estrangeira.

Sendo assim, a omissão da parte que invocou o direito estrangeiro não impede que o juiz, de ofício, procure aferir o seu teor e a sua vigência, uma vez que a aplicação da norma não se faz, no caso, por escolha das partes, mas por determinação legal.

Por fim, é importante ressaltar que a determinação judicial para que seja demonstrado o teor e a vigência do direito estrangeiro invocado por qualquer das partes pode ocorrer em qualquer procedimento, grau de jurisdição, órgão jurisdicional, fase do processo etc. Em suma, não existe qualquer limitação quanto à possibilidade de que seja determinado que se demonstre o teor e a vigência de uma norma.

17
EXECUÇÃO DE SENTENÇA ESTRANGEIRA

> **Art. 15.** Será executada no Brasil a sentença proferida no estrangeiro, que reúna os seguintes requisitos:
> a) haver sido proferida por juiz competente;
> b) terem sido as partes citadas ou haver-se legalmente verificado a revelia;
> c) ter passado em julgado e estar revestida das formalidades necessárias para a execução no lugar em que foi proferida;
> d) estar traduzida por intérprete autorizado;
> e) ter sido homologada pelo Supremo Tribunal Federal.*

O art. 15 da Lei de Introdução às Normas do Direito Brasileiro aponta os requisitos que devem ser observados para que uma sentença estrangeira possa ser executada no Brasil, o que pressupõe a sua prévia homologação, que faz com que se torne um título executivo judicial, por força da extensão dos efeitos da coisa julgada para o território nacional.

A homologação e a execução são atos de cooperação jurídica internacional, que são regidos por tratados internacionais ou se baseiam na ideia de reciprocidade de tratamento, embora o novo Código de Processo Civil exclua a necessidade de reciprocidade, se não houver tratado, para que a sentença estrangeira possa ser homologada (art. 26, § 2º).

Entende-se como sentença estrangeira – que à luz do novo Código de Processo Civil devemos entender como decisão estrangeira – a decisão que tenha sido proferida fora do território nacional.

Ainda em relação à decisão estrangeira suscetível de homologação, pode estar relacionada à jurisdição contenciosa, em que existem pessoas em posições antagônicas, por força da existência de pretensões e interesses opostos, ou à jurisdição voluntária,

---
*. Atualmente, a homologação é realizada pelo Superior Tribunal da Justiça.

que é realizada em situações não conflituosas, em que o Poder Judiciário exerce o controle e a fiscalização sobre atos, pessoas, situações e bens para protegê-los.

17.1. CRITÉRIOS PARA AFERIR A POSSIBILIDADE DE HOMOLOGAÇÃO DA SENTENÇA ESTRANGEIRA

Num sentido amplo, como bem apontam Eduardo Espinola e Eduardo Espinola Filho, podem ser utilizados quatro critérios para se atribuir eficácia às decisões proferidas no exterior, assim representados:

1°. Impõe um novo processo e uma nova decisão

A decisão oriunda do exterior é desprezada, pois será substituída por outra, proferida no Estado em que se pretende a sua execução. Essa postura faz com que a decisão estrangeira seja desconsiderada, tendo em vista que representará apenas uma referência que poderá ser utilizada ou não pelo Poder Judiciário do Estado requerido, quando for apreciar a demanda que for levada ao seu conhecimento. Na situação narrada, não é possível falar em homologação da decisão estrangeira, já que o conflito será novamente analisado, agora por outro Estado.

2°. A decisão estrangeira representa apenas um documento ou elemento de prova

De acordo com esse segundo critério para a apreciação de decisões estrangeiras, a demanda terá que passar por um novo julgamento, embora seja atribuído um importante valor à decisão anteriormente proferida no exterior. Na prática, é muito difícil que a decisão proferida no exterior seja afastada, e que, portanto, a nova decisão, agora proferida por outro Estado, a contrarie.

Esse segundo critério reflete o receio de alguns Estados em se comprometer com o reconhecimento de decisões que considere absurdas, desarrazoadas, alheias à realidade e aos valores que considera fundamentais.

3°. Para o reconhecimento da decisão proferida no exterior, é necessário que exista reciprocidade

A reciprocidade representa a igualdade de tratamento, que pode se manifestar de duas formas, no que diz respeito à homologação da decisão estrangeira. Em primeiro lugar, pode ser simplesmente previsto que um Estado homologará as decisões de outro se a mesma postura for adotada em relação às suas decisões. Pode ser previsto também que será seguido o mesmo procedimento adotado pelo Estado requerente do pedido. Dessa forma, se o Estado requerente analisa o mérito da decisão estrangeira antes de aceitá-la, o mesmo será feito pelo Estado requerido.

4°. Reconhecimento da eficácia da decisão proferida no exterior

O último critério considera possível o reconhecimento da eficácia da decisão proferida no exterior. No entanto, deve ser aferido se a decisão estrangeira observou alguns requisitos considerados essenciais pelo Estado que a reconhecerá.

O modelo apresentado ao final é o adotado pelo Estado brasileiro, que prevê que a decisão estrangeira não poderá ser homologada e, consequentemente, cumprida no território nacional, se ofender a ordem pública, os bons costumes e a soberania nacional.

Como ressalta a doutrina, mesmo havendo o reconhecimento da decisão estrangeira, será essencial o exercício de um juízo de delibação (ou de deliberação, exame) sobre a mesma, a fim de que seja aferido se observou os requisitos considerados essenciais pelo Estado em que se pretende o seu reconhecimento ou aceitação.

A análise realizada para aferir se a sentença estrangeira deve ser aceita pode se limitar a aspectos formais, como o fato de ter sido proferida por um órgão competente, ou ir além, aferindo o seu mérito, representado pela justiça ou injustiça da decisão, pelo seu acerto ou desacerto.

O último critério é o adotado no ordenamento jurídico brasileiro, que prevê a homologação de sentenças estrangeiras independentemente da reciprocidade e estabelece que o juízo de delibação (deliberação ou apreciação) da sentença estrangeira será meramente formal, atendo-se unicamente a aspectos considerados fundamentais para o nosso sistema jurídico, deixando-se, porém, de lado o mérito da sentença estrangeira.

17.2. REQUISITOS PARA A ACEITAÇÃO DA DECISÃO ESTRANGEIRA

Os requisitos mencionados na Lei de Introdução às Normas do Direito Brasileiro para que uma sentença possa ser executada são os seguintes: a) haver sido proferida por um juiz competente; b) terem sido as partes citadas ou haver-se legalmente verificado a revelia; c) ter passado em julgado e estar revestida das formalidades necessárias para a execução no lugar em que foi proferida; d) estar traduzida por intérprete autorizado; e e) ter sido homologada.

As duas primeiras condições descritas são consideradas internas, uma vez que devem estar presentes no processo que deu origem à sentença estrangeira para que possa ser homologada e, se for o caso, executada. Ao contrário, as três últimas condições são consideradas externas.

O dispositivo citado, porém, foi revogado parcialmente pelo texto constitucional (art. 105, I, "i"), de acordo com o critério hierárquico, e pelo novo Código de Processo Civil (art. 960, § 2º), que lhe é posterior, de acordo com o critério cronológico.

No que se refere ao texto constitucional, revogou parcialmente (derrogação) o item "e" do art. 15 da Lei de Introdução às Normas do Direito Brasileiro, uma vez que com o advento da Emenda Constitucional nº 45, de dezembro de 2004, a homologação da sentença estrangeira deixou de ser da competência do Supremo Tribunal Federal e passou a ser competência do Superior Tribunal de Justiça.

Antes de prosseguir, é importante observar que pode ser afastada a necessidade de homologação de decisão estrangeira através de tratado, como prevê, por exemplo, o § 4º, do art. 962 do novo Código de Processo Civil. No entanto, a previsão é, no mínimo, discutível, uma vez que a Constituição Federal não prevê qualquer exceção quanto à necessidade de homologação de uma decisão estrangeira (art. 105, I, "i").

Quanto ao novo Código de Processo Civil, é importante observar, em primeiro lugar, que deixou de mencionar que a homologação e a execução envolvem sentenças estrangeiras. De fato, o art. 963, que disciplinou os requisitos indispensáveis à homologação e execução, alude a decisões estrangeiras e não mais a sentenças estrangeiras.

Ademais, o art. 963 do novo Código de Processo Civil trouxe os seguintes comandos a respeito da homologação da decisão estrangeira e, consequentemente, para a sua execução, caso seja necessário:

Lei de Introdução às Normas do Direito Brasileiro	Novo Código de Processo Civil
Haver sido proferida por juiz competente	Ser proferida por autoridade competente

A Lei de Introdução às Normas do Direito Brasileiro previa apenas a homologação de sentenças estrangeiras, enquanto que o novo Código de Processo Civil ressalta que a homologação atinge decisões proferidas por autoridade competente.

Com a nova disciplina jurídica é possível que atos que não se enquadrem formalmente como sentença sejam também homologados, desde que estejam a ela equiparados, como previsto atualmente no art. 4º, § 1º, da Resolução nº 9, de 4 de maio de 2005, do Superior Tribunal de Justiça, que dispõe sobre a homologação da sentença estrangeira. A propósito, o dispositivo citado dispõe que "serão homologados os provimentos não judiciais que, pela lei brasileira, teriam natureza de sentença".

O que se procura ressaltar com o comando normativo é que os pronunciamentos decisórios, oriundos de outros ordenamentos jurídicos que não sejam formalmente considerados como sentença, mas que no Brasil possuam esse enquadramento, possam também ser homologados e, se for preciso, executados.

Exemplo interessante acerca da situação descrita envolve os pronunciamentos que, fora do Brasil, ponham fim ao vínculo matrimonial, que podem ter origem em manifestação de natureza administrativa ou decorrerem de órgãos privados que exerçam funções delegadas pelo Estado.

Quanto à previsão de que a decisão deve ter sido proferida por um juiz competente, integra o contexto dos direitos fundamentais. De fato, como reconhecido, por exemplo, na Declaração Universal dos Direitos do Homem, "Todo homem tem direito a receber dos tribunais nacionais competentes [de cada Estado] remédio efetivo para os atos que violem os direitos fundamentais que lhe sejam reconhecidos pela constituição ou pela lei" (art. 8º).

A observância das regras e princípios que regem a competência está relacionada ao princípio do juiz natural, legal ou constitucional, que impõe que os responsáveis pela solução dos conflitos sejam indicados pelo legislador e, de preferência, antes da ocorrência do conflito que analisarão, a fim de que atuem de maneira imparcial. Sendo assim, o Estado brasileiro jamais poderia homologar uma decisão que ferisse esse direito fundamental, por não ter sido proferida pela autoridade competente do Estado de que se origina.

Lei de Introdução às Normas do Direito Brasileiro	Novo Código de Processo Civil
Terem sido as partes citadas ou haver-se legalmente verificado a revelia	Ser precedida de citação regular, ainda que verificada a revelia

Na essência, os dois comandos descritos são idênticos, pois procuram garantir a observância do contraditório, que, por sua vez, está relacionado a um direito fundamental, o de defesa, previsto, dentre outros textos, na Declaração Universal dos Direitos Humanos (art. 10), que prevê que a todos os seres humanos deve ser assegurada a possibilidade de exercício do contraditório e da ampla defesa perante os órgãos jurisdicionais.

A principal modificação trazida pelo novo Código de Processo Civil está relacionada ao aspecto terminológico, uma vez que a redação da Lei de Introdução às Normas do Direito Brasileiro previa, equivocadamente, que para que a sentença estrangeira pudesse ser executada no Brasil era indispensável que as partes – autor e réu – tivessem sido citadas, mas a citação incide apenas sobre o réu, enquanto que o novo Código de Processo Civil fala, apenas e tão somente, em citação regular.

A regularidade da citação, obviamente, será aferida à luz do ordenamento jurídico em que a sentença foi proferida, como coloca o inciso II do art. 788 do Código de Processo Penal, somente podendo ser afastada sua aplicação se houver ofensa à ordem pública.

Lei de Introdução às Normas do Direito Brasileiro	Novo Código de Processo Civil
Ter passado em julgado e estar revestida das formalidades necessárias para a execução no lugar em que foi proferida	Ser eficaz no país em que foi proferida
	Não ofender a coisa julgada brasileira

A primeira modificação realizada, embora meramente formal, é que o novo Código de Processo Civil prevê que para uma decisão ser homologada e executada no Brasil, é necessário que seja eficaz no país em que foi proferida, enquanto que a Lei de Introdução às Normas do Direito Brasileiro menciona simplesmente que a decisão deve estar revestida das formalidades necessárias para a execução no lugar em foi proferida.

Em segundo lugar, o novo Código de Processo Civil afastou a necessidade de que a decisão estrangeira tenha transitado em julgado para que possa ser homologada e executada. A modificação é essencial para que se possa deferir pedidos de tutela de urgência, o que, por sinal, figura expressamente no do art. 962 do novo Código de Processo Civil.

A única referência que consta a respeito da coisa julgada diz respeito à necessidade de que a decisão estrangeira não ofenda a que exista a respeito da matéria no Estado brasileiro. Por sinal, não poderia ser diferente, já que a existência de coisa julgada em nosso ordenamento jurídico impede que a decisão estrangeira possa ser homologada e executada pelo Poder Judiciário brasileiro, como previsto no art. 17 da Lei de Introdução às Normas do Direito Brasileiro. Sendo assim, embora durante muito tempo tenha se trabalhado com o entendimento de que somente sentenças devem ser homologadas e, além disso, desde que transitadas em julgado, uma vez que poderiam ser posteriormente modificadas no Estado em que foram proferidas, não há mais como adotar essa posição extremamente restritiva, por colocar em risco a efetividade da tutela jurisdicional, como ocorreu no plano interno com recentes modificações no sistema processual. De qualquer forma, é necessário um cuidado especial quando se trate de decisões interlocutórias proferidas por outros Estados quando analisam o mérito de uma demanda.

Na essência, os dois comandos são idênticos, uma vez que uma decisão somente pode ser eficaz quando está revestida das formalidades necessárias para que possa ser executada no Estado em que foi proferida.

Lei de Introdução às Normas do Direito Brasileiro	Novo Código de Processo Civil
Estar traduzida por intérprete autorizado	Estar acompanhada de tradução oficial, salvo disposição que a dispense prevista em tratado

Novamente estamos perante comandos que não se diferenciam na essência, pois quando a Lei de Introdução às Normas do Direito Brasileiro aduz que o pedido de execução deve ser acompanhado de cópia traduzida por intérprete autorizado está, obviamente, referindo-se a tradução oficial.

Na realidade, a única inovação é o fato de que a necessidade de se juntar uma cópia traduzida da decisão estrangeira que serve como embasamento para a homologação e a execução será desnecessária se a dispensa estiver prevista em tratado, o que é, sem dúvida, importantíssimo, uma vez que acordos firmados pelo Estado brasileiro podem afastar a necessidade de que a decisão que será homologada e executada esteja acompanhada de tradução oficial, sobretudo quando o idioma de origem for o espanhol.

Quanto à necessidade de tradução, decorre, em primeiro lugar, do fato de que em todos os atos e termos do processo é obrigatório o uso da língua portuguesa (art. 192, *caput*, do novo CPC). Ademais, o pedido de cooperação jurídica internacional, formulado ao Estado brasileiro, quando estiver amparado por documentos, deve ser acompanhado de tradução para a língua portuguesa (art. 41, *caput*, do novo CPC).

Se for positivo o juízo de delibação, sendo a decisão estrangeira homologada, teremos a aplicação indireta do direito estrangeiro no território nacional, já que se presume que a demanda foi apreciada no exterior com base no direito material e processual do Estado em que foi proferida.

Por fim, o novo Código de Processo Civil prevê que somente será homologada a decisão que não apresentar manifesta ofensa à ordem pública (art. 963, VI).

17.3. HOMOLOGAÇÃO DE SENTENÇAS MERAMENTE DECLARATÓRIAS

Até o advento da Lei nº 12.036, de 1º de outubro de 2009, a Lei de Introdução às Normas do Direito Brasileiro previa que "Não dependem de homologação as sentenças meramente declaratórias do estado e da capacidade das pessoas". Na exposição de motivos do projeto de lei apresentado para a revogação do dispositivo, da lavra do Deputado Fernando Coruja, foi ressaltado que o comando em apreço havia sido derrogado pelo *caput* do art. 483 do Código de Processo Civil de 1973, que lhe é posterior, e prevê que qualquer sentença proferida por tribunal estrangeiro não terá eficácia no Brasil, senão depois de homologada pelo Poder Judiciário brasileiro, sendo que atualmente a função é desempenhada pelo Superior Tribunal de Justiça.

Na realidade, mesmo antes da modificação da Lei de Introdução às Normas do Direito Brasileiro, o Poder Judiciário brasileiro adotava o entendimento de que toda sentença estrangeira deve ser homologada para que possa ter eficácia no Brasil, como prevê o art. 483, *caput*, do Código de Processo Civil de 1973. Por sinal, o art. 215 do Regimento Interno do Supremo Tribunal Federal, que deixou de produzir efeitos pelo fato de que a homologação passou a ser de competência do Superior Tribunal de Justiça, prevê que "A sentença estrangeira não terá eficácia no Brasil sem a prévia homologação pelo Supremo Tribunal Federal ou por seu Presidente".

Da mesma forma, o texto constitucional, o Código de Processo Civil de 1973 e a Resolução nº 9, de 4 de maio de 2005, do STJ, ao tratarem da homologação da sentença estrangeira, estabeleceram, respectivamente, que as sentenças estrangeiras devem ser homologadas (art. 105, I, da CF) e que sem a homologação, a sentença estrangeira não terá eficácia no Brasil (art. 961, *caput*, do novo CPC e art. 4º da Resolução nº 9, de 2005).

Quando se faz uma análise histórica da atuação do Supremo Tribunal Federal, responsável pela homologação da sentença estrangeira até o surgimento da EC nº 45, de dezembro de 2004, verifica-se que a necessidade de homologação da sentença meramente declaratória era bastante controvertida, como demonstram as ementas a seguir:

> Sentença estrangeira. Não depende de homologação quando meramente declaratória do estado das pessoas. (SE nº 1.343. Rel. Min. Nelson Hungria, 1ª T., j. em 3.8.1953, *DJ* de 14.1.1954).

Sentença estrangeira. É de ser homologada, em face do disposto no art. 101, I, alínea "g" da vigente Constituição, ainda que meramente declaratória do estado das pessoas, a fim de se tornarem exequíveis no Brasil. (...) (SE nº 1.297 – Embargos, Rel. Min. Ribeiro da Costa. Pleno, j. em. 24.5.1955, *DJ* de 25.8.1955).

Para afastar a necessidade de homologação das sentenças meramente declaratórias do estado e da capacidade das pessoas, sustentava-se que apenas as sentenças que precisam ser executadas no Brasil devem ser homologadas, como ressaltam Eduardo Espinola e Eduardo Espinola Filho (1999, p. 333) na seguinte passagem:

 1) As sentenças meramente declaratórias do estado das pessoas, sem qualquer efeito imediato de caráter patrimonial, não dependem de homologação pelo Supremo Tribunal Federal.

 2) Tais sentenças, quando apresentadas perante qualquer autoridade brasileira, devem ser por esta examinadas, de referência à ordem pública, à competência internacional e ao princípio fundamental da citação da outra parte.

 3) Ainda que não dependam de homologação, o dispositivo da Lei de introdução não opõe obstáculo a que o Supremo Tribunal Federal conceda o *exequatur*, quando lhe seja requerido.

Uma questão interessante levantada pela segunda decisão transcrita é o fato de que se baseou no art. 101, I, "g", da Constituição de 1946, que atribuía ao Supremo Tribunal Federal competência para a homologação da sentença estrangeira sem fazer menção à sua natureza ou ao assunto por ela apreciado. Em suma, defendeu-se que a Constituição submeteu a homologação de qualquer sentença estrangeira ao Poder Judiciário brasileiro.

De fato, a partir do momento em que o texto constitucional prevê, genericamente, a necessidade de homologação das sentenças estrangeiras para que passem a produzir efeitos no Brasil, não há como o legislador infraconstitucional adotar uma postura diferente em relação às sentenças declaratórias do estado e da capacidade das pessoas, já que em relação a essas questões também se coloca, por exemplo, a necessidade de observância da ordem pública, que deve ser aferida pelo Poder Judiciário antes da sentença estrangeira ser cumprida. Portanto, entendemos que qualquer decisão estrangeira deverá ser homologada, como dispõe o texto constitucional.

A discussão, porém, continuará em aberto, uma vez que o novo Código de Processo Civil prevê que a sentença estrangeira de divórcio consensual produz efeitos no Brasil independentemente de homologação pelo Superior Tribunal de Justiça (art. 961, § 5º) e afasta a necessidade de homologação quando houver tratado que a dispense (art. 962, § 2º).

17.4. HOMOLOGAÇÃO DE SENTENÇA ESTRANGEIRA DE NATUREZA PENAL

As discussões que envolvem a aplicação do direito interno ou estrangeiro, quando está presente o elemento de conexão – vinculação da relação ou situação jurídica com dois ou mais ordenamentos jurídicos – também estão presentes na esfera penal.

Deveras, podemos ter também as seguintes situações envolvendo a aplicação do Direito Penal:

1ª. O direito penal brasileiro deixa de ser utilizado, embora tenha, ao menos em tese, ocorrido um crime no território nacional

Essa primeira hipótese surge, por exemplo, quando é praticado, no território nacional, um crime por um agente diplomático, tendo em vista que a Convenção de Viena sobre Relações Diplomáticas, ratificada pelo Brasil e incorporada ao nosso ordenamento jurídico, dispõe que são dotados de imunidade de jurisdição (art. 31.1), estando, assim, alheios ao exercício da atividade jurisdicional por parte do Estado brasileiro.

2ª. Dá-se a aplicação extraterritorial do direito penal brasileiro e, consequentemente, exercemos a atividade jurisdicional em relação a crimes que ocorreram fora do território nacional

Ilustra com perfeição a aplicação extraterritorial da lei penal brasileira, assim como o exercício da atividade jurisdicional (há um paralelismo entre legislação e jurisdição), o art. 7º do Código Penal, dotado da seguinte redação:

Art. 7º. Ficam sujeitos à lei brasileira, embora cometidos no estrangeiro:

I – os crimes:

a) contra a vida ou a liberdade do Presidente da República;

b) contra o patrimônio ou a fé pública da União, do Distrito Federal, de Estado, de Território, de Município, de empresa pública, sociedade de economia mista, autarquia ou fundação instituída pelo Poder Público;

c) contra a administração pública, por quem está a seu serviço;

d) de genocídio, quando o agente for brasileiro ou domiciliado no Brasil;

II – os crimes:

a) que, por tratado ou convenção, o Brasil se obrigou a reprimir;

b) praticados por brasileiro;

c) praticados em aeronaves ou embarcações brasileiras, mercantes ou de propriedade privada, quando em território estrangeiro e aí não sejam julgados.

§ 1º. Nos casos do inciso I, o agente é punido segundo a lei brasileira, ainda que absolvido ou condenado no estrangeiro.

§ 2º. Nos casos do inciso II, a aplicação da lei brasileira depende do concurso das seguintes condições:

a) entrar o agente no território nacional;

b) ser o fato punível também no país em que foi praticado;

c) estar o crime incluído entre aqueles pelos quais a lei brasileira autoriza a extradição;

d) não ter sido o agente absolvido no estrangeiro ou não ter aí cumprido a pena;

e) não ter sido o agente perdoado no estrangeiro ou, por outro motivo, não estar extinta a punibilidade, segundo a lei mais favorável.

§ 3º. A lei brasileira aplica-se também ao crime cometido por estrangeiro contra brasileiro fora do Brasil, se, reunidas as condições previstas no parágrafo anterior:

a) não foi pedida ou foi negada a extradição;

b) houve requisição do Ministro da Justiça.

Entretanto, o que interessa no momento é o que está previsto no Código de Processo Penal a respeito da homologação da sentença estrangeira, que, desta forma, também pode produzir efeitos no Brasil.

Em especial, merecem ser destacados os seguintes comandos do Código de Processo Penal:

1º. Para que as sentenças estrangeiras proferidas em matéria penal produzam efeitos no território nacional devem ser previamente homologadas (art. 787).

2º. A aplicação da lei penal brasileira ao fato que embasou a sentença estrangeira deve produzir as mesmas consequências e devem estar presentes os seguintes requisitos: I – estar revestida das formalidades externas necessárias, segundo a legislação do país de origem; II – haver sido proferida por juiz competente, mediante citação regular, segundo a mesma legislação; III – ter passado em julgado; IV – estar devidamente autenticada por cônsul brasileiro; V – estar acompanhada de tradução, feita por tradutor público (art. 788).

3º. O interessado será citado para se defender, sendo que sua defesa somente poderá versar sobre a autenticidade dos documentos, a interpretação da sentença e a falta de alguns dos requisitos necessários (art. 789, §§ 2º e 4º).

4º. Sentenças estrangeiras não serão homologadas quando ferirem a ordem pública e os bons costumes (art. 781).

Ainda em relação à homologação de sentenças penais estrangeiras, é importante apontar que há quem defenda que os dispositivos presentes no Código de Processo Penal (texto de 3 de outubro de 1941) teriam sido revogados pela Lei de Introdução às Normas do Direito Brasileiro (texto de 4 de setembro de 1942), de acordo com o critério cronológico. Todavia, há também o entendimento de que não houve revogação, uma vez que a norma posterior de caráter geral não revoga a norma especial, o que consideramos mais acertado.

Por fim, é interessante notar que em se tratando de decisão proferida pelo Tribunal Penal Internacional não é necessário, para a sua execução no território nacional, que tenha sido previamente homologada, uma vez que o texto constitucional brasileiro prevê que "o Brasil se submete à jurisdição de Tribunal Penal Internacional a cuja criação tenha manifestado adesão" (art. 5º, § 4º, da CF). Sendo assim, a execução será realizada diretamente pelo Tribunal Penal Internacional. A propósito, o Estatuto de Roma, que versa sobre o funcionamento do Tribunal Penal Internacional, prevê que a função dos Estados que aderiram ao tratado que o criou, no que se refere às penas privativas de liberdade, é simplesmente efetivar as decisões do referido tribunal (art. 103).

17.5. HOMOLOGAÇÃO DE SENTENÇAS ARBITRAIS ESTRANGEIRAS

Para que possam ser reconhecidas e executadas no Brasil, quando for o caso, as sentenças arbitrais estrangeiras precisam ser homologadas pelo Poder Judiciário brasileiro, de acordo com o art. 34 da Lei de Arbitragem (Lei nº 9.307/1996). A homologação será realizada pelo Superior Tribunal de Justiça.

O reconhecimento e a execução serão realizados em conformidade com os tratados internacionais que lhe sejam aplicáveis, desde que dotados de eficácia no ordenamento jurídico brasileiro (art. 34, *caput*, da Lei nº 9.307/1996). Não havendo tratado, ou sendo omisso em algum aspecto, serão utilizados os preceitos da Lei de Arbitragem.

É considerada sentença arbitral estrangeira a que tenha sido proferida fora do território nacional (art. 34, parágrafo único, da Lei nº 9.307/1996). Aliás, se a decisão arbitral tivesse sido proferida no Brasil seria desnecessária a sua homologação, por produzir os mesmos efeitos da sentença proferida pelos órgãos do Poder Judiciário (art. 31 da Lei nº 9.307/1996).

A homologação da sentença arbitral estrangeira também está incluída na competência do Superior Tribunal de Justiça (art. 105, I, "i", da CF c/c art. 35 da Lei de Arbitragem – Lei nº 9.307/1996).

Na homologação da sentença arbitral estrangeira, serão observados os dispositivos existentes no novo Código de Processo Civil a respeito do assunto e a Resolução nº 9, de 4 de maio de 2005, do STJ, que versa sobre o procedimento de homologação de decisões estrangeiras.

Por ter natureza jurisdicional e caráter contencioso, a homologação da sentença arbitral estrangeira deverá ser requerida pela parte interessada, que elaborará, para tanto, uma petição inicial, que será instruída obrigatoriamente com os seguintes documentos: I – o original da sentença arbitral ou uma cópia devidamente certificada, autenticada pelo consulado brasileiro e acompanhada de tradução oficial; II – o original da convenção de arbitragem ou cópia devidamente certificada, acompanhada de tradução oficial (art. 37 da Lei nº 9.307/1996).

A sentença arbitral estrangeira somente poderá deixar de ser homologada para o seu reconhecimento e/ou execução quando o réu demonstrar que: I – as partes na convenção de arbitragem eram incapazes; II – a convenção de arbitragem não era válida segundo a lei à qual as partes a submeteram, ou, na falta de indicação, em virtude da lei do país onde a sentença arbitral foi proferida; III – não foi notificado da designação do árbitro ou do procedimento de arbitragem, ou tenha sido violado o princípio do contraditório, impossibilitando a ampla defesa; IV – a sentença arbitral foi proferida fora dos limites da convenção de arbitragem, e não foi possível separar a parte excedente daquela submetida à arbitragem; V – a instituição da arbitragem não está de acordo com o compromisso arbitral ou cláusula compromissória; VI – a sentença arbitral não se tenha, ainda, tornado obrigatória para as partes, tenha sido anulada, ou, ainda, tenha sido suspensa por órgão judicial do país onde a sentença arbitral for prolatada (art. 38 da Lei nº 9.307/1996).

Também se enquadram como óbices para a homologação da sentença arbitral estrangeira a constatação de que o litígio não poderia ter sido solucionado pela arbitragem de acordo com o direito brasileiro e o fato de a decisão ofender a ordem pública nacional (art. 39, incisos I e II, da Lei nº 9.307/1996).

É interessante observar que a Lei de Arbitragem ressalta que não representa ofensa à ordem pública nacional (art. 39, parágrafo único, da Lei nº 9.307/1996):

> Parágrafo único. (...) a efetivação da citação da parte residente ou domiciliada no Brasil, nos moldes da convenção de arbitragem ou da lei processual do país onde se realizou a arbitragem, admitindo-se, inclusive, a citação postal como prova inequívoca de recebimento, desde que assegure, à parte brasileira, tempo hábil para o exercício do direito de defesa.

Por derradeiro, ressalta, a Lei de Arbitragem, que a rejeição do pedido de homologação da sentença arbitral estrangeira por vícios formais não impede que o pedido seja renovado (art. 40 da Lei nº 9.307/1996), uma vez sanados os vícios apresentados, por se tratar de decisão de extinção do processo sem que a demanda tenha sido examinada (extinção do processo sem resolução de mérito).

17.6. EXECUÇÃO DE DECISÃO ESTRANGEIRA HOMOLOGADA

A Constituição Federal atribuiu aos juízes federais competência para a execução de carta rogatória, após o *exequatur*, e de sentença estrangeira, após ser realizada a sua homologação pelo Superior Tribunal de Justiça (art. 109, X).

Na prática dos atos executivos, serão observadas as disposições existentes no sistema processual brasileiro, como as previstas no novo Código de Processo Civil, uma vez que as normas que versam sobre o desenvolvimento do processo em juízo (*ordinatoriae litis*), qualquer que seja o tipo de atividade realizada (conhecimento, execução ou cautelar) são consideradas territoriais.

17.7. TÍTULOS EXECUTIVOS EXTRAJUDICIAIS

Para que títulos executivos extrajudiciais possam ser executados no Brasil, não é preciso que sejam homologados. Por sinal, o novo Código de Processo Civil aponta, expressamente, que "não dependem de homologação para serem executados os títulos executivos extrajudiciais oriundos de país estrangeiro" (art. 784, § 2º).

Entretanto, o novo Código de Processo Civil dispõe que para que seja dotado de eficácia executiva, o título estrangeiro deve satisfazer os requisitos de formação exigidos pela lei do lugar de sua formação e indicar o Brasil como lugar de cumprimento da obrigação (art. 784, § 3º).

Do novo Código de Processo Civil, extrai-se ainda a exigência de que o título executivo tenha sido redigido em língua portuguesa ou esteja acompanhado de versão para a língua portuguesa, uma vez que em todos os atos e termos do processo é obrigatório o uso da língua portuguesa (art. 192, *caput*).

18 AFASTAMENTO DA REMISSÃO PELA LEI ESTRANGEIRA

> **Art. 16.** Quando, nos termos dos artigos precedentes, se houver de aplicar a lei estrangeira, ter-se-á em vista a disposição desta, sem considerar-se qualquer remissão por ela feita a outra lei.

Todas as vezes que for prevista a aplicação do direito estrangeiro não se admitirá eventual remissão por ele feita ao ordenamento jurídico de outro Estado. Em outras palavras, quando a Lei de Introdução às Normas do Direito Brasileiro prevê, por exemplo, que a lei do Estado em que era domiciliado o *de cujus* disciplinará sua sucessão, e o mesmo era domiciliado na Argentina, a eventual remissão (transferência) da disciplina jurídica para outro ordenamento jurídico não será aceita. Sendo assim, se o *de cujus* era brasileiro, mas estava domiciliado na Argentina quando do seu falecimento, a sua sucessão será disciplinada pelo direito argentino, mesmo que este preveja que a sucessão no território argentino deve ser disciplinada pelo Estado de nacionalidade do *de cujus*, que no caso concreto seria o brasileiro, e não pelo direito local.

Portanto, o ordenamento jurídico brasileiro não aceita a remissão (ou transferência) feita pelas normas do Estado indicado como responsável pela disciplina jurídica da matéria a outro Estado, que pode ser o Estado brasileiro ou mesmo um terceiro Estado. Sendo assim, ao se aplicar o direito estrangeiro deve ser utilizado o seu direito material e não as suas normas de Direito Internacional Privado, pois qualquer remissão que fizer a outro ordenamento jurídico, mesmo que seja o brasileiro, deverá ser desprezada (TENÓRIO, 1953, p. 245).

18.1. REENVIO OU DEVOLUÇÃO

As duas hipóteses de reenvio (ou transferência da disciplina jurídica da matéria) descritas dão origem, respectivamente, ao reenvio propriamente dito (submissão da disciplina jurídica da matéria a outro Estado) ou à devolução (submissão da disciplina jurídica da matéria ao Estado que lhe havia encaminhado).

O reenvio propriamente dito ocorre quando o Estado indicado, como sendo o competente para disciplinar o assunto pelas normas de conflitos existentes no ordenamento jurídico brasileiro, submete a disciplina do assunto a um terceiro Estado. A devolução, por sua vez, ocorre quando o ordenamento jurídico considerado responsável pela disciplina jurídica da matéria devolve o seu tratamento jurídico para o Estado brasileiro.

Também é comum que se fale em reenvio de primeiro grau (ou retorno) e em reenvio de segundo grau (ou reenvio propriamente dito), sendo que a primeira hipótese ocorre quando "a norma de conflito alienígena ordena devolver o caso ao Estado do juiz que recebeu a demanda" e a segunda quando "o elemento de conexão manda que seja aplicada a norma de um terceiro Estado" (DEL'OLMO; ARAÚJO, 2003, p. 167).

18.2. TEORIA DA REFERÊNCIA MATERIAL OU INTEGRAL

Ao vedar o reenvio, o ordenamento jurídico brasileiro adota a teoria da referência material, que impede que a disciplina jurídica da matéria seja devolvida ao Estado de origem ou enviada a um terceiro Estado, pois considera que a menção à utilização do direito estrangeiro abrange apenas as suas normas substanciais ou materiais, que são as que disciplinam um assunto ou matéria. Exclui-se, assim, a possibilidade de utilização do Direito Internacional Privado do respectivo Estado, que poderia consagrar a devolução ou reenvio da matéria.

Somente com o acolhimento da teoria da referência integral é que se pode adotar, ao mesmo tempo, as normas de natureza material e formal de um Estado, no segundo grupo compreendidas as que versam sobre o Direito Internacional Privado. Dito de outra forma, a teoria da referência integral defende que quando o legislador estabeleceu que deve ser utilizado o direito estrangeiro "visa a todos os seus preceitos, inclusive as regras de conflito, e não apenas ao seu direito substancial" (DEL'OLMO; ARAÚJO, 2003, p. 170).

Há, portanto, com a indicação feita pela Lei de Introdução às Normas do Direito Brasileiro, ao ordenamento jurídico considerado competente, a menção (ou designação) das normas de direito material que devem disciplinar a matéria ou assunto. A postura adotada exclui a possibilidade de utilização das normas de Direito Internacional Privado que existam no ordenamento jurídico considerado responsável pela disciplina do assunto, que poderiam devolvê-lo ao ordenamento jurídico de origem, que o reputou competente, ou enviá-lo para ser disciplinado por um terceiro Estado.

Em suma, quando o ordenamento jurídico brasileiro submete a disciplina jurídica de uma matéria à lei estrangeira refere-se, exclusivamente, ao seu direito material, não sendo possível, desta forma, a utilização das normas de Direito Internacional Privado deste Estado para que o assunto possa ser submetido a outro ordenamento jurídico.

18.3. FUNDAMENTOS PARA A VEDAÇÃO DO REENVIO

O principal fundamento para se vedar o reenvio (retorno, devolução ou transferência) é a necessidade de que seja respeitada a vontade do legislador nacional. É como se disséssemos o seguinte: como a matéria foi submetida a um determinado ordenamento jurídico, não há qualquer sentido em que possa transferi-la para um terceiro ou devolvê-la para o Estado brasileiro.

A propósito, como a regra é que a matéria ou assunto que guarde relação com o Estado brasileiro seja disciplinado pelo seu ordenamento jurídico, quando ocorre a transferência para outro Estado não há qualquer sentido no eventual retorno da disciplina ao Estado brasileiro ou mesmo a sua transferência para outro Estado, uma vez que essas situações levariam ao afastamento das regras de conflitos existentes no Estado brasileiro.

Somente quando o Estado considerado como o responsável pela disciplina jurídica da matéria não possuir comandos jurídicos a respeito do assunto é que se poderá, em tese, submetê-lo a outro ordenamento jurídico.

O que faz com que a ordem jurídica brasileira vede a manifestação do reenvio é o fato de não existir uniformidade nas regras voltadas à solução dos conflitos normativos. Sendo assim, é possível que um Estado preveja a aplicação do direito material de outro para disciplinar uma situação ou relação jurídica e este, por sua vez, submeter a disciplina jurídica da matéria ao Estado que lhe encaminhou ou a um terceiro Estado. Deveras, a opção do legislador pátrio impede a ocorrência do conflito normativo de segundo grau (conflito entre as normas voltadas à solução de conflitos normativos de dois ou mais Estados), na forma negativa, que se manifesta "quando a regra de aplicação [das normas] de um Estado julga competente o direito de outro Estado, e a regra de aplicação, vigente neste último, manda aplicar o direito do primeiro, ou o de um terceiro" (ESPINOLA; ESPINOLA FILHO, 1999, p. 356).

De maneira sintética, a vedação ao reenvio e à devolução representa, em última análise, a impossibilidade de aplicação do direito internacional privado estrangeiro no território nacional, salvo havendo menção em sentido contrário.

18.4. PREVISÃO DE REENVIO NO ORDENAMENTO JURÍDICO PORTUGUÊS

Embora o ordenamento jurídico brasileiro vede o reenvio ou devolução, há Estados que consideram que a referência ao direito estrangeiro pela norma de conflito abrange o direito material e também as normas de conflito, que são consideradas de caráter instrumental. Neste caso, é adotada a *teoria da referência global*, que possibilita o reenvio e a devolução, uma vez que considera que a menção ao direito estrangeiro abrange as suas normas de direito material e de caráter instrumental, como são as normas que versam sobre os conflitos entre diferentes ordenamentos jurídicos.

No ordenamento jurídico português, o reenvio e a devolução são aceitos e disciplinados pela Parte Geral do Código Civil, sendo previsto que: a) a aplicação da lei estrangeira considerada competente para disciplinar o assunto somente ocorrerá se não remeter a disciplina do tema a outro ordenamento jurídico (art. 16º); b) quando a matéria for submetida a outro ordenamento jurídico, por força do reenvio ou devolução, este será aplicado, salvo se não se considerar responsável pela disciplina jurídica (art. 17º); c) se o Estado apontado inicialmente como competente para disciplinar o assunto o devolver ao Estado que o indicou como competente, a este competirá a disciplina da matéria (art. 18º); e d) o reenvio não é aceito quando levar à invalidade ou ineficácia do negócio jurídico ou considerar ilegítimo um Estado (art. 19º).

A conclusão que se extrai do ordenamento jurídico português, que se opõe claramente ao brasileiro, é que o direito estrangeiro somente será aplicado se não houver, em seu bojo, um comando normativo, vinculado a uma regra de conflito, que remeta a disciplina do assunto para outro ordenamento jurídico, que pode ser o de um terceiro Estado (reenvio) ou mesmo o Estado português (devolução).

19 DEFESA DA SOBERANIA NACIONAL, DA ORDEM PÚBLICA E DOS BONS COSTUMES

> **Art. 17.** As leis, atos e sentenças de outro país, bem como quaisquer declarações de vontade, não terão eficácia no Brasil, quando ofenderem a soberania nacional, a ordem pública e os bons costumes.

De acordo com a Lei de Introdução às Normas do Direito Brasileiro, as leis, os atos, fatos e negócios jurídicos, sentenças e quaisquer declarações de vontade oriundas de outro ordenamento jurídico não terão eficácia no Brasil quando ofenderem a soberania nacional, a ordem pública e os bons costumes.

Para a compreensão do dispositivo é importante lembrar que nenhum Estado está obrigado a admitir e a aplicar em seu território leis estrangeiras e que caso sejam aceitas pode impor algumas objeções, como as que estão sendo estudadas, que podem fazer com que o direito estrangeiro deixe de ser aplicado no todo ou em parte (WHEATON, 1854, p. 111).

Nas situações descritas – respeito à soberania nacional, à ordem pública e aos bons costumes – existe uma limitação, total ou parcial, à aplicação do direito estrangeiro por ser considerado "incompatível com os princípios fundamentais da nossa organização política, jurídica ou social" (ESPINOLA; ESPINOLA FILHO, 1999, p. 372), o que levará ao seu afastamento ou substituição pelo direito interno do Estado brasileiro.

Os óbices listados à aplicação da lei estrangeira são enquadrados como limitações genéricas, uma vez que são aplicáveis em todas as situações que tenha sido prevista a utilização do direito estrangeiro ou o seu reconhecimento e/ou execução.

Existem ainda as limitações específicas ao uso, reconhecimento e/ou execução do direito estrangeiro no território nacional, sendo exemplo do exposto a previsão do Código de Processo Penal brasileiro de que a sentença estrangeira somente será homologada se a aplicação do direito brasileiro produzir na espécie as mesmas consequências (art. 788).

As diferentes modalidades de limitações existentes a respeito da aplicação do direito estrangeiro decorrem do fato de que quando o Estado possibilita a utilização de outra ordem jurídica não sabe previamente qual é o seu conteúdo e, desta forma, precisa de algum mecanismo que sirva para a proteção dos interesses que considera fundamentais. Sendo assim, não há qualquer ofensa a outros entes soberanos, já que na esfera internacional a vontade de um Estado não se sobrepõe à dos demais, visto que a aplicação do direito estrangeiro no território de um Estado depende do seu consentimento.

É importante notar que o Código de Processo Penal (art. 781) e a Resolução nº 9, de 4 de maio de 2005, do Superior Tribunal de Justiça, mencionam apenas que não serão aceitos os preceitos jurídicos oriundos de outro ordenamento quando representarem ofensa à soberania e à ordem pública, não havendo menção aos bons costumes. Por outro lado, o novo Código de Processo Civil prevê apenas a ordem pública (arts. 39 e 963, VI).

A omissão quanto à citação dos bons costumes, nos textos mencionados, permite que sejam extraídas pelo menos três conclusões. A primeira é que os bons costumes integram a noção de ordem pública e, desta forma, é desnecessário que sejam expressamente indicados. Também é possível concluir que os bons costumes integram a esfera da moral e não do direito e, por isso, não devem representar obstáculo à utilização, reconhecimento e/ou execução do direito estrangeiro. Por fim, é possível chega à conclusão de que a necessidade de observância dos bons costumes teria sido afastada pela superveniência de leis posteriores que o eliminaram, especialmente a Resolução nº 9, de 4 de maio de 2005, do Superior Tribunal de Justiça, que lhe é posterior.

Por adotarmos o entendimento de que a ordem pública compreende os bons costumes, consideramos desnecessário que seja expressamente mencionado. Todavia, esse posicionamento não impedirá que sejam feitas observações específicas a respeito dos bons costumes.

19.1. SOBERANIA NACIONAL, ORDEM PÚBLICA E BONS COSTUMES

Deixando de lado outras restrições a respeito da consideração do direito estrangeiro no território nacional, na sequência faremos algumas observações específicas a respeito da soberania nacional, da ordem pública e dos bons costumes.

Antes, porém, serão formuladas algumas considerações de caráter global a respeito dos institutos, pois possuem vários aspectos comuns, conforme teremos a oportunidade de verificar.

Em primeiro lugar, é importante observar que soberania nacional, ordem pública e bons costumes são previsões legislativas caracterizadas pela imprecisão e indeterminação quanto ao seu significado. Sob o aspecto jurídico, são identificados como conceitos indeterminados, pois somente podem ser estabelecidos com precisão diante de situações concretas.

Outro aspecto que não pode ser desprezado é o fato de os conceitos indeterminados que estão sendo analisados – soberania nacional, ordem pública e bons costumes – serem variáveis no tempo e no espaço, o que acaba contribuindo ainda mais para a sua imprecisão e indeterminação.

Vejamos, portanto, como podem ser configuradas as três restrições gerais à observância do direito estrangeiro – soberania, ordem pública e bons costumes –, de acordo com a Lei de Introdução às Normas do Direito Brasileiro, na ordem em que foram mencionadas.

19.1.1. Soberania nacional

A soberania nacional ou simplesmente soberania, pois é necessariamente atribuída a um Estado ou Nação, está relacionada historicamente à própria formação do Estado moderno, baseada na consolidação do poder dos monarcas, que passaram a exercer o poder em um espaço físico (ou território) de maneira absoluta ou soberana, enquanto que antes o poder encontrava-se dividido em diferentes porções territoriais (feudos).

Por representar a consolidação do poder, dando origem aos Estados modernos, a soberania (ou supremacia) é tradicionalmente definida como o poder absoluto que o Estado exerce sobre o seu território.

É imperioso, porém, fazer duas observações a respeito dos contornos atribuídos atualmente à soberania, pois diferem, na essência, do modelo anteriormente descrito, que procurava fortalece o poder dos monarcas.

A primeira observação é que com a despersonalização do exercício do poder, decorrente do fim do absolutismo ou por força do enfraquecimento do poder dos monarcas, os contornos da atuação do Estado são estabelecidos pela ordem jurídica, elaborada pelos representantes da nação ou do povo e, desta forma, fala-se em soberania nacional ou soberania popular. Nos dois casos, é importante ressaltar que a atuação do Estado adquire caráter jurídico, já que estamos perante um Estado de Direito, que vincula a conduta de todos à lei.

A soberania do Estado manifesta-se através das atividades legislativas, executiva e jurisdiciária, que são exercidas, a princípio, apenas no seu território, embora tenhamos algumas exceções, como já anteriormente analisado, que são fundamentais recordar quando se estuda a possibilidade de aplicação do direito estrangeiro no território nacional.

Quando se projeta na esfera internacional, em virtude do fato de o Estado relacionar-se com outros entes soberanos, a soberania é relativizada, havendo inclusive a defesa do entendimento de que no âmbito internacional os Estados possuem autonomia e não soberania.

Entretanto, como a Lei de Introdução às Normas do Direito Brasileiro versa sobre a soberania nos moldes tradicionais, refletindo, desta forma, o exercício do poder pelo Estado no seu espaço físico, veremos como pode ser definida.

Como ponto de partida para o estabelecimento dos contornos da soberania, é necessário lembrar que somente ocorre a aplicação do direito estrangeiro no território de um Estado por ter relativizado a sua soberania. No entanto, a soberania não pode ser eliminada, tendo em vista ser um dos elementos constitutivos do Estado.

Portanto, mais uma vez é inexorável deixar claro que a soberania representa a não submissão de um Estado a outro ou mesmo a organizações internacionais, como bem coloca De Plácido e Silva (1993, p. 244) na seguinte passagem:

> **Soberania**. De *soberano*, oriundo do baixo latim *superanus*, e este de *super* (sobre, em cima), ou de *supernus* (superior), designa a qualidade do que é soberano, ou possui a *autoridade suprema*. É o *poderio supremo*, ou o *poder sobre todos*. No conceito jurídico, soberania entende-se o *poder supremo*, ou o poder que se sobrepõe ou está acima de qualquer outro, não admitindo limitações, exceto quando dispostas voluntariamente por ele, em firmando tratados internacionais, ou em dispondo regras e princípios de ordem constitucional. Assim, a soberania é o supremo poder ou o poder político de um Estado, e que nele reside como um atributo de sua personalidade soberana.

Mas, quando podemos dizer que a aplicação do direito estrangeiro, seu reconhecimento ou execução no território nacional importa em ofensa à soberania do Estado brasileiro, como previsto na Lei de Introdução às Normas do Direito Brasileiro?

A situação mais grave de ofensa à soberania ocorreria se a utilização do direito estrangeiro importasse na submissão do Estado brasileiro a outro Estado ou a uma organização internacional, uma vez que essa postura representaria, em última análise, a extinção do Estado brasileiro. Não é por outro motivo que o texto constitucional brasileiro prevê que um dos fundamentos da República Federativa do Brasil é a sua soberania (art. 1º, I) e que nas relações internacionais mantidas pelo Estado brasileiro um dos princípios que devem ser observados é a independência nacional (art. 4º, I).

Além da situação extrema descrita – submissão a outro sujeito do Direito Internacional, seja outro Estado ou organização internacional –, também pode ser visualizada ofensa à soberania nacional se a utilização do direito estrangeiro colocar em risco o exercício das atividades legislativa, executiva e jurisdiciária, por exteriorizarem a soberania (ou supremacia) estatal.

Como é difícil que surjam situações que coloquem em risco a soberania, praticamente não são encontradas decisões que a ela se refiram e as citações doutrinárias muitas vezes são contraditórias, pois, o que para uns é identificado como ofensa à soberania, para outros está relacionado à ordem pública. Há também quem defenda que a menção à soberania é desnecessária, estando incluída no contexto da ordem pública, o mesmo valendo para os bons costumes.

Acerca do tema em debate é interessante observar também que o Código de Processo Penal brasileiro prevê, como obstáculo para a homologação das sentenças estrangeiras e o cumprimento das cartas rogatórias, somente o fato de serem contrárias à ordem pública e aos bons costumes (art. 781).

De qualquer maneira, é indiscutível que o respeito à soberania nacional é um fator a ser considerado quando da aplicação, reconhecimento e/ou execução do direito estrangeiro por ser fundamental para a própria existência do Estado brasileiro, como anteriormente ressaltado.

19.1.2. Ordem pública

A ordem pública, no aspecto teórico e prático, é, sem dúvida, a principal limitação à observância da autonomia privada no plano interno, sendo associada às normas cogentes, que são consideradas de obrigatoriedade máxima e, desta forma, não podem ser afastadas, mesmo que exista acordo entre os interessados. A mesma constatação pode ser extraída na esfera do direito internacional, como veremos com o desenvolvimento do assunto. Sendo assim, é indispensável, como ponto de partida, definir o que se entende por ordem pública.

Na definição de ordem pública, é possível adotar uma postura formal ou material. No aspecto formal, a ordem pública é representada pelo conjunto de preceitos, de origem estatal ou não, que são considerados essenciais para um Estado e seus habitantes, como é o caso dos comandos emanados do texto constitucional, sobretudo os que expressam direitos e garantias fundamentais. Sob a ótica material, a ordem pública está relacionada aos valores políticos, jurídicos, econômicos, sociais, culturais e religiosos que sejam considerados essenciais por um Estado.

Tão importante é a ordem pública que também possui grande destaque na interpretação e aplicação do direito interno, tendo em vista que exterioriza as normas cogentes (ou de máxima obrigatoriedade), há pouco mencionadas, como relata Carlos Roberto Gonçalves (2008, p. 33):

> As normas cogentes se impõem de modo absoluto, não podendo ser derrogadas pela vontade dos interessados. Regulam matéria de ordem pública e de bons costumes, entendendo-se, como ordem pública, o conjunto de normas que regulam os interesses fundamentais do Estado ou que estabelecem, no direito privado, as bases jurídicas da ordem econômica ou social. A imperatividade absoluta de certas normas decorre da convicção de que determinadas relações ou estados da vida social não podem ser deixados ao arbítrio individual, o que acarretaria graves prejuízos para a sociedade.

Voltando ao enfoque do direito estrangeiro, lembramos, antes de qualquer coisa, que o Código Civil português, no artigo 22º, apresenta as seguintes observações a respeito da ordem pública:

> 1. Não são aplicáveis os preceitos da lei estrangeira indicados pela norma de conflitos quando essa aplicação envolva ofensa aos princípios fundamentais da ordem pública do Estado português.
>
> 2. São aplicáveis, neste caso, as normas mais apropriadas da legislação estrangeira competente ou, subsidiariamente, as regras do direito interno português.

Outros exemplos interessantes relacionados à ordem pública podem ser extraídos dos seguintes dispositivos do Código de Bustamante, tratado de Direito Internacional Privado do qual o Estado brasileiro é um dos seus signatários:

> Art. 1º. Os estrangeiros que pertençam a qualquer dos Estados contratantes gozam, no território dos demais, dos mesmos direitos civis que se concedam aos nacionais.
>
> Cada Estado contratante pode, por motivo de *ordem pública*, recusar ou sujeitar a condições especiais o exercício de determinados direitos civis aos nacionais dos outros, e qualquer desses Estados pode, em casos idênticos, recusar ou sujeitar a condições especiais o mesmo exercício aos nacionais do primeiro.

Art. 3º. Para o exercício dos direitos civis e para o gozo das garantias individuais idênticas, as leis e regras vigentes em cada Estado contratante consideram-se divididas nas três categorias seguintes:

I – As que se aplicam às pessoas em virtude do seu domicílio ou da sua nacionalidade e as seguem, ainda que se mudem para outro país, – denominadas pessoais ou de ordem pública interna;

II – As que obrigam por igual a todos os que residem no território, sejam ou não nacionais, – denominadas territoriais, locais ou de ordem pública internacional;

III – As que se aplicam somente mediante a expressão, a interpretação ou a presunção da vontade das partes ou de alguma delas, – denominadas voluntárias, supletórias ou de ordem privada.

Art. 4º. Os preceitos constitucionais são de ordem pública internacional.

Art. 5º. Todas as regras de proteção individual e coletiva, estabelecida pelo direito politico e pelo administrativo, são também de ordem pública internacional, salvo o caso de que nelas expressamente se disponha o contrário.

(...)

Art. 8º. Os direitos adquiridos segundo as regras deste Código têm plena eficácia extraterritorial nos Estados contratantes, salvo se se opuser a algum dos seus efeitos ou consequências uma regra de ordem pública internacional.

Além das situações apresentadas, há outras mencionadas pelo Código de Bustamante, que, desta forma, passa a ser uma importante referência para a interpretação e, consequentemente, compreensão do que se entende por ordem pública.

De acordo com os exemplos descritos, há várias situações nas quais é possível identificar eventual ofensa à ordem pública. No entanto, para um maior aprofundamento a respeito do assunto é conveniente trabalhar com a distinção entre ordem pública interna, internacional e universal, o que será feito na sequência.

Antes, porém, é importante observar que a ordem pública apresenta como característica a relatividade ou instabilidade, ligada ao fato de que o conteúdo do que se define como ordem pública varia no tempo e no espaço.

Há, ainda, outro aspecto muito importante ligado à ordem pública. Trata-se do fato de que o aplicador da lei deve

> atentar para o estado da situação à época em que vai julgar a questão, sem considerar a mentalidade prevalente à época da ocorrência do fato ou ato jurídico. Assim, só se negará aplicação de uma lei estrangeira se for ofensiva à ordem pública do foro à época em que se vai decidir a questão, sem indagar qual teria sido a reação da ordem pública do foro à época em que se deu o ato jurídico ou a ocorrência *sub judice* (DOLINGER, 1996, p. 348-9).

19.2. ORDEM PÚBLICA INTERNA, INTERNACIONAL E UNIVERSAL

Sob o aspecto doutrinário e legislativo, a ordem pública é dividida em interna, internacional e universal, sendo o mais comum a menção aos dois critérios de distinção inicialmente apresentados.

Em todas as hipóteses abrangidas pela classificação apresentada, estão presentes preceitos que são considerados fundamentais para o Estado e seus habitantes ou para a sociedade internacional e, consequentemente, não podem ser desprezados.

O que diferencia a ordem pública interna, internacional e universal é a abrangência espacial dos comandos reputados essenciais. Com efeito, na esfera da ordem pública interna, estão situadas as normas e os valores considerados essenciais para um Estado; na ordem pública internacional, o que se apresenta como básico para a sociedade internacional (pelo menos para a maior parte dela), como o combate à pirataria e ao terrorismo e a ordem pública universal compreende o que é básico, elementar, primordial para todos os Estados e seus habitantes, como é colocado em relação ao respeito aos direitos humanos.

Deixando de lado a suposta existência de uma ordem pública universal, que é objeto de forte contestação, resta-nos aferir qual a ordem pública, dentre as descritas – interna ou internacional –, que impede a utilização, o reconhecimento e/ou execução do direito estrangeiro no território nacional.

Para tanto, citaremos inicialmente o posicionamento de Eduardo Espinola e Eduardo Espinola Filho (1999, p. 392), que teceram as seguintes considerações a respeito do tema: "Somente as leis de ordem pública internacional são consideradas pelo art. 17 da atual Lei de Introdução, como o eram pela antiga Introdução ao Código Civil, na parte em que consigna uma regra de direito internacional privado".

Ainda de acordo com os autores citados, a ordem pública interna somente é aplicável aos cidadãos do país, ficando os estrangeiros, portanto, submetidos exclusivamente à ordem pública internacional.

A distinção apresentada decorre do fato de que as duas espécies de ordem pública teriam finalidades distintas, sendo que através da ordem pública interna, o Estado procura garantir a sua existência como unidade coletiva em relação aos seus cidadãos, defendendo a sua existência em face de forças por ele mesmo organizadas, enquanto que a ordem pública internacional traz em seu bojo preceitos que se aplicariam a todos os seus habitantes, independentemente da nacionalidade, com a finalidade de defender-se em relação à sociedade internacional (BEVILÁQUA, 1944, p. 109).

A postura descrita, que, sem dúvida, fortalece o direito internacional, não é, porém, a efetivamente seguida na prática, já que no contexto da ordem pública, independentemente do destinatário, incluímos, por exemplo, os preceitos constitucionais, como mencionado, por exemplo, pelo Código de Bustamante.

Sendo assim, devemos considerar a ordem pública interna e a internacional, em conjunto, como óbices à aplicação, reconhecimento e/ou execução do direito estrangeiro no território brasileiro (aspecto negativo da ordem pública), que pode levar, se for o caso, à aplicação do direito local (aspecto positivo da ordem pública).

19.3. BONS COSTUMES

Antes de tratar dos bons costumes, é preciso definir o que são os costumes. Os costumes representam uma norma não escrita, que surge espontaneamente no seio da sociedade, e é observada por haver a convicção de que a sua observância corresponde a uma necessidade jurídica.

Para que se possa falar em bons costumes é preciso que os preceitos que integram o direito costumeiro estejam em consonância com a moral dominante de uma sociedade, não violem a ética e os direitos fundamentais, inclusive das minorias.

Quando são analisadas as manifestações do Poder Judiciário a respeito das sentenças estrangeiras, aqui utilizadas como referência, é possível verificar, claramente, que os bons costumes não são considerados um óbice para que ocorra a homologação.

Na verdade, apenas em relação ao divórcio, quando ainda era vedado no ordenamento jurídico pátrio, é que se fazia eventual referência aos bons costumes, como consagrado na seguinte decisão do Pleno do Supremo Tribunal Federal, quando era o responsável pela homologação da sentença estrangeira: "Homologação de divórcio. Pedido indeferido, por ocorrer fraude à lei e contrariar os bons costumes". (SE nº 1.926/Estados Unidos Mexicanos. Rel. Min. Djaci Falcão, j. em 6.9.1967).

Na maioria das vezes, os bons costumes foram analisados em conjunto com a soberania nacional e com a ordem pública, como consta na seguinte ementa de decisão do Pleno do Supremo Tribunal Federal, também proferida quando ainda era responsável pela homologação de sentença estrangeira:

> Sentença estrangeira alemã. Ordem provisória de entrega de menor. Natureza cautelar. Não atendimento dos requisitos dos incisos I e II do art. 217 do RISTF. Ofensa à soberania nacional e aos bons costumes. É inegável a competência exclusiva do juiz brasileiro para decidir sobre a guarda de menor, que se encontra em companhia de sua mãe, residindo no Brasil (SEC nº 7.420/República Federal da Alemanha. Rel. Min. Nelson Jobim, j. em 19.8.2004).

Há, porém, tentativas de se definir o que são bons costumes, sendo exemplo do exposto a seguinte definição de Clóvis Beviláqua (1944, p. 114-5): "Denominam-se *bons costumes* os que estabelecem regras de proceder nas relações domésticas e sociais em harmonia com os elevados fins da vida humana", que, contudo, não acrescentam muito em relação ao tema.

Portanto, faltam parâmetros para que se possa definir com maior precisão o que são bons costumes e, em especial, quando impedirão a utilização, reconhecimento e execução do direito estrangeiro no território nacional. Aliás, essa constatação fez com que muitos estudiosos apontassem que os bons costumes estão inseridos na essência da ordem pública, sendo desnecessário um tratamento legislativo distinto.

Um ponto indiscutível a respeito dos bons costumes é que não são todas as normas incluídas em seu contexto que impedem a aplicação do direito estrangeiro, mas apenas aquelas que estejam ligadas aos nossos sentimentos mais profundos e direitos de honestidade, recato e estima recíproca (BEVILÁQUA, 1944, p. 115).

20 PRÁTICA DE ATOS DE REGISTRO CIVIL E DE TABELIONATO PELAS AUTORIDADES CONSULARES

> **Art. 18.** Tratando-se de brasileiros, são competentes as autoridades consulares brasileiras para lhes celebrar o casamento e os demais atos de Registro Civil e de tabelionato, inclusive o registro de nascimento e de óbito dos filhos de brasileiro ou brasileira nascido no país da sede do Consulado.

As autoridades consulares brasileiras são competentes para celebrar, no exterior, o casamento e os demais atos de registro civil e de tabelionato que envolvam brasileiros, inclusive o registro de nascimento e de óbito dos filhos de brasileiro ou brasileira nascido no país em que está sediado o consulado. Para que a proteção se manifeste basta que o brasileiro esteja no exterior, no país de sede do consulado, mesmo que apenas de passagem.

Como a atribuição de competência aos consulados para a prática de atos do registro civil e de tabelionato diz respeito apenas à prática de atos que envolvam brasileiros, é importante recordar que brasileiro é a pessoa que possui a nacionalidade do Estado brasileiro, conforme parâmetros estabelecidos por nosso ordenamento jurídico, especialmente pelo texto constitucional.

Sob o aspecto jurídico, o brasileiro pode ser enquadrado como brasileiro nato ou naturalizado, conforme previsto no art. 12, *caput* e incisos, da Constituição Federal, que, na parte que nos interessa no momento, é dotado da seguinte redação:

Art. 12. São brasileiros:

I – natos:

a) os nascidos na República Federativa do Brasil, ainda que de pais estrangeiros, desde que estes não estejam a serviço de seu país;

b) os nascidos no estrangeiro, de pai brasileiro ou mãe brasileira, desde que qualquer deles esteja a serviço da República Federativa do Brasil;

c) os nascidos no estrangeiro de pai brasileiro ou de mãe brasileira, desde que sejam registrados em repartição brasileira competente ou venham a residir na República Federativa do Brasil e optem, em qualquer tempo, depois de atingida a maioridade, pela nacionalidade brasileira;

II – naturalizados:

a) os que, na forma da lei, adquiram a nacionalidade brasileira, exigidas aos originários de países de língua portuguesa apenas residência por um ano ininterrupto e idoneidade moral;

b) os estrangeiros de qualquer nacionalidade, residentes na República Federativa do Brasil há mais de quinze anos ininterruptos e sem condenação penal, desde que requeiram a nacionalidade brasileira.

Quanto aos atos de registro civil e de tabelionato, que foram conferidos no exterior aos agentes consulares, não diferem, na essência, dos atos que são praticados internamente pelo oficial do registro civil e pelo tabelião. Vejamos, portanto, como se manifestam na prática.

20.1. ATOS DE REGISTRO CIVIL

O registro civil serve para a documentação e a publicidade de atos e fatos relacionados às pessoas físicas, jurídicas, títulos e documentos e imóveis. A finalidade dos registros públicos é conferir autenticidade, segurança e eficácia aos atos praticados (art. 1º da Lei nº 6.015, de 31 de dezembro de 1973 – Lei de Registros Públicos).

No que se refere às pessoas físicas, que foram as mencionadas pela Lei de Introdução às Normas do Direito Brasileiro, os atos de registro civil compreendem: I – os nascimentos; II – os casamentos; III – os óbitos; IV – as emancipações; V – as interdições; VI – as sentenças declaratórias de ausência; VII – as opções de nacionalidade; VIII – as sentenças de adoção; IX – a conversão de união estável em casamento; X – o casamento religioso com efeitos civis etc.

Em relação aos atos descritos, é importante observar que o art. 1.544 do Código Civil brasileiro prevê que, em se tratando de casamento celebrado no estrangeiro, deverá ser registrado em cento e oitenta dias, a contar da volta de um ou de ambos os cônjuges ao Brasil, sendo que o registro deverá ser realizado no cartório do respectivo domicílio ou, em sua falta, no 1º Ofício da Capital do Estado em que passarem a residir.

O registro civil também abrange a averbação (modificação ou cancelamento de um ato de registro anteriormente efetuado): a) das sentenças que decidirem a nulidade ou anulação do casamento, a separação judicial e o restabelecimento da sociedade conjugal; b) das sentenças de reconhecimento da filiação; c) dos atos judiciais ou extrajudiciais de reconhecimento de filhos; d) da destituição e da suspensão do pátrio poder; e) da guarda e tutela; f) das escrituras de adoção; g) do levantamento da interdição; h) da substituição do curador; i) da abertura da sucessão provisória ou definitiva em caso de ausência; j) das alterações ou abreviaturas de nomes; etc.

20.2. FUNÇÕES DO TABELIONATO

O tabelião tem a função de elaborar e instrumentar os atos e contratos ajustados entre as pessoas, a fim de lhes atribuir autenticidade e fé-pública quando exigirem escritura pública ou assim o desejarem os interessados (DE PLÁCIDO E SILVA, 1993, p. 312).

De acordo com a Lei dos Cartórios (Lei nº 8.935, de 18 de novembro de 1994), existem, dentre outros, os tabeliães de notas, de registro de contratos marítimos e de protestos de títulos (art. 5º), a quem incumbe: I – formalizar juridicamente a vontade das partes, II – intervir nos atos e negócios jurídicos a que as partes devam ou queiram dar forma legal ou autenticidade, autorizando a redação ou redigindo os instrumentos adequados, conservando os originais e expedindo cópias fidedignas de seu conteúdo; III – autenticar fatos (art. 6º).

De forma mais específica, os tabelionatos exercem as seguintes funções (serviços notariais – Lei nº 8.935, de 18 de novembro de 1994 – Lei dos Cartórios), que, consequentemente, serão desempenhadas pelos consulados: a) tabelionato de notas: I – lavrar escrituras e procurações públicas; II – lavrar testamentos públicos e aprovar os cerrados; III – lavrar atas notariais; IV – reconhecer firmas; V – autenticar cópias (art. 7º); b) tabelionato de registro de contratos marítimos: I – lavrar os atos, contratos e instrumentos relativos a transações de embarcações a que as partes devam ou queiram dar forma legal de escritura pública; II – registrar os documentos da mesma natureza; III – reconhecer firmas em documentos destinados a fins de direito marítimo; IV – expedir traslados e certidões (art. 10); c) tabelionato de protesto de título: I – protocolar de imediato os documentos de dívida, para prova do descumprimento da obrigação; II – intimar os devedores dos títulos para aceitá-los, devolvê-los ou pagá-los, sob pena de protesto; III – receber o pagamento dos títulos protocolizados, dando quitação; IV – lavrar o protesto, registrando o ato em livro próprio, em microfilme ou sob outra forma de documentação; V – acatar o pedido de desistência do protesto formulado pelo apresentante; VI – averbar: a) o cancelamento do protesto; b) as alterações necessárias para atualização dos registros efetuados; VII – expedir certidões de atos e documentos que constem de seus registros e papéis (art. 11).

20.3. DESEMPENHO DOS ATOS DE REGISTRO CIVIL E DE TABELIONATO

As funções do registro civil e do tabelionato desempenhadas pelo consulado estão sob a responsabilidade do cônsul, que é o servidor público encarregado por um Estado de representá-lo perante outro Estado ou Organização Internacional, incumbindo-lhe a defesa dos interesses de natureza comercial e a proteção dos interesses dos nacionais que residem ou estão domiciliados no exterior ou simplesmente transitando, mesmo que a passeio.

Quando do desempenho da função do registro civil e do tabelionato que foram conferidas os cônsules, deverão observar, estritamente, as normas existentes no ordenamento jurídico brasileiro, embora os atos sejam praticados no exterior. Há, portanto, aplicação extraterritorial do direito brasileiro, como previsto genericamente no § 1º do art. 1º da Lei de Introdução às Normas do Direito Brasileiro, ao estatuir que quando a lei brasileira for obrigatória no exterior passará a vigorar três meses depois de oficialmente publicada.

Como as atribuições descritas fazem parte da essência das atribuições dos consulados, como prevê o artigo 5º, "f", da Convenção de Viena sobre Relações Consulares – "as funções consulares consistem em: f) agir na qualidade de notário e oficial de registro civil, exercer funções similares, assim como outras de caráter administrativo, sempre que não contrariem as leis e regulamentos do Estado receptor" –, também são realizadas no território brasileiro pelos órgãos de representação de outros Estados.

O desempenho das funções notariais e de registro pelos consulados em prol dos brasileiros representa um mecanismo de proteção do Estado brasileiro aos seus nacionais no exterior, que faz com que a nacionalidade prevaleça sobre o domicílio.

A atribuição de competência para os atos do registro civil e de tabelionato opera apenas na esfera internacional, como anteriormente observado, já que no território nacional as atividades notariais e de registro são exercidas em caráter privado, por delegação do Poder Público, mediante ingresso através de concurso público de provas e títulos (art. 236 da CF).

Ademais, o fato de a celebração do casamento poder ser realizada no território nacional pela Justiça de Paz, composta por cidadãos eleitos pelo voto direto, universal e secreto para um mandato de quatro anos (art. 98, II, da CF), também não interfere na função desempenhada pelos consulados, uma vez que se manifesta fora do território nacional.

Por fim, é importante observar que a Convenção de Viena sobre Relações Consulares prevê que uma representação diplomática pode desempenhar também as atribuições consulares (artigo 3º, 2).

> **§ 1º.** As autoridades consulares brasileiras também poderão celebrar a separação consensual e o divórcio consensual de brasileiros, não havendo filhos menores ou incapazes do casal e observados os requisitos legais quanto aos prazos, devendo constar da respectiva escritura pública as disposições relativas à descrição e à partilha dos bens comuns e à pensão alimentícia e, ainda, ao acordo quanto à retomada pelo cônjuge de seu nome de solteiro ou à manutenção do nome adotado quando se deu o casamento.

Além dos atos relacionados ao registro civil e ao tabelionato anteriormente mencionados, a Lei de Introdução às Normas do Direito Brasileiro, através de modificação feita em seu texto pela Lei nº 12.874, de 29 de outubro de 2013, permitiu que as autoridades consulares possam também celebrar a separação consensual e o divórcio consensual de brasileiros se não houver filhos menores ou incapazes do casal e forem observados os requisitos legais quanto aos prazos, sendo indispensável que constem, da escritura pública lavrada, disposições relativas à descrição e à partilha dos bens comuns e à pensão alimentícia e, ainda, ao acordo quanto à retomada pelo cônjuge de seu nome de solteiro ou à manutenção do nome adotado quando se deu o casamento.

O texto da Lei de Introdução às Normas do Direito Brasileiro que está sendo analisado é semelhante ao art. 1.124-A, *caput*, do Código de Processo Civil de 1973, incluído pela Lei nº 11.441, de 4 de janeiro de 2007, dotado da seguinte redação:

> A separação consensual e o divórcio consensual, não havendo filhos menores ou incapazes do casal e observados os requisitos legais quanto aos prazos, poderão ser realizados por escritura pública, da qual constarão as disposições relativas à descrição e à partilha dos bens comuns e à pensão alimentícia e, ainda, ao acordo quanto à retomada pelo cônjuge de seu nome de solteiro ou à manutenção do nome adotado quando se deu o casamento.

Por sinal, o dispositivo do Código de Processo Civil de 1973 serviu como referência para a modificação da Lei de Introdução às Normas do Direito Brasileiro e, consequentemente, para a ampliação da competência das autoridades consulares.

Por fim, é importante observar que o assunto também foi objeto de disciplina no novo Código de Processo Civil, que lhe atribuiu os seguintes contornos:

> **Art. 733.** O divórcio, a separação consensual e a extinção consensual de união estável, não havendo nascituro, filhos incapazes e observados os requisitos legais, poderão ser realizados por escritura pública, da qual constarão as disposições de que trata o art. 731 [*I – as disposições relativas à descrição e à partilha dos bens comuns; II – as disposições relativas à pensão alimentícia entre os cônjuges; III – o acordo relativo à guarda dos filhos incapazes e ao regime de visitas; e IV – o valor da contribuição para criar e educar os filhos*].
>
> § 1º. A escritura não depende de homologação judicial e constitui título hábil para qualquer ato de registro, bem assim para levantamento de importância depositada em instituições financeiras.
>
> § 2º. O tabelião somente lavrará a escritura se os interessados estiverem assistidos por advogado ou por defensor público, cuja qualificação e assinatura constarão do ato notarial.

Portanto, utilizou-se como referência para a concessão de atribuições às autoridades consulares, em matéria de separação e divórcio consensual, o que consta no plano interno acerca do assunto.

20.4. FUNÇÕES ELEITORAIS DOS CONSULADOS E EMBAIXADAS

Os consulados, bem como as embaixadas, exercem importante função no processo eleitoral. De fato, estabelece, o Código Eleitoral brasileiro, representado pela Lei nº 4.737, de 15 de julho de 1965, que:

1. Nas eleições presidenciais, o eleitor que está no exterior poderá votar nas seções eleitorais organizadas nas sedes das Embaixadas e Consulados Gerais em que haja um mínimo de trinta eleitores inscritos (arts. 225 e 226).
2. Para a realização do processo eleitoral os chefes de Missão e os cônsules gerais poderão ser investidos das funções administrativas de juiz eleitoral (art. 227, *caput*).
3. Encerrada a votação, as urnas serão enviadas pelos cônsules gerais às sedes das Missões Diplomáticas, que as remeterão, pela mala diplomática, ao Ministério das Relações Exteriores, que delas fará entrega ao Tribunal Regional Eleitoral do Distrito Federal, a quem competirá a apuração dos votos e julgamento das dúvidas e recursos que hajam sido interpostos (art. 229, *caput*).

Portanto, os consulados e as embaixadas não se restringem, em sua atuação, às funções arroladas na Lei de Introdução às Normas do Direito Brasileiro.

> **§ 2°.** É indispensável a assistência de advogado, devidamente constituído, que se dará mediante a subscrição de petição, juntamente com ambas as partes, ou com apenas uma delas, caso a outra constitua advogado próprio, não se fazendo necessário que a assinatura do advogado conste da escritura pública.

O pedido de separação e divórcio consensual de brasileiros às autoridades consulares deverá ser formulado através de petição, com a assistência de advogado, que a assinará juntamente com as partes. Essa previsão foi orientada também pela lei que disciplinou a separação e o divórcio consensual extrajudicial (Lei nº 11.441, de 4 de janeiro de 2007), que incluiu o seguinte dispositivo no Código de Processo Civil de 1973: "O tabelião somente lavrará a escritura se os contratantes estiverem assistidos por advogado comum ou advogados de cada um deles, cuja qualificação e assinatura constarão do ato notarial" (§ 2º do art. 1.124-A).

Da mesma forma, a necessidade de participação de um advogado quando da formulação do pedido de separação ou divórcio consensual está prevista expressamente no novo Código de Processo Civil, que estabelece que "O tabelião somente lavrará a escritura [de divórcio, separação ou extinção da união estável, de maneira consensual] se os interessados estiverem assistidos por advogado ou por defensor público, cuja qualificação e assinatura constarão do ato notarial" (§ 2º do art. 733).

21 VALIDADE DOS ATOS DE REGISTRO CIVIL E DE TABELIONATO PELAS AUTORIDADES CONSULARES

> **Art. 19.** Reputam-se válidos todos os atos indicados no artigo anterior e celebrados pelos cônsules brasileiros na vigência do Decreto-Lei nº 4.657, de 4 de setembro de 1942, desde que satisfaçam todos os requisitos legais.

Para que os atos de registro civil e de tabelionato praticados pelos Consulados sejam considerados válidos, é preciso que atendam a dois requisitos. Primeiro, que tenham sido praticados na vigência do Decreto-Lei nº 4.657, de 4 de setembro de 1942 (Lei de Introdução às Normas do Direito Brasileiro), observadas as alterações efetuadas e o momento em que entraram em vigor. Segundo, que atendam a todos os requisitos previstos em lei para a prática do ato, uma vez que o fato de serem praticados no exterior não afasta a utilização do direito brasileiro.

> **Parágrafo único.** No caso em que a celebração desses atos tiver sido recusada pelas autoridades consulares, com fundamento no artigo 18 do mesmo Decreto-Lei, ao interessado é facultado renovar o pedido dentro em 90 (noventa) dias contados da data da publicação desta lei.

Caso tenha sido solicitada a prática de um ato, dentre os descritos, às autoridades consulares, que se recusaram a praticá-lo, por não se considerarem competentes para tanto, o pedido pode ser renovado, dentro do prazo de noventa dias, a contar da data da modificação legislativa que o atribuiu à referida autoridade.

ÍNDICE DOS DISPOSITIVOS DA LINDB

Artigos	Pág.
Art. 1º	19
Art. 1º, § 1º	33
Art. 1º, § 2º	35
Art. 1º, § 3º	35
Art. 1º, § 4º	40
Art. 2º	45
Art. 2º, § 1º	52
Art. 2º, § 2º	61
Art. 2º, § 3º	66
Art. 3º	73
Art. 4º	81
Art. 5º	103
Art. 6º	111
Art. 6º, § 1º	117
Art. 6º, § 2º	119
Art. 6º, § 3º	124
Art. 7º	137
Art. 7º, § 1º	145
Art. 7º, § 2º	147

Artigos	Pág.
Art. 7º, § 3º	149
Art. 7º, § 4º	151
Art. 7º, § 5º	152
Art. 7º, § 6º	153
Art. 7º, § 7º	154
Art. 7º, § 8º	155
Art. 8º	157
Art. 8º, § 1º	159
Art. 8º, § 2º	162
Art. 9º	165
Art. 9º, § 1º	168
Art. 9º, § 2º	171
Art. 10	175
Art. 10, § 1º	177
Art. 10, § 2º	179
Art. 11	181
Art. 11, § 1º	182
Art. 11, § 2º	184
Art. 11, § 3º	185

Artigos	Pág.
Art. 12	187
Art. 12, § 1º	189
Art. 12, § 2º	190
Art. 13	193
Art. 14	195
Art. 15	199
Art. 15, *a*	199
Art. 15, *b*	199
Art. 15, *c*	199
Art. 15, *d*	199
Art. 15, *e*	199
Art. 16	211
Art. 17	215
Art. 18	223
Art. 18, § 1º	226
Art. 18, § 2º	228
Art. 19	229
Art. 19, **parágrafo único**	229

REFERÊNCIAS

AMORIM, Carlos de; OLIVEIRA JÚNIOR, Vicente de Paulo Augusto de. 13. ed. *Direito Internacional Privado*. Leme/SP: J. H. Mizuno, 2014.

ARRIOLA, Doroteo Jose de. *Nociones de derecho jurisdicional, segun los principios y regras del derecho internacional*. San Salvador: Imprenta del Gobierno, 1868.

BATIFFOL, Henri. *Traité élémentaire de Droit International Privé*. 2. ed. Paris: Librairie Générale de Droit et de Jurisprudence, 1955.

BETIOLI, Antonio Bento. *Introdução ao Direito*: lições de propedêutica jurídica tridimensional. 11. ed. rev. e atual. São Paulo: Saraiva, 2011.

BEVILAQUA, Clovis. *Princípios elementares de Direito Internacional Privado*. 4. ed. Rio de Janeiro; São Paulo: Livraria e Editora Freitas Bastos, 1944.

BUENO, José Antonio Pimenta. *Direito Internacional Privado e applicação de seus principios com referencia as leis particulares do Brazil*. Rio de Janeiro: Typographia Imp. e Const. de J. Villeneuve e C., 1863.

CALVO, Carlos. *Derecho internacional teórico y práctico de Europa y América*. t. I. Paris: D'Amyot Librairie Diplomatique & Durand et Pedone-Lauriel Libraires – Éditeurs, 1868.

CARDOSO, P. Balmaceda. *Ensaio de uma sistematização científica do Direito Internacional Privado*. Rio de Janeiro: Livraria e Editora Freitas Bastos, 1942.

CARRIDE, Norberto de Almeida. *Lei de Introdução ao Código Civil anotada*: referências à Constituição Federal, ao Código Civil, ao Código de Processo Civil e a outros atos normativos. São Paulo: Editora Juarez de Oliveira, 2004.

CASTRO, Amilcar de. *Direito Internacional Privado*. 5. ed. aum. e atual. com notas de rodapé por Osiris Rocha. Rio de Janeiro: Forense, 2003.

CHAVES, Antonio. *Tratado de Direito Civil*. 3. ed. v. I. t. I. São Paulo: Editora Revista dos Tribunais, 1982.

COELHO, Fábio Alexandre. *Processo legislativo*. Bauru: Edite, 2006.

_____. *Teoria Geral do Processo*. 2. ed. São Paulo: Juarez de Oliveira, 2007.

_____; COELHO, Vinícius Alexandre. *Direito Internacional Privado*. São Paulo: Edipro, 2011.

DAIBERT, Jefferson. *Introdução ao Direito Civil*. Rio: Forense, 1971.

DE PLÁCIDO E SILVA. *Vocabulário jurídico*. v. III e IV. Rio de Janeiro: Forense, 1993.

DEL'OLMO, Florisbal de Souza; ARAÚJO, Luis Ivani de Amorim. *Lei de Introdução ao Código Civil brasileiro comentada*. Rio de Janeiro: Forense, 2003.

DINIZ, Maria Helena. *Curso de Direito Civil brasileiro*. v. 1: teoria geral do direito civil. 21. ed. rev., aum. e atual. de acordo com o novo Código Civil. São Paulo: Saraiva, 2004.

DOLINGER, Jacob. *Direito Internacional Privado*: parte geral. 4. ed. atual. Rio de Janeiro: Forense, 1996.

ESPINOLA, Eduardo. *Sistema do Direito Civil brasileiro*. Rio de Janeiro: Editora Rio, 1977.

_____; ESPINOLA FILHO, Eduardo. *A Lei de Introdução ao Código Civil brasileiro*: comentada na ordem de seus artigos. Atual. por Silva Pacheco. 3. ed. v. 1., arts. 1º ao 7º. Rio de Janeiro: Renovar, 1999.

FERREIRA, Vasco Taborda. *Sistema do Direito Internacional Privado segundo a lei e a jurisprudência*. Lisboa: Edições Ática, 1957.

FOELIX, Jean Jacques Gaspard. *Tratado de Derecho Internacional Privado, ó del conflicto de las leyes de diferentes naciones en materia de derecho privado*. t. I. 3. ed. rev. e aum. por Carlos Demangeat. Trad. Diretores da Revista General de Legislacion y Jurisprudencia.

FRANCISCO, Caramuru Afonso. *Lei de Introdução ao Código Civil comentada*: Decreto-Lei nº 4.657, de 4.9.1942. São Paulo: Editora Juarez de Oliveira, 2005.

FULGENCIO, Tito. *Synthesis de Direito Internacional Privado*: teoria, jurisprudencia e convenções. Rio de Janeiro: Livraria e Editora Freitas Bastos, 1962.

GABBA, Carlo Francesco. *Teoria della retroattivitá delle leggi*. Pisa: Tipografia Nisti, 1868.

GAGLIANO, Pablo Stolze; PAMPLONA FILHO, Rodolfo. *Novo curso de Direito Civil*. v. 1. Parte Geral. 5. ed. rev. ampl. e atual. São Paulo: Saraiva, 2004.

GARCEZ, José Maria Rossani. *Elementos básicos de Direito Internacional Privado*. Porto Alegre: Síntese, 1999.

GOMES, José Jairo. *Lei de Introdução às Normas do Direito Brasileiro*: LINDB. São Paulo: Atlas, 2012.

GOMES, Orlando. *Introdução ao direito civil*. 2. ed. Rio: Forense, 1965.

GONÇALVES, Carlos Roberto. *Direito Civil Brasileiro*. v. I: Parte geral. 6. ed. rev. e atual. São Paulo: Saraiva, 2008.

GUIMARÃES, Deocleciano Torrieri. *Dicionário técnico jurídico*. 13. ed. São Paulo: Rideel, 2010.

LIMA, Francisco Gérson Marques de Lima. *Lei de Introdução ao Código Civil e aplicação do direito do trabalho*. São Paulo: Malheiros Editores, 1996.

LIMONGI FRANÇA, Rubens. *Instituições de Direito Civil*. 4. ed. atual. São Paulo: Saraiva, 1996.

LORENZETTI, Ricardo Luis. *Fundamentos do Direito Privado*. Trad. Vera Maria Jacob de Fradera. São Paulo: Revista dos Tribunais, 1998.

MACHADO, João Baptista. *Lições de Direito Internacional Privado*. 3. ed. Coimbra: Almedina, 1995.

MAFRA, Tereza Cristina Monteiro; VIEIRA, Mônica Silveira; COSTA, Mônica Aragão Martiniano Ferreira e; MILAGRES, Marcelo de Oliveira. *A LICC e o Código Civil de 2002*. Rio de Janeiro: Forense, 2008.

MAURY, J. *Derecho Internacional Privado*. Trad. Jose M. Cajica Jr. Puebla/México: Editorial Jose M. Cajica Jr., 1949.

MIRANDA, Pontes de. *Tratado de Direito internacional privado*. t. I. Rio de Janeiro: Livraria José Olympio Editora, 1935.

MONTEIRO, Washington de Barros. *Curso de Direito Civil*. v. 1: parte geral. 40. ed. rev. e atual. por Ana Cristina de Barros Monteiro França Pinto. São Paulo: Saraiva, 2005.

NIBOYET, J. P. *Traité de Droit International Privé français*. t. I. Paris: Librairie du Recueil Sirey, 1938.

NUSSBAUM, Arthur. *Principios de Derecho Internacional Privado*. Trad. Alberto D. Schoo. Buenos Aires: Editorial Depalma, 1947.

PERLINGIERI, Pietro. *Perfis do Direito Civil*: introdução ao Direito Civil Constitucional. Trad. Maria Cristina de Cicco. Rio de Janeiro: Renovar, 1999.

RIBAS, Conselheiro Joaquim. *Direito Civil brasileiro*. Rio de Janeiro: Editora Rio, 1977.

RUGGIERO, Roberto de. *Instituições de Direito Civil*. v. 1. Trad. Paolo Capitanio. Atual. Paulo Roberto Benasse. Campinas: Bookseller, 1999.

SERPA LOPES, Miguel Maria de. *Curso de Direito Civil*. v. I: introdução, parte geral e teoria dos negócios jurídicos. 7. ed. rev. e atual. por José Serpa Santa Maria. Rio de Janeiro: Freitas Bastos, 1989.

SILVA, José Antônio Ribeiro de Oliveira. *Magistratura e temas fundamentais de Direito*. São Paulo: LTr, 2011.

TELLES JUNIOR, Goffredo. *Iniciação na Ciência do Direito*. 4. ed. São Paulo: Saraiva, 2008.

TENÓRIO, Oscar. *Direito Internacional Privado*. 3. ed. Rio de Janeiro: Livraria Freiras Bastas S.A., 1953.

VALLADÃO, Haroldo. *Direito Internacional Privado.* Rio de Janeiro; São Paulo: Livraria Freitas Bastos S.A., 1968.

VELOSO, Zeno. *Comentários à lei de Introdução ao Código Civil* – artigos 1º ao 6º. 2. ed. rev. e aum. Belém: UNAMA, 2005.

WALD, Arnoldo. *Direito Civil:* introdução e parte geral. 9. ed. rev. ampl. e atual. de acordo com o novo Código Civil (Lei nº 10.406, de 10.1.2002). São Paulo: Saraiva, 2002.

WHEATON, Henry. *Elementos del Derecho Internacional.* t. I. Trad. Jose Maria Barros. México: Imprenta de J. M. Lara, 1854.

Outras Publicações edipro

*Teoria da
Norma Jurídica*

Norberto Bobbio

*Teoria do
Ordenamento
Jurídico*

Norberto Bobbio

*Introdução ao
Estudo do Direito:
Doutrina do Direito*

Immanuel Kant

*Direitos
do homem*

Thomas Paine

Questões criminais

Cesare Beccaria

*Teoria Simplificada
da Posse*

Rudolf von Ihering